Kinder dürfen aggressiv sein – der Grundgedanke dieses Buches ist ebenso neu wie provozierend. Denn Aggression bei Kindern und Jugendlichen bedeutet nicht nur Gewalt und Zerstörung. Jan-Uwe Rogge nimmt sich des persönlichkeitsstiftenden und schöpferischen Aspekts an, ohne den Entwicklung nicht möglich ist. Es geht dabei nicht um eine konventionelle Erziehung zur Friedfertigkeit, sondern um Aggressionserziehung, die Kindern und Jugendlichen ihre gewalttätigen Fähigkeiten bewusst macht und ihre kreativen Potenziale fördert, die zerstörerischen Anteile indessen begrenzt. Das Buch beleuchtet die Verbindungen zwischen Aggressionen und Problemfeldern wie Schulleistung, Geschlecht, häusliche Gewalt, Freunde, Medien, Krankheiten u.v. m.

Jan-Uwe Rogge zeigt anhand vieler praktischer Beispiele, wie Prävention und Intervention funktionieren können, damit Eltern und Pädagogen sich behutsam und mit klarem Blick den Herausforderungen stellen können, die gerade heute Aggressionen in jeder Entwicklungsstufe mit sich bringen.

JAN-UWE
ROGGE

# KINDER
# DÜRFEN
# AGGRESSIV
# SEIN

Rowohlt Taschenbuch Verlag

5. Auflage März 2013

Veröffentlicht im Rowohlt Taschenbuch Verlag,
Reinbek bei Hamburg, März 2007

Lektorat Bernd Gottwald
Umschlaggestaltung ZERO Werbeagentur, München
nach einem Entwurf von any.way, Hamburg
(Foto: Norbert Schäfer/Corbis)
Gesamtherstellung CPI – Clausen & Bosse, Leck
Printed in Germany
ISBN 978 3 499 61981 6

FSC www.fsc.org
MIX
Papier aus verantwortungsvollen Quellen
FSC® C083411

Das für dieses Buch verwendete FSC®-zertifizierte Papier
*Lux Cream* liefert Stora Enso, Finnland.

«Jedes Ereignis, alles auf der Welt hat seine Zeit:
Geboren werden und sterben,
pflanzen und ausreißen,
töten und heilen,
niederreißen und aufbauen,
weinen und lachen,
klagen und tanzen,
Steine werfen und Steine sammeln,
sich umarmen und loslassen,
suchen und finden,
aufbewahren und wegwerfen,
zerreißen und zusammennähen,
reden und schweigen,
lieben und hassen,
Krieg und Frieden.»

*Prediger/Kohelet 3, 1–11*

# Inhalt

KAPITEL 1:

# Aggressionen – ein unendliches Thema

## «Schlimmer, brutaler, aggressiver, gewalttätiger ...?» Einstieg

«Kinder dürfen aggressiv sein», diesen Titel könne er nun überhaupt nicht verstehen, moniert ein Kollege, ob man denn heute solche Formulierungen brauche, um Aufmerksamkeit zu erregen. Das Thema sei schließlich ernst genug. Da höre es aus seiner Sicht nun wirklich auf. Als ob's nicht genug Gewalt und Zerstörung, Brutalität und Hass auf dieser Welt gebe. Ob ich nicht von Mobbing, Erpressung, Gefühlsarmut, sinnlosen Schlägereien und Amokläufen nicht nur in Schulen, nein nun sogar in Kindergärten gehört habe. Dann fliegen mir seine Beispiele – unterfüttert mit Zahlen und Prozentangaben («Jedes vierte Kind ist auffällig und aggressiv!») – wie Kugeln um die Ohren, sodass ich Deckung suchen muss. Als seine Empörung einer gewissen wortlosen Erschöpfung weicht, versuche ich eine Erklärung.

Der Titel will weder provozieren noch verharmlosen. Aber er will auf blinde Flecken hinweisen, die ich beim Thema «Aggression» ständig und immer aufs Neue beobachte. Denn es ist bei diesem schier unerschöpflichen Thema schon merkwürdig: Ich, der ich mich nun beinahe drei Jahrzehnte damit beschäftige, bin älter geworden; die Thesen, Einschätzungen und Vermutungen über Aggressionen kommen dagegen jung und unverbraucht daher, nicht selten aber auch als unendliche Wiederholung einer Schallplatte mit Sprung. Manchmal runzelt man die Stirn, wenn man über die ständig aggressiver und brutaler werdenden Kinder und Jugendlichen liest und dabei denkt: Den Tenor kennst du doch, etwa wenn der griechische Philosoph Hesiod 700 vor Christus – dem Kulturpessimismus des 20. und 21. Jahrhunderts vorausgreifend – schreibt: «Ich habe keine Hoffnung mehr für die Zukunft unseres Volkes, wenn sie von der frivolen Jugend abhängig sein sollte. Denn diese Jugend ist ohne Zweifel unerhört und rücksichtslos und frühreif. Als ich noch jung war, lehrte man uns gutes Benehmen und Respekt vor unseren Eltern, aber die Jugend von heute will alles besser wissen und ist immer mit dem Munde vorweg.»

Diese Aussage könnte auch gegenwärtig entstanden sein. Und deshalb ist es so erstaunlich, ja geradezu irritierend verstörend, scheint es doch fast so, als sähe die erwachsene Generation mit der nachwachsenden die Apokalypse ein Stückchen näher kommen – und dies nun über mehr als 4000 Jahre: «Die Jugend ist heruntergekommen und zuchtlos», heißt es mit warnend erhobenem Zeigefinger auf einer ägyptischen Keilschrift 2000 vor Christus: «Das Ende der Welt ist nahe!»

Das fällt bei diesem Thema schon auf: Kaum ist so viel, so viel Kluges und Bedeutsames, so viel Nachdenkliches und Ernsthaftes – natürlich auch viel populistisch dummes Zeug – geschrieben worden wie über Aggressionen und Gewalt bei Kindern und Jugendlichen. Greift man aus dem Stapel von Büchern, Zeitschriften und Artikeln wahllos etwas heraus und liest in den Texten, weiß man manchmal nicht, wann der Text entstanden ist. Einzig eine geschraubt daherkommende und gewundene Formulierung lässt den Entstehungszeitraum vermuten.

Als ich zu einem Vortrag «Werden Kinder immer schlimmer?» im Rahmen einer Reihe zur Gewaltprävention eingeladen war, blätterte ich in meinen Unterlagen und entdeckte einen Vortrag, den ich vor 20 Jahren dort gehalten hatte – auch in einer Reihe zur «Gewaltvorbeugung» in ebendieser Stadt und Institution. Ich fand meinen alten Text interessant – insbesondere die politischen, psychologischen und pädagogischen Schlussfolgerungen. Ich machte mir den Spaß, den Vortrag von damals nochmals zu wiederholen – bis auf kleinste Veränderungen, in denen ich Namen aktualisierte und zeitgemäß änderte. Aber der pädagogische Forderungskatalog blieb gleich. Die Anwesenden fanden ihn wichtig, richtig und notwendig, vor allem meinten sie, dass er schnellstmöglich umzusetzen sei. Als der Veranstalter mit bedeutungsschwerer Stimme meine Gedanken nochmals zusammenfasste und auf baldige Realisierung drängte, lächelte ich: «Ich bedanke mich. Aber diesen Vortrag und die Schlussfolgerungen habe ich hier vor vielen Jahren schon einmal gehalten. Und Ihr Vorgänger versprach schnellste Verwirklichung! Wie ich den Diskussionen jetzt entnehme, ist bisher nicht allzu viel geschehen!» Der Veranstalter war konsterniert. Teile des Publikums reagierten amüsiert.

Als ich dies einem Kollegen erzählte, der das Thema schon länger in seinem Programm hat, berichtete der, dass er sich hin und wieder den gleichen Spaß erlaube, denn Spaß, so fügte er hinzu, «gebe es bei diesem Thema ja kaum». Man müsse sich nur mal die Kollegen, aber auch das Publikum angucken, vor dem man stehen und vortragen soll, das «sind doch die reinsten Weltuntergangsmienen mit dem Tenor ‹schlimm – schlimmer – am schlimmsten!›» Manchmal vergehe ihm das Lachen, das wäre nur noch lächerlich, oberflächlich, vordergründig und populistisch, wie man die Aggression und Gewaltbereitschaft bei Kindern und Jugendlichen behandelte. Dabei habe die Beschäftigung damit viel Ernsthaftigkeit verdient, aber dies schließe eine gewisse Gelassenheit und Leichtigkeit nicht aus.

Wenn ich kurz zurückgeblickt habe, dann nicht, um historisch zu relativieren – nach dem Motto «Es war doch immer schon so» und ist «deshalb halb so schlimm». Wer sich mit Vorangegangenem beschäftigt, entdeckt eben auch, wie viel aus der Vergangenheit in der Gegenwart aufgehoben ist. Aber eines fällt dann doch auf: Es ist die Dramatik, mit der man sich des Themas heutzutage bemächtigt. Es ist der geradezu inflationäre Gebrauch der Worte wie «Aggression» und «Gewalt», das willkürliche Ineins-Setzen dieser beiden Begriffe: Gewalt wird zur Aggression, Aggression zur Gewalt. Natürlich ist Gewalt ein Bestandteil von Aggression – aber eben nur ein Teil. Ein sorgfältiger, differenzierter Blick zurück kann die blinden Flecken ebenso deutlich machen, in denen man gegenwärtig diskutiert, wie jene qualitativen Unterschiede, die Aggression bei Heranwachsenden heutzutage kennzeichnen: Aggression wird auf das schrille, grelle, zerstörerische, das Ins-Auge-Fallende reduziert und die nach innen gerichteten Aggressionen meist ausgeblendet, die sich in körperlichen Beschwerden, in Krankheiten, in Selbsthass und Zerstörung ausdrücken. Da werden Risiken und Gefährdungen im Handeln von Kindern und Jugendlichen, die empirisch nachweisbar sind und die auf konkrete Veränderungen im Vergleich zu früheren Jahren hindeuten, übersehen: So ist das Einstiegsalter bei Gewaltanwendung gesunken. Während man dies früher den eher älteren Jugendlichen zuschrieb, zeigen gegenwärtig schon Zwölf- bis Vierzehnjährige oder manchmal sogar noch Jüngere die Bereitschaft, zerstörerische Aggressionen zur Durchsetzung von Bedürfnissen an den Tag zu legen. Die Anlässe für gewalttätige Handlungen werden niedrigschwelliger, soll heißen: Man schlägt schneller zu, lässt sich eher auf Grenz- und Regelverletzungen ein. Es fehlt an Aggressionsritualen, durch die impulsive, körperbetonte Aktionen in Bahnen gelenkt werden können. Und nicht zuletzt: Zerstörerische Gewalt bei Jugendlichen ist verbunden mit einem niedrigen Bildungs- und Schulabschluss. Die Kluft zwischen Gewinnern und Verlierern im gesellschaftlichen Modernisierungsprozess nimmt zu und damit die Gefühle von Minderwertigkeit.

Selbstbewusstsein ist aber eine Grundvoraussetzung für Konfliktfähigkeit und Frustrationstoleranz. Wer sich als Person aufgehoben und angenommen fühlt, wer Halt und Orientierung spürt, löst Konflikte konstruktiver, achtet und respektiert den anderen im Streit, erwirbt eine Aggressionsethik, d.h. lernt, Aggressionen anzunehmen, und nicht so zu tun, als gäbe es sie nicht, und damit zugleich, Aggressionen zu zähmen und zu begrenzen, aber nicht zu unterdrücken oder auf andere zu projizieren. Einer Aggressionsethik kommt es darauf an, nicht mit weißen Fahnen der Kapitulation und Kontemplation durch den Alltag zu rennen, ein rhythmisches «Om! Om!»-Mantra auf den Lippen, sondern eine Aggressionserziehung zu initiieren, die getragen ist von dem Gedanken, schöpferische Aggressionen zu ermöglichen, ohne die Selbstbewusstsein und Autonomie, ohne die Aufbruch und Selbstwerdung nicht möglich sind, zerstörerische Aggressionen dagegen konsequent zu begrenzen, um so die Bedingungen für Humanität und soziales Miteinander zu schaffen, bräche ansonsten doch Chaos und Unmenschlichkeit aus.

Meine Überlegungen wollen nicht die Aggressionspädagogik neu erfinden, dazu ist der Respekt vor all jenen sehr groß, die sich schon jahre- und jahrzehntelang mit diesem Thema beschäftigen. Sie wollen ein paar Schneisen schlagen, damit man sich in der Unübersichtlichkeit des Themas zurechtfindet. Und wenn sich der eine oder andere in meinen Überlegungen und Handlungsanweisungen bestätigt sieht, umso besser.

## «Das ist doch cool!» Die vielen Gesichter der Aggression – Geschichten aus dem Alltag*

### Jannek – der «Forscher»

«Wie Jannek sich verhält», so rätselt seine Mutter, «mit seinen erst siebzehn Monaten, ich weiß nicht, ob das normal ist.» Dann schildert sie sein Verhalten. Jannek erkundet die Wohnung mit einem ungeahnten Tempo, ist überall und nirgends, rennt Tische und Stühle um. Keine Schublade ist vor ihm sicher, keine Steckdose. Jannek hat eine Freude daran, die Inhalte von Regalen zu erkunden, die Fallhöhe von Büchern und die Geschwindigkeit, mit der gekochte Kartoffeln auf den Boden fallen und zermatschen. Daran hat er eine wahre Freude. Er wirft Suppenteller um, so schnell und konzentriert, dass man keine Chance hat, einzugreifen.

Jannek ist ständig im Einsatz, immer auf der Suche nach neuen Erfahrungsfeldern. Seinen Eltern geht es wie dem Hasen mit dem Igel: «Ich bin schon da!» So schnell können sie gar nicht schauen, wie er geht, läuft, zugreift, Sachen wirft oder fallen lässt – und dabei vor Vergnügen kreischt.

Peter Schneider, Janneks Vater, meint: «Wir müssen ihm zeigen, wo die Grenzen sind. So geht das nicht weiter.» Dagegen ist die Mutter der Auffassung: «Das ist doch völlig normal. Sag ihm doch mal in ruhigem Ton, so geht das nicht. Aber schimpf nicht andauernd! Das macht alles nur noch schlimmer!» Worauf der Vater meint: «Du hast einfach zu viel Verständnis! Da muss mal 'ne harte Hand her, sonst wird das mit dem nichts! Oder sollte er etwa überaktiv sein? Davon liest man heute so viel!»

* Die Namen in allen Geschichten des Buches sind verändert. Ähnlichkeiten mit lebenden Personen sind rein zufällig.

## Johannes – der «Eroberer»

Johannes, etwas über ein Jahr, freut sich darüber, dass er sich schon so toll bewegen kann. Er geht zwar noch etwas wackelig, aber im Vierfüßlergang erreicht er ein ungeheures Tempo. Und bevor Johannes' Mutter es sich versieht, ist ihr Kleiner schon entschwunden. Er erobert sämtliche Räume der Wohnung, besonders das Wohnzimmer hat es ihm angetan. Die Regale mit den vielen Büchern hat er ständig im Visier, er zieht sich hoch, nimmt Buch für Buch heraus und lässt es fallen. Er freut sich darüber, lacht. Bücher scheinen reizvoller zu sein als die vielen bunten Plastiksteine, die in seinem Kinderzimmer liegen.

«Johannes», ruft die Mutter, «was machst du?»

Sie hört verdächtige Geräusche, eilt ins Wohnzimmer und sieht ihren kleinen «Bibliothekar», wie er vergnügt zwischen Büchern sitzt und ungelenk darin blättert, an den Seiten zerrt.

«Johannes!» Die Stimme der Mutter hat einen scharfen Klang. «Das ist kein Spielzeug.» Sie will ihm ein Buch entreißen, aber er hält es fest.

«Nein, lass das! Sofort!»

Die Mutter zieht es ihm aus den Händen. Johannes ist sauer, schlägt nach der Mutter. Sie nimmt ihn mit den Worten «Sag mal, spinnst du!» von den Büchern weg. Johannes strampelt, schlägt wild um sich, kratzt die Mutter, die ihn festhalten will.

«Jetzt hört es aber auf. Du hast genug Spielzeug.» Sie trägt den wütenden kleinen Kerl in sein Zimmer.

«Du bleibst jetzt hier!» Aber kaum hat sie sich weggedreht, kommt er auf allen vieren hinterher, laut «Nein! Nein! Nein!» schreiend. Als die Mutter ihn auf den Arm nehmen will, um ihn zu beruhigen, holt er kurz aus und verpasst ihr einen schmerzhaften Schlag auf die Nase.

**Daniel – testet aus**

«Ich mag meinen Sohn ja», lächelt Anja Stephan, «er ist so toll, so wie wir ihn uns gewünscht haben. Aber mit seinen drei Jahren hat er eine ungeheure Power. Der akzeptiert kein ‹Nein!›. Dann dreht er total ab und durch.» Sie schaut verunsichert, grinst etwas gequält.

«Vor seinen Wutausbrüchen, da fürchte ich mich regelrecht.» Sie überlegt: «Und ich glaube, er hat mich damit total in der Hand, weil ich so hilflos bin. Weil ich da nicht weiß, wie ich richtig reagieren soll. Und die Spirale dreht und dreht sich immer weiter.» Sie schüttelt den Kopf: «Und neulich», sie runzelt die Stirn, «da habe ich wohl völlig falsch reagiert.» Sie sieht mich an: «Aber muss man denn immer richtig handeln? Irgendwo muss man doch auch mit seiner Wut hin!»

Anja Stephan und Daniel hatten schon im Laufe des Vormittags einigen Zoff – mal ging's um das Anziehen, das Frühstück, das Spielzeug, das Einkaufen, über jede noch so klitzekleine Angelegenheit kamen sie ins Streiten. Daniel war nicht gut drauf an diesem Tag, hatte null Bock auf nichts, aber auch rein gar nichts. Dann saß er vor seinem Turm aus Bauklötzen, den er sich mühsam zusammenkonstruiert hatte, und Anja Stephan platzte in sein Spiel.

«Wir wollen los», sagte sie freundlich. «Wir müssen zum Arzt und du musst mitkommen. Ich kann dich hier nicht alleine lassen!»

Aber Daniel schaute kaum auf, so sehr faszinierte ihn sein Turm.

«In fünf Minuten bin ich wieder da», insistierte die Mutter. Doch Daniel blickte weiter auf seine Bauklötze. Die Sätze seiner Mutter, das konnte man seiner Mimik entnehmen, interessierten ihn kaum, weil nicht er zum Arzt musste – sondern seine Mutter. Wenn er hätte gehen müssen, dann hätte er schon früher Theater gemacht: Ärzte mochte er nicht, überhaupt nicht.

Nach fünf Minuten war Anja Stephan wieder da: «So, Daniel, nun ist Schluss mit dem Spiel. Du kannst nachher weitermachen. Wir müssen jetzt los!»

Daniel schien unbeeindruckt. Er überhörte die Aufforderungen seiner Mutter, die sich ständig wiederholten.

«Daniel, nun komm, bitte!», drängelte sie. Ihre Stimme war noch betont freundlich, aber ihrem Gesicht sah man zunehmend den Stress an. Daniel blieb einfach sitzen, so als habe er die «Fünf Tibeter» verinnerlicht.

«Daniel, bitte!»

Keine Reaktion. Daniel schaute interessiert seinen fast fertigen Turm an.

«Daaanielll! Kommm!» Die Stimme der Mutter wurde schärfer. Doch Daniel ruhte völlig in seiner Mitte.

Da riss der Mutter der Geduldsfaden. Sie wollte ihn fassen, aber er rückte blitzschnell beiseite, sodass die Mutter in den Turm griff. Der stürzte ein. Daniel springt auf und läuft mit einem Klotz in der Hand auf die Mutter zu: «Ich haue dich!» Und schon hatte Anja Stephan einen schmerzhaften Schlag in den Bauch.

«Du hörst auf!» Da saß schon der nächste Treffer.

«Sag mal! Spinnst du?!», rief sie in vollster Erregung. «Du bist ja völlig durchgeknallt!» Sie packte ihn, wollte ihn festhalten, ihn beruhigen.

«Ich spucke dich an!», schrie Daniel mit einem Mal, riss sich aus der Umklammerung seiner Mutter los, hielt ihr den Klotz wie eine Waffe entgegen: «Ich schieße dich tot!» Die Mutter erstarrte.

«Bum! Bum! Bum!», stieß er im Stakkato und in höchsten Tönen hervor.

«Sag mal! Du spinnst doch!», schrie sie.

«Ich schlag dich nicht! Ich spucke dich nicht an! Ich schieße auch nicht!» Daniel war in der Zwischenzeit aus dem Zimmer gerannt und hatte sich in seinem eingeschlossen.

«Du kommst da raus!», rief Anja Stephan aufgebracht, «und zwar sofort!»

Keine Reaktion.

«Wenn du nicht sofort kommst, geht Mama ohne dich weg!»

Keine Reaktion.

«Mama geht. Dann bleibst du eben alleine hier! Du wirst schon sehen, was du davon hast!»

Keine Reaktion.

«Gut, schon gut! Sieh zu, was du hier alleine machst!»

Anja Stephan ist gegangen. Als sie nach einer Stunde zurückkam, saß Daniel im Flur – mit einem Bauklotz in der Hand, ganz kleinlaut, die Mutter flehend anschauend –, so als wollte er sagen: «Ich hab dich lieb! Aber das war ganz schön gemein von dir!»

«Ich glaube, das war absoluter Mist von mir», erklärt Anja Stephan.

Ich nicke.

«Aber ich wusste nicht mehr weiter! Ich wusste nicht, wohin mit meiner Wut! Ich wusste nicht mit seinem Zorn umzugehen! Ich war einfach ohnmächtig!»

### Philip und Bastian – mögen sich – nicht immer

Michaela Schneider hört, wie der vierjährige Philip seinen zweijährigen Bruder Bastian «quälte», so die Mutter. Philip sei zuerst sehr fürsorglich mit seinem Bruder, aber nach kurzer Zeit würde das umschlagen. Dann hagele es Beleidigungen. Und es gehe auch körperlich «ganz gut zur Sache». Wenn sie da nicht manchmal dazwischenginge. «Ich weiß nicht», sie schüttelt den Kopf, «wo das enden würde!»

Michaela Schneider identifiziert ein Geräusch, das sich nach Bruderkrieg anhört. Sie hält es nur kurz im Wohnzimmer aus, entschließt sich einzugreifen. Ohne anzuklopfen, platzt sie ins Spielzimmer, sieht Bastian am Boden liegen, Philip nahezu unbeteiligt in der Ecke stehen. Bastian weint, Philip blickt unschuldig drein.

«Was ist hier los?», fragt sie in Richtung Philip und wirft ihm einen Blick voller Schuldvorwürfe zu.

«Er hat mir den Trecker nicht gegeben», versucht Philip sich zu rechtfertigen.

«Aber der gehört Bastian!», erklärt die Mutter.

«Der braucht ihn aber nicht!», bleibt Philip ganz gelassen.

«Dann kannst du ihn fragen!» Die Stimme der Mutter hat einen fordernden Klang.

«Du bist groß und kannst fragen.»

Philip atmet hörbar genervt aus.

«Und jetzt entschuldigst du dich!»

Philip macht jedoch keine Anstalten.

«Los!», ordnet die Mutter an.

«'tschuldigung!», presst Philip kaum hörbar hervor, ohne Bastian anzuschauen.

«Du hast mich sowieso nicht mehr lieb!», ruft Philip der Mutter hinterher, als diese den Raum verlässt, Philips Beschwerde ignorierend.

«So, nun spielt wieder schön miteinander», sagt sie, als sie – sich kurz umblickend – den Raum verlässt.

Es gibt einen kurzen Moment der Ruhe, der von einem jähen Schrei unterbrochen wird. Bastian hat ihn ausgestoßen – so hell und durchdringend, als wäre ihm etwas Lebensbedrohliches passiert. Michaela Schneider springt auf, stürzt wieder ins Zimmer. Bastian liegt wie ein Häufchen Elend am Boden. Philip steht mit verschränkten Armen in der Ecke, die Mutter anlächelnd, die mit vor Schreck geweiteten Augen die Situation zu erfassen versucht. Bevor sie zu einem Kommentar oder einer Rüge ansetzen kann, erklärt Philip seelenruhig: «Ich hab mich schon entschuldigt!»

**Simon – der Provokateur**

«Ich habe meinem Sohn einen Klaps auf die Finger gegeben», erzählt mir Raffaela Thomsen in zerknirschtem Ton. «Aber irgendwann muss doch auch Schluss sein!»

Sie habe so ein schönes Buch für ihren Sohn Simon entdeckt. Simon sei sieben und interessiere sich für alles, was mit Geographie zu tun hat. Deshalb habe sie ihm das Buch gekauft.

«Ich sah das Buch und dachte, Simon würde es auch gefallen.» Simon nahm das Buch, das ihm seine Mutter mit einem strahlenden Lächeln überreicht – so als verschenke sie einen Schatz. Simon nahm es achtlos in die Hand, schlug es auf, verzog sein Gesicht, sagte nicht «Danke!», wie es die Mutter erwartet hatte, sondern machte ein großes Eselsohr in das Buch.

«Simon, das ist ein schönes Buch! Was machst du da?»

Simon lacht dreckig, so empfindet es die Mutter jedenfalls.

«Und das ist ein neues Buch!», ermahnt sie ihn. «Ein neues Buch, und das hat viel Geld gekostet.»

Er hält das Buch in die Höhe, reißt eine Seite genussvoll ein und sieht die Mutter dabei provozierend an.

«Simon, was machst du da?», ruft sie irritiert, aber auch irgendwie ohnmächtig und hilflos.

«Siehst du doch!», antwortet er schulterzuckend. «Oder bist du blind?» Und mit diesen Worten reißt er die nächste Seite ein.

Sie ist sauer und schlägt ihm auf die Hand.

Mit den Worten: «Jetzt rufe ich bei der Polizei an! Man darf Kinder nicht schlagen!», verlässt er den Raum, seine konsternierte Mutter zurücklassend. Später kommt er zurück: «Die hatten bei der Polizei noch schwerere Fälle! Die kommen nicht!» Und dann umarmt er seine Mutter.

## Klaus – und der «gesunde Tee»

Rosi Peters, Mutter des elfjährigen Klaus, erzählt, sie sei überzeugt, Kinder müssten morgens etwas Warmes trinken, nicht Kakao oder heiße Milch, sondern Tee, der sei einfach gesünder. Nach langen Diskussionen hätte sich Klaus darauf eingelassen, und sie sei glücklich über sein Einverständnis gewesen. Sie seufzt: «Aber damit fing das Problem erst an! Diese wahnsinnige Aggressivität! Nur wegen des Hagebuttentees!» Sie berichtet, dass sie den Tee morgens frisch aufbrühe, «keine Beutel, so richtig frisch. Sie wissen, was ich meine?» Sie blickt mich an: «Ich gebe mir da morgens schon richtig Mühe!»

Ich lache sie an: «Ich weiß.»

«Sie wissen, was nun kommt!» Ihr Blick verfinstert sich. Klaus sitzt vor der Teetasse, aus der es dampft.

«Zu heiß!», mosert er.

«Aber Tee muss heiß sein, nur so schmeckt er», beruhigt die Mutter.

«Zu heiß», klagt er. «Viel zu heiß. Da verbrennt man sich ja die Zunge.»

«Aber draußen ist es kalt», lenkt sie ab, «dann tut der warme Tee gut. Das wirst du schon sehen.»

«Scheiß heißer Tee», beharrt er auf seinem Thema.

«Der Tee ist nicht Scheiße! Das ist ein Nahrungsmittel! In anderen Ländern hungern sie!», wird sie ungeduldig. Ihre Stimme nimmt einen schärferen Klang an: «Wenn er dir zu heiß ist, dann puste!» Er schaut sie an.

«Ja, du musst pusten. Das lernt man doch schon im Kindergarten, wenn's zu heiß ist, pustet man!»

«Hab ich nicht im Kindergarten gelernt», antwortet Klaus betont gelangweilt. «Und außerdem gab es da keinen heißen Hagebuttentee. Da gab's nur normalen Tee, Teebeutel. Und da konnte man sich nicht verbrennen!»

«Jetzt spitze den Mund wie ich und puste in den Tee», Rosi Peters kling energisch. «Ich mach es dir jetzt vor.»

Daraufhin nimmt Klaus seine Tasse, pustet … Viel zu stark. Der Tee schwappt über die Tischdecke und Klaus' hellen Pullover.

«Scheiß Pusten!»

«Du stellst dich aber auch wie ein Baby an. Selbst da konntest du besser trinken», ereifert sich die Mutter.

«Aber da gab's keinen Tee, da hast du mich gestillt», gibt sich Klaus ganz ernsthaft.

«Jetzt hört es aber auf! Was hat denn der Tee mit dem Stillen zu tun?», ruft sie empört.

«Nichts!», wiegelt Klaus ab. «Aber du hast damit angefangen. Und jetzt Schluss, ich muss in die Schule. Ohne heißen Tee in diese fürchterliche Kälte! Tolle Mutter!» Er steht auf, gibt ihr einen Kuss, lässt sie ohnmächtig zurück.

«Warum muss der nur aus einer Mücke so einen Elefanten machen. Es ist zum Kotzen!» Sie schüttelt den Kopf. «Nur weil der Tee ihm zu heiß ist. Mein Gott!»

### Michael und Co. – sie wissen, was sie tun

Michael, acht Jahre, der gleichaltrige Thomas, Sven, siebeneinhalb, und Johannes, sieben, terrorisieren die Mitschüler in ihrer Klasse. Auf zwei haben sie es besonders abgesehen.

Bevorzugte Zielscheibe ist Arthur, neun Jahre. Arthur ist klein, untersetzt, etwas übergewichtig, bewegt sich deshalb ungelenk und ungeschickt.

«Außerdem hat er», so seine Lehrerin, «nicht gerade hier geschrien, als Klugheit und Intelligenz vergeben wurden.» Aber Arthur sei liebenswert, «ein kleiner Teddybär, aber auch irgendwie ein geborenes Opfer.» Sie wisse, solch ein Ausdruck sei Blödsinn, aber alle hätten Arthur auf dem «Kieker», weil er sich auch nicht zu wehren wisse. Den brauchte man nur anzuschauen, schon falle er um.

Und dann ist da noch der siebenjährige Felix, «ein kluger Kerl», so die Einschätzung seiner Lehrerin. Felix kann sich gut ausdrücken, ist sprachlich gewandt, Michael, Sven, Thomas und Johannes intellektuell weit überlegen. Felix ist klein und schmächtig, bewegt sich behände, versucht, mit seinen sprachlichen Mitteln die anderen zu überzeugen.

«Du brauchst nicht zu schlagen» ist das Credo, das seine Eltern ihm mitgegeben haben: «Du kannst andere mit der Kraft deiner Worte überzeugen!»

Doch Michael und Konsorten sind sauer auf ihn – vor allem eben Michael, der «Gruppenchef», weil er sich Felix unterlegen fühlt, ihm verbal nicht gewachsen ist. Michael hat seine «Jungs», wie er sie nennt, komplett im Griff. Sie gehorchen ihm und ordnen sich widerspruchslos unter – selbst der gleichaltrige Thomas, der ansonsten eine «große Lippe riskiert, das Maul aufreißt», wie sein Vater findet, gibt bei Michael schnell nach. «Der ist ihm fast hörig.»

Thomas muss für seinen Boss die «Drecksarbeiten» übernehmen, während Michael im Hintergrund wirkt. Sven und Johannes sind Mitläufer, sind aber stolz dazuzugehören. Wenn sie nicht in der Gruppe sind, erreicht man sie leicht. Dann sind sie zahm. Aber kaum spüren die beiden Michael und Thomas im Hintergrund, dann drehen sie auf, sind nicht mehr zu bremsen.

Felix wird von der Gruppe sprachlich traktiert. Er hat ein Muttermal auf der linken Wange. Und deshalb nennen sie ihn «Pickel». Die vier starren auf das Mal, machen Witze darüber, erniedrigen Felix mit Worten. Der versucht sich zwar zu verteidigen, aber er hat gegen die geballte Übermacht keine Chance. Irgendwann läuft er dann weinend weg, und die Gruppe spottet und lacht ihm hinterher: «Pickel! Doofer Pickel!»

Als Felix neulich beim Wegrennen stolperte und hinfiel, rannten sie zu dem am Boden liegenden Jungen.

«Zu blöd zum Laufen», lachte Sven dreckig.

«Jetzt wehr dich!», grinste Johannes. «Los, wehr dich!», und trat ihm mit dem Fuß in den Rücken.

«Wehr dich, du Memme!» Doch Felix war starr vor Angst. Dann spuckte ihm Sven auf den Körper: «Jetzt fällt dir wohl nichts ein!» Er spuckte nochmal: «Sonst sagst du doch immer was!» Als Felix zu wimmern begann, sagte Michael, der «Chef», großspurig: «Kommt! Lasst das! Der hat genug für heute!»

Felix wollte an den folgenden Tagen nicht mehr in die Schule gehen. Insgeheim schmiedete er Rachepläne, träumte, wie die vier auf einem Scheiterhaufen rösteten, um Hilfe flehten, doch Felix fachte das Feuer an. Aber als Sven vor der Schule von einem Auto angefahren wurde, war Felix zur Stelle: «Pech gehabt!», lag ihm auf der Zunge. Aber er verschluckte den Satz und tröstete Sven.

Ganz anders gingen Michael und seine Kumpel mit Arthur um. Den erpressten sie, setzten ihn unter Druck. Als Arthur eines Morgens in die Schule kam, trat Thomas auf ihn zu: «Wenn du morgen keinen Euro für uns mitbringst, versalzen wir dein Frühstück! Klar?»

Arthur nickte. Er hatte am nächsten Morgen kein Geld dabei, weil er alles für einen Scherz hielt.

«Her mit dem Brötchen», befahl Michael. Arthur weigerte sich. Sven und Johannes nahmen seinen Rucksack, suchten nach dem Brötchen, packten es aus, bestreuten es mit viel Salz, das Thomas ihnen in einer Tüte reichte.

«Salz macht noch dicker! Du Fettbacke!», lachte Michael, der ihm das ungenießbare Brötchen reichte.

«Und kein Wort, hörst du! Wir sind überall!»

Am nächsten Morgen hatte Arthur 50 Cent dabei.

«Das reicht heute», lobte Michael mit einer gefährlichen Ruhe in seiner Stimme. Als Arthur am nächsten Morgen wieder kein Geld dabeihatte, wiederholte sich das Vorgehen vom Vortag. Erst nach Wochen offenbarte sich Arthur einem Vertrauenslehrer, der die vier zur Rede stellte.

«War doch nur ein Scherz und nicht so böse gemeint», gab sich Michael uneinsichtig.

## Sabine – und ihre Inszenierung

Frau Sander berichtet in einem Gespräch davon, dass ihre neunjährige Tochter Sabine in der letzten Zeit zunehmend «aggressiv» sei, sich «Seifenbomben» basteln und diese in eine gefüllte Badewanne werfen würde. Dies bereite ihrer Tochter «großen Spaß». «Mir macht das Angst», erzählt die Mutter, «mir geht das fürchterlich auf die Nerven. So was gibt's bei uns nicht, Bomben und dieses fürchterliche Kriegsgeschrei.» Ich bat die Mutter, ob sie nicht eine konkrete Situation darstellen könne. Sie war einverstanden und spielte eine Szene vor, wobei sie beide Rollen (die der Mutter und die der Tochter) zu übernehmen hatte. Das Spiel nahm folgenden Verlauf:

Sabine lässt Wasser in die Wanne des Badezimmers, setzt selbst gebastelte Papierschiffchen hinein und fängt an, Wellen zu machen. Die Schiffchen schaukeln, kentern teilweise oder lösen sich auf. Wasser spritzt auf die Fliesen. Sabine lacht, ist ganz in das Spiel vertieft. Als sie dann mit einem Stückchen Seife das letzte noch schwimmende Schiffchen bewirft, kommt die Mutter ins Zimmer. «Was machst du denn da?» Keine Antwort. Sabine hat ihre Mutter kaum wahrgenommen. «Sag mal? He?» Stille. «Sabine!» Sabine schaut zur Mutter auf. «Ich mach grad ein Erdbeben.»

«Ein was?»

«Ein Erdbeben», antwortet Sabine wie selbstverständlich, «wie neulich im Fernsehen.»

«Wie neulich im Fernsehen?»

«Im Fernsehen, eben.» Sabines Stimme bekommt einen trotzigen Klang.

«Und wo?»

«Bei ‹Captain Future›.»

«Wie heißt das?»

«Captain Future!»

«Ach, diese scheußliche Sache. Du siehst sowieso zu viel.»

«Gar nicht.» Sabine spielt weiter.

«Was hast du da in der Hand? Die ist ja ganz schmierig. Da ist ja alles ganz schmierig!»

«Eine Bombe. Eine Seifenbombe.» Sabine fängt an zu lachen, freut sich über ihre Wortschöpfung.

«Sag mal, was hast du da?»

«Eine Seifenbombe.»

Sabines Mutter reagiert entsetzt: «Eine Seifenbombe? Sabine, ich glaub, ich hör nicht recht.» Und nach einer kurzen Pause fügt sie hinzu: «Weißt du eigentlich, was du sagst?»

Sabine hört auf, mit der Seife zu werfen.

«Was soll das bedeuten. Ich will's sofort wissen.»

Sabine erhebt sich langsam und erzählt ihrer Mutter von der Fernsehsendung «Captain Future». Die Mutter versteht weder den Gang der Handlung noch den Inhalt der Folge, da Sabine nur einzelne Bilder, vor allem aber die Katastrophenszenen skizziert. Sabines Mutter schüttelt wiederholt den Kopf, wird unsicher und zunehmend zorniger.

«Du hast doch nichts verstanden. Das schaust du dir nicht mehr an. Solch dumme Sachen verdrehen dir nur den Kopf. Ich verbiete dir das!»

Sabine ist überrascht: «Warum?»

«Weil du das nicht kapierst. Du bist doch völlig durcheinander.»

«Gar nicht wahr!»

«Hörst du, Sabine.»

«Du bist gemein!»

«Sabine, hörst du! Wenn du das nochmal machst, bin ich ganz traurig. So, und nun mach hier alles sauber!» Die Mutter verlässt mit diesen Worten das Badezimmer und lässt ihre Tochter allein.

### Marie – will nicht mehr

Marie, fast 10 Jahre alt, hat noch zwei Schwestern: die vierzehn Jahre alte Nathalie und die sechsjährige Sabrina.

Sabrina ist der Sonnenschein der Familie, immer fröhlich, ständig steht sie im Mittelpunkt: Sie lacht viel, macht witzige Sprüche, ist immer gut drauf. Zu ihrer großen Schwester blickt Marie neidisch auf: Sie ist klug, lernt schnell. Ihr geht alles bestens von der Hand. Nathalie ist sportlich, hat eine gute Figur. Jungen schauen ihr bewundernd nach.

Marie ist so etwas wie ein Gegenmodell zu Nathalie: Sie hat es schwer in der Schule. Dort, wo Nathalie 10 Minuten für eine schulische Hausaufgabe braucht, benötigt Marie fast eine Stunde. Ganz schlimm ist es in Mathematik. Sie verwechselt ständig Zahlen. Räumliches Denken fällt Marie schwer. Sie hat eine eher feste Figur, pummelig könnte man sagen, und Jungen machen Witze über ihre körperlichen Proportionen. Marie sitzt häufig nur herum, zieht sich zurück und schaut «Gute Zeiten, schlechte Zeiten» oder ganz schmalzige Fernsehserien an. In solchen Momenten fühlt sie sich wohl.

Marie möchte ihrer Mutter häufig im Haushalt helfen, überfordert sich damit aber ständig, weil sie sich zu viel vornimmt. Dann ist sie unglücklich über sich. Keiner kann sie dann trösten. In Augenblicken wie diesen knabbert sie an den Fingernägeln herum, zupft sich an ihren langen Haaren, holt sich ihr Kuscheltier, schmust damit. Oder sie geht an ihren Schreibtisch, nimmt ihr Tagebuch, dem sie alle Sorgen und Nöte anvertraut. Eine Not ist ihr nächtliches Einnässen, das ihr immer dann passiert, wenn die Frustrationen besonders stark waren.

Einmal hat Marie ihr Tagebuch offen in ihrem Zimmer herumliegen lassen. Die Mutter, die das Zimmer betreten durfte, sah das Tagebuch, blätterte nicht darin herum, «obgleich es mich in den Fingern gejuckt hatte», wie sie sich erinnerte, las nur in der aufgeschlagenen Seite: «Ich kann machen, was ich will. Keiner mag mich. Ich bin so alleine ... Was soll ich nur machen???? Wenn ich ins Bett mache, schimpfen sie. Aber besser schimpfen, als wenn sie mich nicht sehen ... Meine Mama sagt, sie hat mich lieb, aber warum schimpft sie dann so häufig. Ich möchte tot sein. Mal sehen, ob sie dann weinen, wenn ich nicht mehr da bin …»

### Falk – und seine «Horrordinger»

Falk erzählt von «seinen» Zombiefilmen, die ihn bis in den Schlaf verfolgen; er malt seine Albträume aus und genießt die teils bewundernden, teils verschreckten Gesichter seiner Freunde und der Lehrer und auch das seiner Mutter. Falk ist vierzehn Jahre alt und geht auf die Realschule.

«Ich bin auf mich allein gestellt», erzählt er, «meinen Eltern ist es sowieso egal, was ich sehe oder was ich mach. Die haben immer was anderes im Kopf.»

In der Schule macht er «Rabatz», ist er abgestempelt zum «Rabauken», der nur seine «Horrordinger» im Kopf hat. «Wenn er das doch dann aber wenigstens nur für sich behalten könnte», stöhnt einer seiner Lehrer, der mit ihm alltäglich zu tun hat. Aber diesen Gefallen tut Falk ihnen fast nie.

Die Klassenkameraden verhalten sich ambivalent. Einige finden es spannend, was «Falk wohl wieder erzählen wird», anderen «geht er auf den Wecker», weil er «ein Rad ab hat, der muss doch nicht ganz richtig sein, immer dieses Gemetzel», wieder anderen «ist es klar, dass man nur so reden kann, wenn man sich die Zombiedinger immer wieder ansieht». «Wenn ich so wäre», meint einer, «ich würd wohl auch so spinnen.»

Falk hat nur zwei engere Kumpel, mit denen er «die Sachen» sieht. «Denen geht's wie mir», meint Falk. Was er damit gemeint habe, habe ich ihn gefragt. «Die sind auch auf sich gestellt. Wir müssen eben sehen, dass wir zurechtkommen und auch so unseren Spaß haben.» Falk ist – wie seine Freunde – den ganzen Tag allein, seine und deren Eltern sind ganztägig berufstätig. «So am Tag kann ich eigentlich machen, was ich will, und ich darf auch das tun, was ich möchte. Abends behandeln die mich aber wie ein Kind, nehmen mich nicht für voll. Scheiße ist das.

Dann soll ich mit 'nem Mal nach deren Pfeife tanzen, weil's denen dann eben recht ist.»

Falks Vater duldet die Zombies stillschweigend. «Was soll's, wenn ich's ihm verbiete, macht er's doch. Nur wenn er Angst hat, muss er eben sehen, wie er damit fertig wird. Das ist dann seine Sache.»

Falks Mutter versteht ihren Sohn nicht. «Es gibt so viele Video-Filme, warum gerade diese Sachen? Warum?»

Mit seinen Eltern redet Falk nicht über die Filme. «Was soll's, die kapiern mich ja doch nicht!»

Er sieht «eigentlich nur Zombies», und das etwa zwei- bis dreimal die Woche. «Manchmal mach ich auch 'ne Pause, aber dann denk ich mir, jetzt müsstest du mal wieder einen sehen.» Die Ausleihe ist «kein Problem, denn mein Vater ist dort auch häufiger und kennt den Besitzer.» Wie lange er die Filme nun schon sieht, weiß er «eigentlich nicht». Er erinnert sich nur, dass er davor gerne Science-Fiction-Filme, vor allem Weltraumschlachten, mochte und eine Zeit lang auch «Superman gut fand». Falk kennt seine Zombie-Filme, manche hat er schon viele Male gesehen und «immer wird mir dann an der gleichen Stelle kotzig. Ich hab gehört», sagt er, «dass es die Zombies richtig geben soll, na, eben nicht richtig, aber das hat so was mit Totenbeschwörung zu tun, bei den Negern oder so ähnlich. Hab ich gelesen.» Solche Informationen holt er sich aus dem Lexikon, aber als «ich mehr von meinem Erdkundelehrer wissen wollte und ihn gefragt hab, hat er nur den Kopf geschüttelt. Und irgendwas hat er wohl auch gemurmelt.»

### Magdalena – sprengt alle Ketten

Sie macht ihren Eltern «seit geraumer Zeit Sorgen», wie ihre Mutter, Sybille Schwarz, meint. «Wie die sich aufführt! So ist sie nicht mehr meine Tochter!», ereifert sich der Vater, Robert Schwarz. «Irgendwann muss Schluss sein. Sonst macht man sich unglaubwürdig.»

Angefangen habe es an ihrem vierzehnten Geburtstag, erinnert sich die Mutter. Da wäre sie gekommen, habe gegrinst, wir würden nun unsere Freude mit ihr haben. «Ich wollte sie in den Arm nehmen, aber sie hat mich zurückgewiesen.» Sybille Schwarz sieht mich an, so als sähe sie die Situation wieder vor sich.

«Ich hasse dich!», brüllt Magdalena, «ich hasse euch alle!» Sie schreit mit sich überschlagender Stimme.

«Aber Leni», versucht die Mutter zu beruhigen, «hast du deine Tage bekommen?»

«Ich heiß nicht Leni. Ich bin Magdalena. Ihr werdet euch noch wundern», ruft sie und rennt aus dem Zimmer, die Tür hinter sich zuschlagend.

Magdalena lief schnurstracks zum Friseur, ließ sich die Haare kurz schneiden, rosa und lila färben. Sie kleidete sich neu ein: bauchnabelfrei, enge Jeans, enger Pullover.

«Man konnte ihren Slip sehen. Und natürlich trug sie keinen BH, tiefe Ausschnitte.» Entsetzen liegt im Gesicht der Mutter. «Mein Mann ist fast durchgedreht.»

Und eines Tages eskalierte die Situation. Die erste Bombe platzte: Magdalena hatte sich – ohne zu fragen – ein Bauchnabel-Piercing machen lassen, «ohne unsere Erlaubnis», giftete der Vater. «Stellen Sie sich das vor! Es war reinste Provokation! Aber ich bin auf ihre Inszenierung reingefallen. Ich Trottel!»

Magdalena hatte sich wieder «aufgedonnert, aufgebrezelt», wie der Vater sich ausdrückte, wollte sich mit ihren Freundinnen treffen.

«Wohin willst du?», fragte die Mutter einigermaßen freundlich.

«Geht euch nichts an!», war Magdalenas patzige Antwort.

«Und ob uns das was angeht!», greift der Vater in das Gespräch ein. Seine Stimme klingt ärgerlich. «Und ob uns das was angeht! Schließlich sind wir deine Eltern!» Seine Stimme wird schriller: «Was bildest du dir eigentlich ein?!» Er sieht an ihr hoch und runter: «Wie siehst du eigentlich aus?» Sie grinst. Ihr Gesicht ist die reinste Provokation.

«Na und?» Sie spitzt den Mund, als wolle sie ihn küssen: «Sag schon, wie? Traust dich nicht, was?»

Magdalena macht einen Schritt auf ihren Vater zu, grinst fies, grinst dreckig, «Du altes Arschloch!» im Blick. Und als sie «Sag schon, du Feigling?» wiederholt, da rastet Robert Schwarz aus, schlägt seiner Tochter ins Gesicht und presst «Wie eine Nutte!» hervor.

Der Vater erschrickt ob seines Tuns und seiner Worte. Sie weidet sich an seinem Entsetzen: «Richtig, wie eine Nutte! Jetzt gehe ich auf den Strich, um das Taschengeld aufzubessern!»

Sie dreht sich um, geht zur Zimmertür, schaut ihre Eltern an, wirft ihnen einen Kuss zu: «Bye, bye! Schlaft schön, träumt was Süßes.»

Als Magdalena die Tür hinter sich geschlossen hat, schaut Robert Schwarz erst seine Hände kopfschüttelnd, dann seine Frau ratlos an. Mit einem Mal fängt er hemmungslos an zu weinen. Sein Schluchzen kennt überhaupt kein Ende.

Als der Vater sich am nächsten Tag bei seiner Tochter entschuldigen will, blockt sie nur ab: «Du bist ein Schläger. Wenn du es ernst mit der Entschuldigung meinst, dann gibst du mir jetzt 10 Euro!»

Ein wirkliches Gespräch ist nicht mehr möglich. Magdalena zieht sich meist in ihr Zimmer zurück. Das gemeinsame Abendessen verläuft schweigend. «Bloß kein falsches Wort», so die Mutter, «sonst rastete sie aus und belegte uns mit den schlimmsten Worten … ‹Ihr Arschlöcher, ihr Ficksäcke.› Absolut Gossenniveau», erinnert sie sich. «Und wenn sie sich beruhigt hatte, bin ich wieder zu ihr hin. Ich habe das nicht auf mir sitzen lassen.»

Sybille Schwarz setzte sich zu ihrer Tochter. «Magdalena, ich möchte nicht, dass du diese Worte zu mir sagst. Ich sage so etwas auch nicht zu dir», versucht die Mutter, Verständnis zu wecken.

«Kannst du aber ruhig zu mir sagen», lächelt Magdalena ganz entspannt. «Sag's einfach!»

Fix und fertig wäre sie danach gewesen. «Als Magdalena eines Tages geschrien hat: ‹Ich hasse euch! Ich hasse euch! Ihr Scheißtypen!›, da habe ich ihr», so die Mutter kopfschüttelnd, «eine Mordsohrfeige verpasst. Und stellen Sie sich vor», sie sieht mich an, «da hat Magdalena noch die andere Wange hingehalten: ‹Und jetzt da auch noch, wenn du mutig bist!›»

Sybille Schwarz bricht zusammen, sie weint bitterlich. Magdalena steht neben ihr, hält Distanz und meint ganz cool: «Wie kann man sich nur so gehen lassen!» Um dann nach einer kurzen Pause gefährlich leise hinzuzufügen: «Noch einmal, und ich schlage zurück!» Sie macht eine Pause: «Hast du mich verstanden! Ich schlage zurück!»

Nun beginnt Magdalena, die Schule zu schwänzen. Erst nach acht Wochen kommt die Schulverweigerung heraus. Die Eltern hatten anfangs nichts mitbekommen, weil die Tochter morgens aus dem Haus ging und so tat, als besuche sie die Schule. Stattdessen zog sie mit anderen Mädchen durch die Stadt. Aufgeflogen war alles, als sie im Kaufhaus klauten und erwischt wurden. Als die Eltern sie von der Polizei abholten, fragte Magdalena: «Na, bringt ihr mich nun in ein Heim?»

### Björn – gefühlsmäßig allein gelassen

Björn, siebzehn Jahre, ist Hooligan, kein rechtsradikaler Skinhead und auch kein sozial Benachteiligter. Ich führe Ihnen mit Absicht einen solchen Hooligan vor, weil die Medien auch hier immer ein bestimmtes Bild des Skins und des Hooligans aufbauen. Meist werden sie als dumpfe Hohlköpfe dargestellt, und man wundert sich, wenn man Exemplare trifft, die nicht so sind, wie man sie sonst – im wahrsten Sinne des Wortes – vorgeführt bekommt.

Björn hat alles, alle Statusgüter. Er ist gut angezogen und fällt höchstens durch seine übereleganten Pullover und Hosen auf. Björn ist Mitglied einer Hooligan-Gruppe. Sie besteht aus acht Mann. Björn ist der Jüngste.

Die Mutter: «Björn hat schwere Sachschäden angerichtet, drei Busse beschädigt, eine Imbissstube geplündert und angesteckt.» Sie ist verzweifelt, sie sagt: «Ich verstehe das nicht, der hat alles, aber auch alles. Jeden Wunsch lese ich ihm von seinen Augen ab. Der hat es so gut wie kein anderer Junge in seinem Alter.»

«Was wollen Sie jetzt machen, nach diesen Zerstörungen?»

Sie sagt: «Erst mal geh ich jetzt zu einem Anwalt. Dann mache ich den Schaden über die Versicherung wieder gut. Mein Mann hat das schon veranlasst. Und dann fahren wir im nächsten Monat vier Wochen in die Karibik, damit er auf andere Gedanken kommt.»

Ein solches Programm ist nicht nur das Individualprogramm von Eltern. Es gibt in Hamburg beispielsweise die so genannte Erlebnispädagogik. Man versucht, die Autokids davon abzubringen, Autos zu stehlen, indem man ihnen vier Wochen Argentinien-Urlaub verspricht. Daraufhin hat neulich ein Jugendlicher gefragt: «Was muss ich eigentlich tun, damit ich nach Australien komme?»

Ich frage Björn: «Was meinst du, was deine Eltern jetzt machen?»

Björn spontan: «Ein guter Anwalt, Geld und Bestechung in Form von Urlaub!»

«Und was willst du, Björn?»

«Ich will endlich was in die Fresse!»

«Wie meinst du das?»

«Endlich will ich mal was spüren, was in die Fresse eben! Weißt du, wann die mich das letzte Mal gestreichelt haben? Ich kann mich nicht erinnern! Ich bin für die ein Stück Investition, und das muss sich lohnen. Immer mehr reinpumpen, damit was rauskommt! Aber damit ist jetzt ein für alle Mal Sense. Ich kann dir sagen, ich mache so viel Scheiß, das verspreche ich, so viel Scheiß, bis die mich ernst nehmen.»

## Ingrid und Eva, Sarah und Hanna – Wohin mit der Wut der Mütter?

«Hoffentlich», so Ingrid Schmelzer, «schreiben Sie auch mal etwas drüber, wo Mütter und Väter mit ihrer Wut bleiben können.» Sie sieht mich an. «Mit der Wut meiner Kinder kann ich ja einigermaßen umgehen, aber wohin damit, wenn ich zornig und wütig bin?»

«Genau», unterstützt sie Eva Bertram, «wohin mit meinen Aggressionen, wenn ich das Kind am liebsten auf den Mond schießen möchte? Ich nehme mich dann die ganze Zeit zusammen, weil man ja die Wut nicht vor dem Kind rauslassen soll. Das habe ich mal gelesen. Und deshalb nehme ich mich zusammen ...»

«Bloß nicht werden wie die Alten früher», unterbricht sie Ingrid Schmelzer, «immer schön alles unter Kontrolle haben. Meine Mutter hat immer sofort geschrien, gekloppt, je nachdem, wie's ihr war.»

Eva Bertram schüttelt den Kopf. «Bei mir war's anders. Meine Mutter blieb beherrscht: Wer schreit, hat Unrecht, hat sie immer behauptet. Das war ihr Credo. Und wenn sie ganz fies war, hat sie gesagt, sie würde heute Abend meinem Vater alles haarklein erzählen.» Sie lächelt. «Aber der hat sich nicht vor ihren Karren spannen lassen. Und dann haben die beiden Stress gehabt. So konnte ich sie toll gegeneinander ausspielen.»

Sarah, die elfjährige Tochter von Ingrid, sitzt beim Gespräch ebenso dabei wie Hanna, Evas zehnjährige Tochter.

«Mama schreit zwar nicht», erzählt sie. «Aber als ich mich neulich mit meinem Bruder Sebastian gestritten habe, da ist sie einfach weggegangen. Sie ist einfach aus dem Haus gegangen, ohne etwas zu sagen. Gut, ich habe keine Angst gehabt, weil Manuel, mein ältester Bruder, noch da war, und der hat versprochen, auf mich aufzupassen, wenn Mama nicht wiederkommt.» Aber das wäre schon gemein von Mama gewesen, «einfach so zu gehen. Sie hätte doch was sagen sollen.» Sie überlegt: «Nun haben mein Bruder und ich uns noch nicht wieder gestritten, aber nur, weil wir Angst haben, sie würde wieder abhauen und dann tatsächlich nicht wiederkommen.»

«Das ist es», fällt ihr Sarah ins Wort. «Bei Mama weiß man nie, woran man ist. Ich seh's ihr ja schon an, dass sie platzen könnte. Nur, sie tut's nicht. Sie ist so beherrscht. Dann leg ich noch 'nen Zahn zu, weil ich denke, bevor sie infarktet, bring ich sie gezielt zum Platzen. Aber», sie sieht in die Runde, «was hat man von seiner Gutmütigkeit? Nichts! Man wird nur angeschrien, anstatt dass sie sich bedankt!»

Warum Kinder und Jugendliche aggressiv sein dürfen – die vorangegangenen Geschichten machen auf eine humorvolle, dann wieder erschreckende Weise den Sinn und Hintersinn des Untertitels dieses Buches deutlich. In Aggressionen drücken sich Entwicklungsschritte aus, sie sind zugleich Hilferufe, weisen auf Orientierungslosigkeit und fehlenden Halt hin. Die Geschichten zeigen aber auch, wie sich Aggressionen in Zerstörung und Brutalität verwandeln, setzt man ihnen durch Regeln und Rituale keine Grenzen. Und sie machen gleichzeitig klar, wie Aggressionen sich nach innen, gegen die eigene Person richten, wenn es für Kinder und Jugendliche keine Möglichkeiten gibt, sie gekonnt und schöpferisch, durch Absprache begleitet, auszuleben und auszudrücken.

Aber die Aggressionen von Heranwachsenden sind zugleich ein Spiegel für alle, die sie ins Leben begleiten: Man erkennt sich als Vater und Mutter, als Erzieher und Lehrer in ihnen wieder, dann vor allem, wenn die eigenen, unterdrückten aggressiven Persönlichkeitsanteile verleugnet, nicht wahrgehabt werden wollen.

«Kinder dürfen aggressiv sein» macht auf diesen Aspekt aufmerksam. Mit den Aggressionen der Kinder und Jugendlichen umzugehen heißt auch, seine eigenen zornigen, aggressiv-zerstörerischen und aggressiv-schöpferischen Anteile zu akzeptieren. Nur wenn ich diese erkenne und zulasse, kann ich Heranwachsende mit ihrer gesamten Persönlichkeit annehmen. In diesem Sinne ist eine Erziehung zum Umgang mit Aggressionen im Kindes- und Jugendalter nicht Vorbereitung auf das Leben, sie ist das Leben selbst, eine Erziehung, die in jedem Augenblick, in jedem Entwicklungsabschnitt geschieht. Sie ist in ihrer Vielfalt eine lebenslange Aufgabe. Sie ist für alle Beteiligten eine Herausforderung. Wie man ihr begegnen *kann*, davon handelt dieses Buch.

KAPITEL 2:

# Aggressionen gehören zum Leben «Hört das denn nie auf!»

## Aggressionen entwickeln sich – vom Säugling bis zum jungen Erwachsenen

### Vom Säugling bis zum Kindergartenkind

Der doppelte Charakter der Aggression – einerseits das konstruktive, lebenserhaltende Moment, andererseits das zerstörerische, provokative, grenzüberschreitende – ist von Anfang an in der Entwicklung des Kindes – von den ersten Lebenstagen bis in die Pubertät hinein – enthalten. Und hört hier natürlich nicht auf. Auch der Erwachsene muss sich alltäglich bewusst machen: Ich bin zu zerstörerischen Handlungen gegenüber anderen, gegenüber Sachen oder mir selbst fähig. Aggressionserziehung – verstanden als Erziehung zum Umgang mit Aggressionen – fängt früh an und hört nicht auf: Aggressionserziehung meint, Kinder und Jugendliche auf ihrer jeweiligen Entwicklungsstufe zu sehen, zu beobachten, zu verstehen und – falls notwendig – Grenzen zu setzen. (Gewalt-)Vorbeugung heißt also auch, Kinder nicht wie kleine Erwachsene zu behandeln und sich zu wundern, wenn man dann bei ihnen kein Gehör findet.

Veronika Fischer, Mutter des 2-jährigen Jonas und des 4-jährigen Jacob, hatte sich zur Beratung eingefunden. Anlass waren die «ständigen Streitereien» ihrer beiden Söhne.

«Das ist grauenhaft, nicht zum Aushalten», klagt sie und schüttelt vehement den Kopf. «Wie die sich anpöbeln, in den Haaren liegen, spucken, kratzen ...» Sie sieht mich fragend an. «Dass da noch nichts passiert ist, das grenzt an ein glattes Wunder!» Sie lässt sich kaum unterbrechen, so redet sie sich in Rage. Dann sieht sie mich an: «Ob Sie's glauben oder nicht: Ich weiß nicht, woher die das haben!? Mein Mann und ich bemühen uns, friedlich miteinander umzugehen. Und wenn's Probleme gibt, vernünftig aufeinander zuzugehen und zu streiten, Respekt voreinander zu haben.»

Was ihre Söhne da ablieferten, das sei die «reinste Gosse, niedrigstes Niveau!» Ihre Augen starren ins Leere: «Wenn ich mir vorstelle, wo das noch hinführen soll, wenn die größer sind … Mord und Totschlag, ehrlich!»

Was sie von mir wissen wolle, frage ich in eine kurze Redepause hinein. «Die sollen sich vernünftig streiten! Das ist doch nicht zu viel verlangt», ruft sie spontan. «Oder etwa nicht?»

«Wie alt sind Ihre Kinder?», will ich wissen.

«Na, zwei und vier, das hab ich doch schon gesagt!» Sie klingt etwas ungehalten.

«Die sollen sich vernünftig streiten?», hake ich vorsichtig nach, mit einem leicht zweifelnden Unterton in meiner Stimme.

«Das muss doch gehen. Da muss es doch irgendeinen Tipp, eine Technik geben.» Ratlosigkeit ist in ihrem Blick. «Irgendetwas! So geht es nicht weiter!»

Als ich versuche, ihr die Bedeutung des Streites zwischen den beiden Jungen näher zu bringen, schüttelt sie unwillig den Kopf.

«Ich brauche einen Tipp, damit die sich vernünftig streiten, einfach einen Ratschlag!»

Als ich darauf bestehe, den gebe es so nicht, dazu sei die ganze Situation zu komplex, ruft sie verwundert aus: «Aber in Ihren Büchern haben Sie für jede Situation einen Tipp. Warum nicht für mein Problem! Das kann doch wohl nicht so schwer sein!»

«Gut», gebe ich nach. Etwas ginge vielleicht. Ich könne da

etwas mental unternehmen. Sie schaut mich verwundert an: «Mental?» Ich lächle. Ich würde meine Friedensenergien ihren beiden Söhnen per Gedanken übertragen.

«Das geht?», fragt sie zögerlich. Ihre Augen schauen skeptisch drein.

«Und wie!», antworte ich nun mit fester Überzeugung. «Sie gehen nach Hause. Es ist absolut ruhig im Haus. Wirklich friedlich. Was denken Sie?»

«Sie haben sich umgebracht!», ist ihre reflexartige Antwort.

«So schnell geht das nicht in diesem Alter!», beruhige ich sie. «Sie gehen an die Tür des Kinderzimmers, schauen durch das Schlüsselloch, sehen Jonas an der einen Seite des Tisches, Jacob an der anderen, hören, wie Jonas zu Jacob sagt: ‹Du! Wir sollten uns anders streiten, Jacob! Ich mache mir Sorgen wegen unserer Entwicklung.› Daraufhin nickt Jacob: ‹Gut, dass du das jetzt mal angesprochen hast. So geht es wirklich mit uns nicht weiter. Mama ist wegen uns schon beim Psychologen.› Worauf Jonas zu bedenken gibt: ‹Ich koch uns jetzt 'nen Tee, du holst die harten Kekse und dann lass uns weiter darüber sprechen.›»

Ihr Blick verfinstert sich kurzfristig, als würde sie sagen, der nimmt mich nicht ernst. Dann platzt sie vor Lachen.

«Wie würde es Ihnen gehen, wenn Sie das so mitbekämen?»

«Ich wäre auf der Stelle tot!», prustet es aus ihr heraus.

«Sehen Sie, welches Interesse Ihre Kinder an Ihrem Überleben haben …», lache ich, will fortfahren, aber sie unterbricht mich: «… aber dann muss ich sie wohl auch so annehmen, wie sie zurzeit sind!» Sie wird wieder ernst: «Aber das ist leichter gesagt als getan. Man will sich ja nichts vorwerfen lassen!»

Natürlich hat sie noch darauf bestanden zu erfahren, wie Kinder Konflikte selbständig regeln können, ohne dass sprachliches und körperliches Chaos ins Kinderzimmer einzieht, doch zu diesen Tipps später mehr, wenn ich auf Aggressionsrituale eingehe.

Wichtiger war mir, dass die Mutter eine Haltung gegenüber

ihren Söhnen aufbaut: Kinder ins Leben zu begleiten heißt, sie Tag für Tag, Woche für Woche, Monat für Monat, Jahr für Jahr zu begleiten.

Der Säugling kommt mit vielen Reflexen auf die Welt, so zum Beispiel dem Schrei-, dem Greif- oder dem Saugreflex. Diese sichern seine physische und psychische Existenz, denn wenn die Nabelschnur durchschnitten ist, fängt der eigenständige Kampf ums Leben an.

Zunächst lebt der Säugling in einer Symbiose, durch sein Schreien erfährt er Nähe und Nahrung, macht auf sich aufmerksam, zeigt, dass ihm etwas fehlt – wobei die körperliche Nähe in diesen frühen Monaten fast wichtiger ist als die materielle Nahrung. Der Säugling braucht Bindung, Geborgenheit und Halt. Er hält sich an vertrauten Bezugspersonen fest – an Vater und Mutter, Oma und Opa, Tante und Onkel, an der Tagesmutter, der Erzieherin in der Krippe oder seinem Kuscheltier.

Der Säugling greift geradezu nach ihnen. Sein Griff ist so fest, als wolle er nichts mehr aus der Hand geben – keine Person, keine Sache. Aber der Säugling wird nicht nur gehalten, erfährt Bindung, der Säugling hält sich selbst, spürt seine Kraft, die ihm Selbstvertrauen gibt.

Dann ist da noch der Saugreflex, mit dem der Säugling Nahrung zu sich nimmt. Aber der Mund ist zu mehr als nur zum Essen und Trinken da. Lippen und Zunge benetzen alle möglichen Gegenstände mit Speichel, der aus fremden Gegenständen vertraute Stücke werden lässt, sodass das Kind sie sofort wiedererkennt. Allmählich ergreift es Spiel- oder Alltagsgegenstände, nimmt sie in den Mund, um Form und Struktur zu erfühlen. Der Säugling ist ein Sinnesmensch, begreift – im wahrsten Sinne des Wortes – die Welt über Sinnestätigkeiten: das Riechen, das Schmecken, das Tasten, das Hören … Und ganz langsam auch das Sehen.

Das Kind erprobt sich dabei: Wenn es schreit, erhält es nicht nur Aufmerksamkeit und Nähe, hat es das Gefühl, in seinen Frustrationen angenommen zu sein, wenn es schreit, spürt sich das Kind zugleich auf der Muskel- und Hautebene: Je heller und durchdringender der Schrei, umso intensiver ist sowohl die Körperwahrnehmung als auch die Hand, die dann schnell zu Hilfe eilt.

Schon Säuglinge lernen früh aus Erfahrung: Manchmal – meistens tagsüber – reicht ein leises Stöhnen oder Gähnen, ein kaum wahrnehmbares Gurgeln, damit man Zuwendung bekommt. Manchmal – häufig nachts, also wenn es dunkel ist – braucht es mehr Stimmvolumen, damit man bekommt, wonach man sich sehnt. Aber Schreien ist nicht gleich Schreien: Da ist jenes bitterliche, tränenreiche, schluchzende, das ganze Kind erschütternde Weinen, das auf Bedürfnisverweigerung, Frust, Angst, Unsicherheit, Schmerzen oder Verlassenheitsgefühle hindeutet. Und dann ist da jenes Schreien – vor allem dann, wenn sich das etwas ältere Kind der Kraft seines Schreiens durchaus bewusst ist –, um etwas zu erreichen. Dieses Schreien ist von ein oder zwei Tränen begleitet, die mühsam herausgepresst werden, voll von Wut und Zorn, begleitet von wildem Um-sich-Schlagen und -Treten. Ein schrilles «Nein! Nein!», in höchsten, nicht enden wollenden Tönen, die Mark und Bein aller Beteiligten erschüttern und einen erschauern lassen, gewinnt man doch den Eindruck, das Kind würde gerade massakriert.

So wie das Schreien zwei Seiten hat, ist es auch um das Greifen bestellt. Holt sich das junge Kind damit zunächst Nähe und Geborgenheit, weil es nur so seine Verlassenheitsgefühle und Trennungsängste überwinden kann, so nutzt es das Greifen, besser vielleicht: Begreifen oder Wegstoßen, um Distanz und Abstand herzustellen, erste Grenzen auszutesten. Schon früh beginnt die Choreographie des «Haltgebens» und des «Lass mich los», des «Ich möchte in deinen Arm» und «Fass mich bloß nicht an!». Diese Polarität der Gefühle fängt meist plötzlich, ohne Übergang an.

Da liegt die kleine, acht Monate alte Sabine ganz ruhig, fast verträumt in den Armen ihrer Mutter, Maike Roberts, und diese sieht ihre Tochter lächelnd, ja geradezu verliebt an. Mit einem Mal holt Sabine aus, gibt ihrer Mutter unvermittelt eine Ohrfeige. Diese schaut irritiert, versucht sich vom Schrecken zu befreien, lächelt verkniffen. Und kaum hat sie sich von der ersten Irritation erholt, landet der nächste Treffer auf der Wange der Mutter. Nun kommt zur Überraschung bei Maike Roberts Schmerz hinzu – und abgrundtiefe Ohnmacht. Als Sabine wieder ausholt, kann die Mutter den nächsten Schlag gerade noch abfangen, ein fast verzweifeltes, aber zweifelndes «Man schlägt nicht!» auf den Lippen. Doch die kleine Sabine lächelt nur, «fast frech», wie die Mutter sich erinnern wird.

«Ich war völlig hilflos, ständig kreisten die Gedanken darum, woher sie das wohl hat. Und nichts hat geholfen, weder: ‹Ich will das nicht!› oder: ‹Lass das!› oder: ‹Mama ist traurig, wenn du das machst!› Das war schon eine schlimme Zeit!» Sie atmet tief aus: «Und mit einem Male hörte es auf, so plötzlich, wie alles gekommen war.»

Die doppelte Bedeutung des Greifens – Halten und Loslassen – kann man auch in anderen Situationen des Alltags beobachten, wie Michaela Beyer erzählt: Ihr Patrick hielt in den ersten Monaten alles fest, was er in die Hände bekam. «Man konnte es kaum wieder zurücknehmen, so packte er zu.» Und als Patrick dann am Tisch der Familie saß, damit man gemeinsam das Essen einnehmen konnte, da «probierte er», so die Mutter, «die Fallhöhe und -geschwindigkeit von allem aus, was in seiner Reichweite lag: Teller, Gläser, Spaghetti, Kartoffeln, einfach alles. Nichts war vor ihm sicher. Und wenn ich dann schimpfte, lachte er mich nur an, so als wollte er sagen: ‹Nun stell dich mal nicht so an!› Ich hätte manchmal richtig ausflippen und ihn durchschütteln können, so sauer war ich!»

Ist das Saugen in den frühen Lebenstagen Voraussetzung, um Nahrung aufzunehmen, damit man dem Körper gibt, was er zum Wachsen braucht, so kann aus dem Saugen dann ein schmerzhafter Akt werden, wenn in dem einst zahnlosen Mund Zähne wachsen, ein «kleines Haifischmaul» mit spitzen, zupackenden Zähnen entstanden ist. So ein Kind wird schnell im Wohnviertel bekannt wie berüchtigt, nämlich dann, wenn sein sprachliches «Nein!» von einer Beißattacke begleitet wird, die auf den Armen und Beinen anderer Kinder Gebissabdrücke hinterlässt. Dann geht so manche Mutter nicht mehr mit dem kleinen Sohn oder der kleinen Tochter auf den Spielplatz, weil es ihr schon von weitem entgegentönt: «Kinder, passt auf, da kommt Kevin, der Beißer!»

Eltern reagieren auf das Beißen ihrer Kinder verunsichert und gereizt, ohnmächtig und hilflos, verärgert und sauer. Sie sind zornig, wütend auf sich, auf das eigene Kind, manchmal auch auf die anderen Mütter und deren Kinder. Dabei ist das Beißen keine böswillige Unart, in dem frühen Alter keine bewusste Aggression. Es steht für «Nein!», «Lass mich!», «Ich will nicht!», «Du darfst das nicht!», «Das gehört mir!». Es setzt eine – zugegeben – schmerzhafte Grenze. Das Beißen verschwindet meist, wenn sich das Kind der Kraft seiner Worte – etwa um das dritte Lebensjahr herum – bewusst wird. Dann braucht es nicht mehr zu beißen, hat es doch erfahren, dass man mit Worten, also auf soziale Art und Weise, Grenzen formulieren und auf deren Einhaltung bestehen kann. Dem Beißen begegnet man nicht, indem man das Kind mit Wort und Tat züchtigt, gar dem archaischen Gedanken nachgibt, zurückzubeißen, damit das Kind merkt, was es getan hat.

Da das Beißen meist aus einem Reflex heraus erfolgt, ist es eben nicht rational steuerbar. Statt einem Kind ständig vorzuhalten, man dürfe nicht beißen, ist es konstruktiver, dem Kind ein Beißtuch, ein Beißteil aus Plastik oder einen anderen Gegenstand zu geben, in den es, wenn es wütend ist, hineinbeißen kann. Dazu passt dann ein Satz wie: «Wenn du wütend bist, dann beiß in dein Tuch!» Dann fühlt sich das Kind in seinen aggressiven Persönlichkeitsanteilen angenommen, zugleich wird die Attacke so umgelenkt, dass sie anderen Kindern nicht schadet. Und dem Kind wird ein Modell gezeigt: Du darfst Aggressionen haben! Ich akzeptiere dich damit! Du kannst sie ausleben, aber so, dass sie keinem wehtun. Und wenn sich das Kind dann am Ende des Kleinkindalters der Kraft seiner Worte bewusst ist, dann kann man mit ihm auch darüber reden, wie man seine Ziele ohne körperliche, anderen Schmerz zufügende Gewalt erreichen kann.

«Hänschen klein, geht allein ...» Das ist die Hymne des Auszugs, wenn sich der Säugling aufmacht, wenn er sich am Ende des ersten Lebensjahres auf den Weg in die Welt macht, wenn er Kleinkind wird, aus elterlichen Armen und elterlicher Geborgenheit ausbricht, wenn er in die Welt hinausgeht, wie Hans im Glück das Weite suchend, um sich in der Ferne zu einer eigenständigen Persönlichkeit zu entwickeln.

Hänschen geht allein, muss allein gehen, weil er spürt, dass es da noch ein Leben jenseits mütterlicher und väterlicher Aufmerksamkeit gibt, ein Leben, in dem es sich im Kampf zu bewähren gilt. Und Hänschen nimmt den Stock und den Hut mit – ohne sie wäre Hänschen aufgeschmissen. Der Stock – «Dein Stecken und Stab führen dich», heißt es im Neuen Testament –, egal ob es nun der Wanderstab, das Kuscheltier, die vertraute Wolldecke oder der abgekaute Legostein ist, alles, was Sicherheit gibt, wird mitgenommen auf den Weg der Selbsterkundung dieser Reise, auf der Kinder zu Helden ihrer selbst werden müssen.

Auch der Hut gehört dazu. Jedes Kind braucht Behütung, braucht Wurzeln, ohne die es keine Flügel gibt. Nur im Vertrauen auf die Wurzeln und ihren Hut lassen sie sich auf die Abenteuer, die die Lebensreise mit sich bringt, ein. Es gibt behütende Sprüche, die Kinder stärken: «Mach's gut!», «Ich weiß, du schaffst es!», «Pass auf dich auf!», «Bis bald!», «Bis irgendwann!». So wie bei Hans im Glück, der sich nach sieben Jahren daran erinnert, nach Hause zu gehen – sein verdientes Gold versetzt, bis er mit scheinbar leeren Händen vor seiner Mutter steht, ohne Geld, ohne materiellen Verdienst, aber als ein selbstbewusster Mann, der sein Leben gepackt hat, weil er um die elterlichen Wurzeln wusste.

Kinder haben früh den Gedanken der Abnabelung – sie sind nicht selten in jenen mythischen Bildern aufgehoben, die die Märchen erzählen: Geschichten vom Aufbruch, der Loslösung, der Schmerzen, der Trauer, die mit dem Abschied verbunden sind. Doch auch in der Wirklichkeit schonen Kinder weder sich selbst noch ihre Eltern. Diese Lösung, eine Art psychischer Geburt, wie Margaret Mahler es einst ausgedrückt hat, tut weh, sehr weh sogar. Kinder muten sich selbst und ihren Eltern dabei etwas zu. Das ist das Drama von Halten und Loslassen, das ich an zwei Alltagssituationen zeigen möchte:

Benjamin, drei Jahre, kommt in die Küche, in der einen Hand eine kleine Spielzeugsäge, in der anderen eine Gießkanne. Er geht grinsend auf seine Mutter zu, ihr die Säge entgegenstreckend.

«Guck, was ich hier habe?»

«Eine Säge!», antwortet die Mutter freundlich.

«Damit zersäge ich dich jetzt!»

«Wie bitte?», die Mutter ist irritiert.

«Ich zersäg dich!»

Sie schüttelt vehement den Kopf. «Aber dann bin ich nicht mehr da!» Die Mutter wirkt hilflos. «Nicht mehr da», stammelt sie.

«Macht nichts!», klingt Benjamin selbstbewusst.

«Aber dann bin ich tot!» Der Satz lässt Benjamin völlig unbeeindruckt.

«Ich kann alleine, ganz alleine!» Dabei stampft er mit dem rechten Bein auf.

«Aber dann bin ich nicht mehr da!» Sie sieht ihren Sohn ernst an: «Hörst du, dann bin ich bei Oma auf dem Friedhof. Bei Oma, Benny!»

Benjamin stutzt einen Augenblick, dann zuckt seine linke Hand nach vorn. Hier hält er seine kleine Gießkanne. Er lächelt die Mutter an: «Wenn du da liegst, komme ich im Sommer und gieße mit Papa die Blumen!» Er lässt beide Gegenstände fallen, geht zur Mutter, streichelt sie, hebt Säge und Gießkanne auf und hinterlässt eine konsterniert-sprachlose Mutter.

Ann-Cathrin, 3 ½, liegt im Bett. Sie hat ihre Augen geöffnet und weiß, gleich wird Mama kommen und sagen: «Na, hast du gut geschlafen?» Und kaum hat sie den Gedanken zu Ende gebracht, kommt Beatrice Schneider ins Zimmer, fliegt einer Fee gleich ans Bett ihrer Tochter, um sie bloß nicht zu erschrecken. Sie beugt sich über Ann-Cathrin, ein freundliches «Hast du gut geschlafen?» auf den Lippen.

«Nein!», faucht Ann-Cathrin. «Nein!», wiederholt sie zischend.

«Wirklich nicht?» Die Stimme der Mutter hat einen ängstlichen Klang.

«Möchtest du denn jetzt einen Orangensaft trinken?», fragt sie vorsichtig, weil sie Ann-Cathrin ablenken will.

«Ja!»

«Gut, dann mache ich dir Orangensaft!»

«Nein, will ich nicht!»

«Aber du wolltest doch …!»

Die Mutter lenkt ein: «Gut, was möchtest du denn trinken?»

«Kirschsaft!»

«Gut, dann bekommst du Kirschsaft, meinetwegen …!» Ihre Stimme klingt etwas genervt: «Meinetwegen.»

«Kein Kirschsaft! Nein! Nein! Nein!», schreit Ann-Cathrin.

Die Mutter zuckt zusammen, ihre Augen werden schmal, der Mund wird zu einem Strich – und Ann-Cathrin denkt, jetzt will sie dich auf den Mond schießen, aber bevor sie das macht, gebe ich mal kurz nach.

Sie trinkt den Kirschsaft – aber damit ist das tägliche Auf und Ab nicht zu Ende: Mal gibt es himmelhoch jauchzende Momente, dann Tornados sondergleichen. Und manchmal weiß die Mutter nicht, gibt ihre Tochter jetzt endlich Ruhe oder bin ich nur im Auge des Hurrikans. Und wenn es besonders schlimm ist, setzt Ann-Cathrin noch einen drauf: «Papa mag ich lieber!» Das sind dann Momente, so die Mutter, wo ich in Selbstmitleid zerfließe, denn wenn ich meinem Mann von Ann-Cathrins Ausrastern erzähle, meint er nur lapidar: «Du musst konsequenter sein!» In solchen Momenten könne sie ihn auf den Mond schießen, ohne Rückfahrkarte!

Und dann kommt der Abend. Es wird dunkel. Ann-Cathrin denkt, was wohl wäre, wenn die bösen Räuber kämen, die Krokodile, die Monster, die Dinosaurier, die Gespenster. «Wer kann mir helfen?» Und dann fällt Ann-Cathrins Auge auf Mama. Sie lächelt diese an und braucht nur einen Satz, um sie von der Hexe, die sie auf den Mond schießen wollte, in die liebende Mutter zu verwandeln: «Ich hab dich lieb!»

«Wirklich?»

«Ja!», flötet Ann-Cathrin mit großer Inbrunst.

«Schön!»

«Dann komm doch und kuschel dich zu mir ins Bett!» Und schon gleitet die Mutter zu ihrer Tochter und fragt sich, wer hier eigentlich wen erzieht.

Das ist die schon angesprochene Choreographie des Trotzes: Halt mich, aber lass mich los! Bleib bei mir, aber dann kannst du auch wieder verschwinden!

Wer kennt sie nicht, diese dramatischen Auftritte, die die Kinder zwischen zwei und fünf für ihre Eltern parat haben!

Auftritte, denen man hilf- und ratlos gegenübersteht, weil man nicht weiß, wie man sich verhalten soll. Besänftigt man das Kind, steigert man nur sein Kreischen, Brüllen, Außersichsein; geht man vorsichtig auf das Kind zu, um es zu beruhigen, schlägt und tritt es um sich, läuft weg oder versteckt sich gar.

«Arne lebt sein Trotzalter gerade voll aus. Der ist knapp drei», erklärt Walter Nussbauer. «Wenn dem etwas nicht gelingt, dann geht das Geschrei los. Da fliegt etwas in die Ecke, oder er schmeißt sich auf den Boden. Er lässt sich überhaupt nicht beruhigen. Du kommst gar nicht mehr an ihn ran!»

«Ich konnte Magdalena bis zum zweiten Geburtstag gut waschen. Sie ließ sich sogar die Haare waschen. Alles bestens», berichtet Nora Schröder, «aber nun sträubt sie sich. Alles ist nicht richtig. Und wehe», sie atmet tief aus, «ich greife mal in ihr Spiel ein, dann ist es endgültig aus ...»

«Das Wegfahren mit dem Auto, eine Qual», stöhnt Herbert Carlsen, «ehe ich Carolin festgeschnallt habe im Auto, ist der Vormittag fast schon gelaufen. Sie sträubt sich, sie tobt, sie tritt um sich, ihre Stimme überschlägt sich.»

Antonia Müller schüttelt den Kopf, als sie das hört. «Beim Paul ist das völlig anders. Der macht dann ein undurchdringliches, abweisendes Gesicht. An den kommt man nicht heran. Es ist, als ob man gegen eine Wand redet. Der verzieht keine Miene. Und manchmal lässt er sich wie ein Stein fallen, bleibt liegen, macht sich extra schwer. Aufheben oder Forttragen ist fast nicht möglich.» Sie sieht mich an: «Ich bin dann völlig hilflos. Und Paul auch!»

«Was soll man da auch machen?», fragt Sonja Albers in die Runde der Eltern. «Die einen sagen, dem gehört etwas hinten vor, andere sagen, ignorier das Ganze, bleib ruhig.» Sie lacht grimmig. «Aber das musst du erst mal schaffen, wenn du im Supermarkt bist und alle dich anstarren. Und dir mit ihren Blicken die Schuld geben.» Sie schüttelt ihren Kopf. «Also ich weiß nicht!»

Der Trotz, die Trotzphase, die um den achtzehnten Lebensmonat beginnt und die sich bis in das fünfte Lebensjahr hineinziehen kann, ist ein ausgesprochen wichtiger Lebensabschnitt. Das Kind löst sich aus dem Baby- und Kleinkindalter und wird sich seiner Kompetenzen und damit seiner Selbständigkeit bewusst.

Eltern wollen selbständige, eigenständige Kinder, sie wollen keine bedingungslosen «Ja»-Sager, angepasste graue Mäuse.

Persönlichkeiten zu akzeptieren meint auch, die andere Seite dieser Kinder anzunehmen: die vehemente Abgrenzung, die Durchsetzung des eigenen Willens, die fehlende Frustrationstoleranz und die noch nicht ausgebildete Fähigkeit, psychische Spannungen über längere Zeiträume auszuhalten.

Die Trotzphase, die für die emotionale Entwicklung des Kindes ausgesprochen wichtig ist und die sich von Kind zu Kind sehr unterschiedlich darstellt, ist mithin eine bedeutsame Phase auf dem Weg zum selbstbewussten Kind. Und dieser Weg ist kein gradliniger – Umwege und Sackgassen werden beschritten: Der Weg ist das Ziel. Es ist ein Weg voll von Enttäuschung, dem ständigen Gefühl des Noch-nicht-Könnens, ein Weg, auf dem einem jeden Tag andere Hürden begegnen, neue Herausforderungen zu bewältigen sind.

Zwar spürt das Kind, dass es schon viel kann – und dennoch ist es überfordert, fühlt es die Spannung zwischen dem Können und dem Noch-nicht-Können. Dieser Widerstreit löst Spannungen aus, die ein Kind kaum aushält, die es herausbrüllt, hinausschreit, das Kind wütet, verliert den Kontakt zur Umwelt, ist nicht mehr bei sich, um sich dann doch mit einem

Mal zu beruhigen, so als wäre nichts, aber auch gar nichts geschehen.

Und viele Eltern stehen vor einem Rätsel: Eben noch ein «Monster», das man auf den Mond schießen möchte, und jetzt dieses ruhig-freundliche Wesen, das keiner Fliege etwas zuleide tun kann, das kuschelt, das zärtlich ist.

Zwei Seelen wohnen in der Brust des Kindes, wenn es die Trotzphase durchläuft: Das Kind, das weg vom Erreichten möchte, hinaus in die Welt, das Bindungen kappt, sie zerreißt – und dann jenes Kind, das den Bezug braucht, das Sicherheit und Geborgenheit will, um Eroberer und Forscher seiner Welt zu sein.

Doch haben aggressive Handlungen im Kindergartenalter nicht allein mit Trotz, Aufbegehren und dem Kampf um Eigenständigkeit zu tun. Dies zeigt der Alltag von Robin.

Robin, dreieinhalb, ein kräftiger, untersetzter Bursche, hat «eine problematische Familiengeschichte. Die Eltern leben in Trennung, die Mutter hat mit einem anderen Partner ein Kind», so Magda Philip, Robins Erzieherin. «Robin läuft mehr oder minder nebenher. Umso mehr freut er sich auf den Kindergarten, vor allem auf mich.»

Magda mag ihren Robin, «den kleinen Terminator». Wenn Robin morgens in den Kindergarten kommt, ist er noch nicht wirklich angekommen. Dazu bedarf es eines Rituals. Wenn Robin den Kindergarten betritt, baut er sich vor Magda auf. Sie lächelt ihn an, dann haut sie ihm zärtlich ihre rechte Hand auf den Po, er stolpert einige Schritte nach vorne, dreht sich um und lächelt sie an: «Hallo!» Dies Ritual gehört dazu. Ohne dieses Ritual fühlt sich Robin unwohl, ist weder geistig noch körperlich im Kindergarten angekommen.

Das wussten alle. Doch an diesem Morgen war alles anders. Magda war alleine, musste sich um Ricarda kümmern, nicht mal drei Jahre alt, die erbärmlich weinte. Ricarda war vor dem Kindergarten hingefallen und hatte sich an den Knien verletzt.

Magda kümmerte sich liebevoll um sie, tröstete sie, streichelte die Kleine. Aber Ricarda ließ sich kaum beruhigen. Tränen kullerten über ihr Gesicht, sie schluchzte erbärmlich.

In diesem Moment kam Robin in den Raum, stellte sich vor Magda – in Erwartung des Rituals.

«Gleich, Robin!», sagte sie freundlich.

«Hallo!», sagte er deutlich und stampfte mit dem Fuß auf.

Magda ignorierte das, weil Ricarda ihr alle Aufmerksamkeit abverlangte.

«Hallo!», rief Robin noch lauter.

«Hallo!», wiederholte er dringlicher.

«Gleich, Robin!» Magda wurde etwas ungeduldig. «Nun zieh dich schon aus! Ich hab doch zu tun! Siehst du das nicht?»

Robin drehte ab, ging schnurstracks in die Puppenecke, schnappte sich die dreijährige Felizitas, versetzte ihr einen Schienbeintritt und schubste sie, sodass sie auf den Rücken fiel und laut aufschrie. Das alarmierte Magda, die sofort angerannt kam und Robin wütend anstarrte: «Warum hast du das gemacht?» Robin zuckte gleichmütig mit den Schultern: «Darum!»

«Er muss doch», so Magda Philip später, «er muss doch auch mal abwarten können. Das kann man doch erwarten. Und es muss doch wirklich nicht immer nur nach seiner Pfeife gehen, oder?!»

So wie Robin erfahren manche Kinder schon früh: Wenn sie sich angemessen verhalten, werden sie häufig übersehen. Man gibt ihnen keine besondere Aufmerksamkeit. Nur wenn sie aufbrausen, zerstörerisch gegen andere oder Sachen agieren – so die Erfahrung vieler Kinder –, werden sie bemerkt. Dann erhalten sie zwar keine positive Zuwendung, dann werden sie reglementiert, angeschrien oder bestraft. Aber immerhin haben sie so das Gefühl, bemerkt worden zu sein. Kinder, die einmal gelernt haben, dass Stören und Zerstören, Schlagen und Treten deshalb Spaß machen können, weil sie Aufmerksamkeit garantieren, dazu führen, im Mittelpunkt zu stehen, sind nur dann gewillt, von ihrem destruktiven Tun abzulassen, wenn man ihnen Alternativen anbietet, ihnen zeigt, wie sie durch schöpferische Aktionen positiven Zuspruch erfahren können.

Aggressionen entwickeln sich – vom Säuglings- über das Kleinkind- bis in das Kindergartenalter hinein. Denn Aggression ist vorwärts treibende Energie. Kinder wollen weg vom Erreichten, peilen neue Horizonte an. Wer Aggressionen bei Kindern stilllegt, legt ihre Entwicklung, ihre Neugierde und Lernbereitschaft still. Kinder wollen Neues erproben und probieren. Dazu gehört auch, Grenzen und Regeln zu überschreiten und auszutesten. Wer Kinder zwischen dem ersten und fünften Lebensjahr begleitet, wird ununterbrochen mit den unterschiedlichsten Formen von Aggressionen konfrontiert: mit physischen und psychischen, mit Strampeln, Beißen und Schlagen, mit Weinen und Schreien, mit sprachlichen Drohgebärden, mit Liebesentzug und bewusster körperlicher Gewaltanwendung.

Sowenig den Kindern geholfen ist, sie zu lammfrommen Friedensengeln zu manipulieren, sowenig ist es damit getan, dass man Verständnis mit Akzeptanz verwechselt. Kinder beim Umgang mit ihren aggressiven Handlungsmöglichkeiten zu begleiten bedeutet zunächst, die kindlichen Handlungsmuster vor dem Hintergrund ihrer Entwicklungsphase zu verstehen, aber nicht jede Maßlosigkeit und Grenzüberschreitung, die sich beim Kind zeigt, zu akzeptieren. Dort, wo die persönliche Integrität des anderen in Frage gestellt ist, wo die Gefahr von Sachbeschädigung besteht, muss – alters- und situationsangemessen – reagiert werden: Bei einem einjährigen Kind reicht ein unmissverständliches «Nein!», bei einem fünfjährigen muss dem «Nein!» eine kurze Begründung folgen, warum man das Tun nicht akzeptieren kann. Schon im Alter zwischen zwei und fünf Jahren ist eine Aggressionserziehung angesagt: eine Erziehung, die die konstruktive, die schöpferische Seite der Aggression fördert und die zerstörerischen Anteile, die Aggressionen auch haben können, begrenzt. Nur so kann ein Kind Achtung und Respekt für sich und für andere entwickeln.

### Die Zwischenzeit: 5 bis 11 Jahre

Die «Zwischenzeit», die Sigmund Freud einst als «Latenzzeit» bezeichnet hat, die Zeit zwischen dem fünften und elften Lebensjahr, stellt eine Vorbereitung auf die Stürme der Pubertät dar, eine Zeit, in der man sich für die Herausforderungen wappnet, denen man sich später zu stellen hat. Diese «Zwischenzeit» hat es gleichwohl in sich.

«Ich verstehe meinen Robert manchmal nicht mehr. Der ist jetzt acht», stöhnt dessen Mutter, Lisa Michaels. «Und auch mein Mann ist schon fix und fertig. Unser Sohn kann das liebste Wesen von der Welt sein, der keiner Fliege etwas zuleide tut. An solchen Tagen ist er hilfsbereit, man kann mit ihm reden.» Sie schüttelt den Kopf. «Aber dann gibt es Augenblicke, da rastet er total aus, flippt rum, dreht völlig durch, wenn ihm etwas nicht gelingt oder passt. Der rennt wie aufgedreht durch die Wohnung, wirft sich auf den Boden, schmeißt mit Dingen um sich – und wehe, man will ihn beruhigen, das macht alles noch viel schlimmer.» Sie sieht mich an. «Das müssen Sie mal sehen! Der wirkt wie völlig durchgeknallt, als ob er irre wäre. Keiner darf ihm dann zu nahe kommen.» Die Mutter schüttelt den Kopf. «Solche Tobsuchtsanfälle hatte er auch schon, als er zwei oder drei war.» Lisa Michaels hält inne: «Aber das Trotzalter muss er doch überwunden haben!» Sie runzelt die Stirn: «Oder etwa nicht?» Sie wiegt ihren Kopf hin und her: «Also, ich versteh ihn wirklich nicht, ehrlich nicht! Denn nach dem Anfall kommt er an, als wäre nichts geschehen, setzt sich auf meinen Schoß, streichelt mich! Also, da soll einer noch draus schlau werden.»

«Das ist die richtige Feststellung!» Volker Schneider nickt, als Lisa Michaels aufhört. «Ich werde es jedenfalls nicht!» Er sieht mich an, weil ich ihn fragend anschaue. «Arne ist fast neun, ein netter Kerl, an allem interessiert. Jetzt will er partout kein Fleisch mehr essen, weil er Tiere so mag. Er findet es fürchterlich, wenn wir mal ein Steak essen, macht uns an, beschimpft uns. Noch vor einem halben Jahr konnte er nicht genug Fleisch essen. Da maulte er, wenn's nur Gemüse gab, jetzt dreht er durch, wenn er nur von weitem Wurst oder Schinken sieht. Der kann dann richtig unflätig werden.» Er nickt, so als wolle er seinen Worten Nachdruck verleihen: «Es ist unterstes Niveau. Und wenn ich ihn dann des Raumes verweise, meint er nur: ‹Ich geh ja schon, du Tierquäler!› Und bevor ich etwas entgegnen kann, ist er schon weg.» Er schmunzelt: «Ist schon ganz schön clever!» Er lacht: «Oder selbstbewusst?» Er zieht den Kopf zwischen seine Schultern: «Ach, ich weiß es nicht!» Herr Schneider sieht mich an: «Ich weiß es wirklich nicht. Er schreibt Briefe an die norwegische Regierung, weil sie Wale fängt, tobt über die Japaner wegen ihrer Vorliebe für deren Fleisch. Da hat er doch neulich ein Plakat selbst gemalt und in seinem Zimmer aufgehängt: Schlachtet Japaner! Als ich ihn zur Rede gestellt habe, hat er gefragt, ob es mir auch so gehen solle wie den Japanern. Stellen Sie sich das einmal vor?!» Er atmet tief aus: «Aber dann ist er hinterher doch zu mir gekommen und hat sich entschuldigt. Immerhin! Und aus freien Stücken! Da ist also doch noch nicht Hopfen und Malz verloren. Das sowieso nicht. Also, wie der fürsorglich mit seinem Meerschweinchen umgeht. Wirklich toll. Wenn das einen Schnupfen hat, niest er auch!» Aber mit einem Mal wird Herr Schneider ganz ernst: «Also neulich, da dachte ich, ich krieg 'n Schlag. Es war Winter, unser Sohn saß vor der geschlossenen Balkontür und schien draußen etwas zu beobachten. Und als ich genauer hinsah, dachte ich, ich hab sie nicht mehr alle. Da hatte er doch den Käfig mit dem Meerschweinchen nach draußen gestellt. Das zitterte erbärmlich.

Und er, er grinste. Ich hab ihn angeschrien, was das solle. Da meinte er doch seelenruhig: ‹Der macht Survivaltraining!›» Er schüttelt den Kopf: «Survivaltraining. Also, wo der das herhat? Ich weiß es nicht!»

«Ich denke», so Magdalena Burow, «das sind auch die Freunde. Ich seh das bei meinen beiden. Bei Anja, die wird bald zehn, und bei Julia, die ist knapp acht. Anja ist ganz zurückgezogen, kommt mit einer Freundin aus. Die sitzen im Zimmer, reden über Gott und die Welt, sind ein Herz und eine Seele. Ich bin da richtig stolz, wie sie so vernünftig sein kann. Irgendwie war ich früher auch so.» Sie runzelt die Stirn. «Aber die Julia. Die ist da in so einer Clique mit anderen Mädchen. Wenn ihr mal was nicht passt, dann schreit sie rum, springt auf, läuft aus dem Zimmer, die schlimmsten Flüche auf den Lippen. Wenn ich mal ‹Nein!› sage, bin ich vor Beschimpfungen nicht gefeit. Was da an Worten auf mich niederprasselt», sie atmet tief aus, «das können Sie sich nicht vorstellen. An die ‹blöde Kuh› habe ich mich ja fast schon gewöhnt.» Magdalena Burow sieht mich an. «Ihre Freundinnen sind durchschnittlich älter. Aber bei Julia fällt das nicht auf. Die ist für ihr Alter schon sehr groß. Und nun will sie ein Piercing im Bauchnabel. Oder sich schminken. Die ist doch frühreif. Ich glaube, sie hat auch schon Augen auf Jungen geworfen. Wenn ich mir vorstelle, wie das mit ihr wohl in der Pubertät wird», sie macht eine Pause, «ich glaube, ich ziehe aus. Das muss ich mir dann doch nicht gefallen lassen, diese Aggressivität, ja diese Wut auf mich. Meinen Mann lässt sie aus, scharwenzelt um ihn herum, wickelt ihn um den kleinen Finger, und ich hab dann den schwarzen Peter, stehe wie ’n begossener Pudel da.»

«Sie haben wenigstens nur eine, die aufmüpfig ist», greift Sonja Behrend in das Gespräch ein. «Ich hab zwei davon, den neunjährigen Thomas und Marlene, die ist bald elf. Wie die sich anmachen, anschreien, angiften. Thomas lässt seine Schwester auflaufen, wo er nur kann: ‹Du stinkst!›, ‹Du bist fett!›, ‹Deine Pickel sehen ekelig aus!› Es gibt kein vernünftiges Essen mehr. Die sehen sich und schon geht's los ... Von null auf hundert in ein paar Sekunden. Gut, Marlene kommt wohl bald in die Pubertät, sie ist gewachsen, schließt sich im Badezimmer ein. Keiner darf sie sehen. Neulich ist Thomas in ihr Zimmer geplatzt, als sie nackt dastand. Da muss er Fürchterliches gesagt haben, ungefähr: ‹So fett, wie du bist, kriegst du nie 'nen Freund! Oder bist du etwa schwanger?› Da ist sie schluchzend zu mir gekommen. Die ließ sich überhaupt nicht trösten. Die war völlig erschüttert, komplett aufgelöst.» Die Augen der Mutter funkeln: «Ich bin zu Thomas gerannt, hab ihn zur Rede gestellt. Er hat nur mit den Schultern gezuckt. Ich habe ihn gezwungen, sich zu entschuldigen. Er wollte nicht. Da hab ich ihn gepackt, mitgezogen. ‹Lass mich los, ich geh ja schon!›, hat er gelangweilt gesagt. Er ist in der Tür stehen geblieben: ‹'tschuldigung!›, hat er herausgepresst und leise, aber vernehmbar in Richtung von Marlene gesagt: ‹Fette Kuh!› Da hätte ich ihm fast eine gescheuert!» Sie wiegt ihren Kopf hin und her: «Also, ich versteh das nicht. Die waren mal Brüderchen und Schwesterchen, da gab's kaum wirklich Zoff. Und nun das. Marlene hat da keine Chance. Der lässt sie auflaufen, wie er will. Neuerdings nennt er sie nur noch ‹Heulsuse!› oder ‹Puzi!›. Wissen Sie, was das heißt?»

Ich schüttle den Kopf. «Habe keine Ahnung!»

«Pubertierende Zicke! Stellen Sie sich das vor: Puzi, pubertierende Zicke!»

«Meine Tochter bringt mich auch zur Verzweiflung. Aber es ist völlig anders als bei Ihnen», setzt Barbara Kreisch das Gespräch fort. Seit einem halben Jahr dürfe sie keinen Schritt mehr aus dem Haus machen, ohne dass ihre achtjährige Tochter ein Theater inszeniert.

«Die lässt mich einfach nicht gehen.» Sie atmet tief aus. «Das sind herzzerreißende Abschiede. Die tut so, als würde ich nicht wiederkommen. Ich muss eine Telefonnummer hinterlassen. Und wehe, ich bin nicht pünktlich zurück. Dann dreht sie komplett durch.»

Ob sich denn in den letzten Monaten etwas verändert habe, etwas Ungewöhnliches oder Einschneidendes passiert wäre, will ich wissen. Sie denkt nach: «Da habe ich schon Gewissenserforschung betrieben.» Aber alles sei wie bisher. Magdalenas Mutter schüttelt vehement den Kopf: «Da gibt es nichts! Im Gegenteil, ich bleibe schon häufiger zu Hause, damit sie nicht so verzweifelt ist. Aber Magdalena klammert und klammert ... Und da ist wohl kein Ende abzusehen.»

Neuerdings gehe sie schon nicht mehr allein in den Keller. «Ich muss an der Tür stehen bleiben und Wache schieben. Dann macht sie alles blitzschnell, als ob ein Einbrecher oder Mörder hinter ihr her wäre. Und neulich kam sie völlig schweißgebadet hoch und war erleichtert, als sie mich da stehen sah.» Die Mutter schaut nachdenklich auf: «Also ich weiß wirklich nicht, was sie hat. Ich mache mir da ehrlich Sorgen.»

Annika Seiler nickt verständnisvoll. Ihre Marion, siebeneinhalb Jahre, säße «nur noch depressiv herum. Sie schaut mit einer bitteren Miene in die Welt, lässt die Schultern nach vorne fallen. Ein Häufchen Elend.» Sie versuche, ihre Tochter aufzumuntern. Aber nichts helfe. Dann lache sie zwar etwas gequält, aber ein paar Augenblicke später habe sie schon wieder ihre traurigen Augen. Nichts könne man ihr recht machen. «Sie nörgelt, findet überall ein Haar in der Suppe. Fürchterlich, sage ich Ihnen. Dabei strahlte sie bis vor einem halben Jahr noch wie ein Sonnenschein, sah alles positiv. Aber nun», sie wiegt den Kopf hin und her, «ist sie die Pessimistin in Person. Ein halb volles Glas ist für sie halb leer. Die saugt mit unnachahmlicher Treffsicherheit alle Katastrophenmeldungen auf, bezieht sie auf sich. Sie hat sich sogar eine Pressemappe angelegt über Unglücke, Flugzeugabstürze, das Ozonloch, ansteckende Krankheiten … eben alles, was so passiert!» Da säße sie dann davor, ziehe sich alles genüsslich rein. «Und wenn ich sie ablenken will, reagiert sie ungehalten: ‹Lass mich, wozu gehe ich noch in die Schule, wenn wir doch bald sterben!›»

Außerdem habe Marion panische Angst vor Krankheiten. Bei jedem harmlosen Schnupfen frage sie schon, ob man davon sterben könne. Und als sie neulich mal an hohem Fieber litt und vorher einen Bericht über Malaria gelesen hatte, ja fast süchtig in sich aufgesogen, glaubte sie, sie habe eine schlimme Krankheit. Nicht einmal der Arzt konnte sie wirklich überzeugen. So panisch habe sie gewirkt und reagiert. «Also», ihre Mutter sieht mich ebenso ernst wie ratlos an, «ich weiß wirklich nicht, was man da machen soll.»

Manuel, acht Jahre, lässt seine Mutter nicht mehr aus dem Kinderzimmer gehen, wenn das «Gutenachtritual» beendet ist. «Bleib noch», bettelt er mit weinerlicher Stimme. Er setzt sich im Bett auf, hält seine Mutter fest. «Bitte! Bleib noch!», wiederholt er mit tränenerstickter Stimme.

«Ich möchte jetzt ins Wohnzimmer, lesen, Manuel. Das war abgesprochen», antwortet Manuels Mutter ruhig, aber bestimmt.

«Bleib hier. Ich möchte dich nochmal anfassen!»

«Manuel, was hast du? Ist irgendetwas mit dir?» Die Stimme der Mutter hat einen leicht irritierten Klang.

«Vielleicht sterbe ich heute Nacht», sagt Manuel mit leiser Stimme. «Bitte bleib!» Die Mutter lacht.

«Ach, Manuel, du stirbst noch nicht!»

«Das kannst du gar nicht wissen. Das geht ganz schnell!», meint er ganz standfest. Er überlegt kurz. «Oder du stirbst, und ich bin alleine!» Sie streichelt zärtlich sein Gesicht.

«Ach, Manuel, nun mach dir mal nicht solch trübsinnige Gedanken. Wenn du morgen aufwachst, leben wir beide und frühstücken zusammen!»

Sie erhebt sich, geht zur Tür.

«Mama!»

«Ja, was ist?»

«Schau mich an!»

Sie dreht sich um, lächelt.

«Vergisst du mich auch nicht, wenn ich tot bin?»

«Versprochen!», lacht sie ihn an. Dann geht sie weiter.

«Bitte, Mama, dreh dich nochmal schnell um!» Seine Stimme klingt flehend.

«So, Manuel, nun reicht es. Gute Nacht. Bis morgen!»

In der «Zwischenzeit» entwickeln sich jene Aggressionen weiter, die schon für die Kindergartenzeit so prägend waren. Aber sie werden komplexer. Da ist jenes Aufbegehren, wie es für die konstruktiven Aggressionen so kennzeichnend ist: Da ist das Vorwärtsschreitende, das Zupackende, das In-die-Welt-hinaus-Wollende, das Ungestüme, das Unüberlegte; da sind aber auch die verletzenden, grenzüberschreitenden, provozierenden, die rücksichtslosen, die nur auf sich fixierten, völlig egozentrischen und narzisstischen Momente, die sich um nichts und niemanden kümmern.

Aber problematisch und einseitig wäre es, würde man nur die schrillen Gesichter der Aggression in dieser Entwicklungsphase betrachten, sie gar auf Gewalttätigkeit und Brutalität ein- und begrenzen. Aggressionen haben auch stille, unmerkliche, häufig übersehene Facetten, die hinter den grell geschminkten Gesichtern, die Aggressionen häufig kennzeichnen, verschwinden. Denn hinter Zögerlichkeiten, Unsicherheiten, hinter Ängsten können sich auch Aggressionen verstecken, genauer: Ängste vor Aggressionen, Ängste vor dem Aufbruch, Ängste davor, Neues anzupacken, davor, unbekanntes Terrain zu erforschen. Nicht selten fallen solche Kinder durch das Beobachtungsraster: Man nimmt sie nicht wahr, übersieht sie, verkennt ihre Bedürfnisse, weil die laute Seite der Aggression alle Aufmerksamkeit und Zuwendung abverlangt. Etwas verallgemeinernd lässt sich die Zwischenzeit in drei Entwicklungsetappen einteilen.

Zwischen dem sechsten und siebten Lebensjahr sind die Eltern noch ausgesprochen wichtig, sie verkörpern Halt und Bindung, geben einen Rahmen. Das Kind will in die Welt hinausziehen – die Welt, symbolisiert durch die Schule. Auch wenn sich manche nun als groß empfinden, bringt diese Größe nicht nur Stolz und Selbstbewusstsein mit sich. Der Auszug aus dem Kindergarten in die Welt der Schule ist zugleich mit Unsicherheit, mit Angst verbunden. War man zuletzt im Kindergarten der oder die «Große», fängt man nun wieder von vorne an, gilt es, sich ein- und unterzuordnen. Wusste man, wie der Hase im Kindergarten läuft, wie man die Erzieherinnen zu umgarnen, umschmeicheln hatte oder austricksen konnte, so ist nun alles anders. Der Auszug in die Welt stellt sich nicht nur als Befreiung dar, er ist mit Verunsicherung und Furcht verbunden, und dabei helfen die beschwichtigenden Kommentare von Eltern, man wäre doch nun ein starker Junge oder ein großes Mädchen, kaum.

Da ist man vielmehr froh um die helfenden Hände, die sich einem entgegenstrecken. Hat man genügend Sicherheit gefunden, dann wenden sich die Kinder von den Eltern ab, sie begehren auf. Die Eltern bleiben grundsätzlich wichtige Instanzen, denn ihre gelebten Normen und Werte sind Bezugspunkte, an denen sich Kinder orientieren, aber auch reiben. Die Kinder steuern nun vehement auf die Gruppe von Gleichaltrigen zu – die Jungen zu den Jungen, die Mädchen zu den Mädchen. Gemischtgeschlechtliche Freundschaften sind die Ausnahmen, eher Gegenstand von Spott und zweideutigen Witzen.

Diese zweite Phase der «Zwischenzeit» ist keineswegs so ruhig, wie es sich die Eltern manchmal wünschen: Auf der einen Seite können Jungen wie Mädchen fundamentalistisch, übermoralisch sein – sie essen kein Fleisch, finden Eltern, die Alkohol trinken und Zigaretten rauchen, «völlig unmöglich». Aber dann überschreiten sie wie selbstverständlich Grenzen, tun Verbotenes, weil es Spaß macht, oder sind zu Grausamkeiten fähig. Sie quälen Tiere oder lassen Käfer im Wasser um ihr Überleben kämpfen.

Als ich neulich zwei Achtjährige, die einen Marienkäfer beobachteten, wie der sich in einer Pfütze abmühte, nicht abzusaufen, darauf ansprach, sie sollten ihn doch retten, meinte der eine Junge ganz kühl: «Der macht hier seinen Freischwimmerschein.» Ob ich denn das nicht sehen würde.

Der dritte Abschnitt beginnt mit dem zehnten Lebensjahr. Er stellt sich dar als Abgrenzung gegenüber den jüngeren Kindern, den «Kleinen». Die Grundschulzeit hört auf, der Blick richtet sich nach vorn. Haupt- oder Realschule, das Gymnasium oder die Gesamtschule ist angesagt. Da will man mit den Sechs- oder Siebenjährigen, die von nichts, aber rein gar nichts eine Ahnung haben, kaum noch etwas zu tun haben.

Und die Kindergartenzeit liegt eine Ewigkeit zurück. Man erwartet Respekt von den Jüngeren, man will, dass sie aufblicken, dem «Alter» Respekt zollen.

Nicht selten tritt dann in Familien die Geschwisterrivalität nochmals auf, erhält eine besondere Qualität. Die Älteren gehen mit ihren jüngeren Geschwistern geringschätzig um, behandeln sie von oben herab, lassen keinen Zweifel daran, wer das Sagen hat. Und wehe, die «Kleineren» begehren auf, lassen sich nicht mehr alles gefallen – dann können die «Größeren» ausgesprochen gemein und fies sein.

In dieser dritten Phase wenden die Heranwachsenden – ich hatte es gesagt – den Blick nach vorn. Hier beginnt das körperliche Brodeln, das die Umgestaltung ankündigt, die man Pubertät nennt. Bei den Mädchen fängt diese Phase früher an als bei den Jungen. Das Gewohnte gilt nun nicht mehr, Offenheit ist angesagt. Man will die Verhältnisse zum Tanzen bringen, ihnen den Willen aufzwingen. Die Heranwachsenden fordern viel Freiheit, nehmen aber kaum Verantwortung wahr. Mithilfe im Haushalt ist ein Übel, unter aller Würde. Alle anderen dürfen eh immer mehr, man fühlt sich eingeschränkt, nicht anerkannt, als kleines, unmündiges Kind behandelt. Und dabei ist man schließlich schon fast erwachsen.

Aber – und das ist nur ein scheinbarer Widerspruch – zugleich macht die Freiheit, nach der man verlangt, auch Angst. Und so steckt in einem elfjährigen Kind, das körperlich groß ist und entsprechend respektiert werden will, zugleich ein «kleines», das viel emotionalen Zuspruch braucht, das manchmal – wenn auch unsichtbar – an die Hand genommen werden möchte, weil Freiheit und Offenheit eben nicht allein eine Herausforderung darstellen, sondern auch klein und zaghaft machen können.

Auch wenn Eigenständigkeit, wenn Abgrenzung zu den Eltern, wenn das Zusammensein mit den Gleichaltrigen angesagt ist, bleiben Vater und Mutter, bleibt die Welt der Erwachsenen wichtig, weil sie Verlässlichkeit darstellt.

So groß die Neun- bis Elfjährigen auch manchmal wirken mögen, so verletzlich, so verwundbar sind sie nicht selten – so hin und her gerissen zwischen Wollen und Nicht-Wollen, zwischen Können und Nicht-Können, zwischen In-die-Welt-hinaus-Ziehen und Beharren, zwischen Abgrenzung und Anlehnung. Deshalb brauchen die Kinder in dieser Zeit einen verlässlichen Rahmen, der ihnen Gewissheit bietet, damit sie die Ungewissheiten, die die anstehenden Entwicklungsaufgaben mit sich bringen, anpacken können. Die Kinder verlangen geradezu nach klaren Regeln und überschaubaren Grenzen, weil sie sich sonst verirren würden.

Die drei genannten Entwicklungsphasen und die Altersangaben, die ich hier genannt habe, sind nun freilich mit gebotener Vorsicht zu betrachten. Die Entwicklungsdynamik kann sich von Kind zu Kind höchst unterschiedlich und innerhalb eines Kindes nochmals verschieden darstellen. Nimmt man ein siebenjähriges Kind und vergleicht es mit einem anderen siebenjährigen Kind, so kann es passieren, dass allerhöchstens das kalendarische Alter, das Geburtsjahr gleich ist. Da wirkt ein siebenjähriges Kind wie ein neunjähriges, ein anderes wie ein fünfjähriges. Oft hat man bei einem Kind den Eindruck, als stünde man einem Kindergartenkind gegenüber, bei einem anderen Kind meint man, mit einem «großen Kind» zu reden, das für vieles Verständnis hat, so abgewogen und differenziert kommen die Worte und Einsichten daher.

Überblickt man die Ausschnitte aus den Gesprächen mit den Eltern, lassen sich über die «Zwischenzeit» drei Entwicklungsthemen festmachen:

Zum einen geht es um die Abkehr von den Eltern. Man grenzt sich ab. Von den Eltern will man ernst genommen, in seinen Kompetenzen anerkannt sein. Man ist schließlich kein kleines Kind mehr, dem man mit Vorschriften, Vorhaltungen und Verboten kommen kann. Auch wenn die Eltern, die erwachsenen Bezugspersonen von ihren Kindern jetzt in Frage gestellt werden, wäre es falsch und kontraproduktiv, wenn man sich beleidigt aus den Beziehungen zurückzöge, gar meinte, die Kinder könnten den Alltag auch ohne die Eltern managen. Den Maßlosigkeiten der Heranwachsenden ist mit Regeln und Grenzen zu begegnen – und nicht mit Laisser-faire. Und die gewonnenen Freiheiten können die Schulkinder nur genießen, wenn man ihnen bei der Organisation und Planung des Alltags begleitend und unterstützend zur Seite steht. Je konkreter die Hinweise sind, je weniger sie als Besserwisserei daherkommen, umso größer ist die Chance, von den Heranwachsenden angenommen zu werden.

Das zweite Thema besteht darin, mit den Widersprüchlichkeiten dieser Phase fertig zu werden. Die Gefühle sind oft widerstreitend. Man ist hin und her gerissen: Da will man Eigenständigkeit, aber zugleich zu einer Gruppe Gleichaltriger gehören. Da relativiert man die Abhängigkeit von den Eltern und begibt sich doch in einen neuen Gruppenzwang. Da eröffnen sich weite Horizonte, indem man das Leben lernt, sich die Sprache und das Denken differenziert, und zugleich machen diese Horizonte auch Angst, weil sie diffus sind, keine klaren Perspektiven enthalten. Man reagiert übermoralisch, isst kein Fleisch, reagiert auf das Leben und Sterben und die Jagd nach den Walen hochemotional – und im gleichen Atemzug plündert man Vogelnester, quält lustvoll Käfer.

Man erkundet und probiert aus. Aber damit sind immer auch widersprüchliche Emotionen verbunden. Grenzen werden überschritten, Fähigkeiten und Fertigkeiten überschätzt. Und deshalb ist ein verlässlicher Rahmen notwendiger denn je. Wenn Heranwachsende diese Verlässlichkeit nicht spüren, dann fühlen sie sich verlassen, sind lähmende Angst oder zerstörerische Gewalt die Folge, um auf sich aufmerksam zu machen. Wie gesagt: Elterliche Begleitung kommt einem Balanceakt gleich – einerseits fordern die Kinder unbewachte, unbeschnittene Freiräume, andererseits aber auch einen Rahmen, der sich durch Klarheit, Rituale, Regeln und sich wiederholende Abläufe auszeichnet.

Das dritte Thema sind Gemeinschaftserfahrungen, Kontakte zu gleichaltrigen Freunden. Sie werden wichtig, um neue Wege zu gehen. Der Absetzung zu den Eltern entspricht eine Hinwendung zu Freunden. Man schließt Freundschaften, baut ein Wir-Gefühl auf. Banden und Cliquen werden gebildet. Geheimnisse und Heimlichkeiten stehen auf der Tagesordnung, die die Abgrenzung nach außen und ein Selbstverständnis nach innen symbolisieren. Zweifellos können Heimlichkeiten gefährliche Dimensionen annehmen, können sich Banden Außenseiter suchen, an denen sie Aggressionen abreagieren – gleichwohl stellt die Hinwendung zu Gleichaltrigen, die Bildung einer freundschaftlichen Clique einen sozialen Akt dar. Das Kind verlässt seinen Egozentrismus und wendet sich anderen zu.

«Welt, ich komme!» und nicht mehr «Hänschen klein ...» wie im Kindergartenalter – in diesem Satz konkretisieren sich die beschriebenen Entwicklungsthemen.

### Die Pubertät

«Bei Matthias kann ich mir das vorstellen», erzählt mir Uschi, seine Klassenlehrerin, «dass er so was nachmacht. Manchmal denke ich mir, dass er das umsetzen könnte, was er in dem Film sieht. Der ist doch manchmal völlig durchgeknallt. Matthias will sich, glaube ich, auch wichtig machen. Ich hab neulich einen Film gesehen im Fernsehen mit Negern, die haben getanzt und geschrien, völlig irre, um Gespenster abzuwehren. Vielleicht ist das bei Matthias auch so.»

Er besucht die siebte Klasse einer Hauptschule. Er lehnt Zombie- und Werwolf-Filme ab. «Wenn ich mir vorstelle, wie Menschen zerstückelt werden, dann wird's mir kalt, nee, bloß nicht dran denken.» Matthias sieht gerne Filme, in denen sich einer mit allen Mitteln gegen Unrecht wehrt, er mag gerne *Ein Mann sieht rot* oder *Rambo.* «Wenn ich nach Hause fahre nach einem Film», erklärt mir Matthias, «und es ist dunkel, dann stelle ich mir vor, da ist einer, der will dir was. Ich schmeiße das Fahrrad zur Seite, renne in den Graben, hole mir einen Knüppel und schreie: Komm her! So bin ich immer vorbereitet und dann brauche ich keine Angst zu haben. Ich lerne aus dem Film. Es ist doch interessant, finde ich.»

Ich frage ihn, ob er denn keine Angst mehr habe? «Nicht bei den Filmen. Nur wenn ein Lehrer bei uns anruft oder mein Vater da ist und schlechte Laune hat. In der Woche sehe ich ihn kaum, und am Sonntag holt er seinen ganzen Terror nach. Jedes Wochenende derselbe Mist.» Matthias sieht die Filme vor allem dann, wenn er mit seinen Eltern oder in der Schule Ärger hatte. «Ich brauche das, um mich abzureagieren. Hinterher bin ich ruhiger.» Matthias' Aggressionen sind weniger lust- als angstbesetzt, weil, «wenn ich das mache, ich einen Hass auf irgendwas habe.» Seine Aggressionen richten sich gegen Eltern, Lehrer und Schule, die für ihn Ohnmacht, Unlust und Niederlagen bedeuten, sich aber einer Auseinandersetzung entziehen, weil es Matthias verboten ist, Aggressionen gegen sie zu lenken. Wenn Matthias die Gewaltfilme ansieht, erlebt er nicht nur Grenzsituationen von Ohnmacht oder taucht in Ängste aus früheren Entwicklungsphasen ein, gleichzeitig vermag er sich im Durchstehen Angst erregender Filmsituationen seine eigene Größe zu bestätigen.

«Ich weiß nicht», erzählt Matthias, «aber in *Rambo*, wo sich einer rächt oder es fast aussichtslos ist, dass er dann doch noch gewinnt, da lerne ich was. In diese Helden kann ich mich hineinversetzen. Da gehe ich mit. Ich lerne, dass ich mich wehren muss, dass man sich nichts gefallen lassen muss, von niemandem. Das sagt auch mein Vater, nur von dem lasse ich mir allerhand gefallen! Aber er hat doch eigentlich Recht!»

Die Bedeutung seiner Lieblingsfilme liegt für Matthias darin, dass sie unbewältigte Ängste und Aggressionen vorführen, die er in seinen Nachspielen zwanghaft wiederholt. Aber diese Spiele verändern nichts, sondern erneuern nur die Angst machenden Zustände. Eine Befreiung kann es deshalb nicht geben, weil sich an den zwanghaften Bedingungen nichts ändert. Matthias sieht die Erziehung seines Vaters als Terror, hat aber gleichzeitig dessen Theorie von der Bewältigung des Alltags verinnerlicht: «Man darf sich nichts gefallen lassen. Man ist auf sich allein gestellt!» Oder: «Meine Mutter ist wie eine Hexe. Sie hat uns immer wieder gedroht: Sie haut ab, sie lässt uns allein, wenn wir frech sind. Und hat uns gesagt, uns holt der schwarze Mann oder der böse Wolf. Das ging früher immer so. Und wenn wir dann artig waren, hat sie nichts gesagt oder höchstens: ‹Na, es geht doch auch so! Was wollt ihr euch denn nun erbetteln?›»

Matthias lernt Aggressionen nur als zerstörerisch, nicht aber als Möglichkeit einer phantasievollen und kreativen Auseinandersetzung mit der Welt kennen. Er richtet seine Aggressionen nach innen: «Ich glaube, ich bin schon ein Arsch!» Die Aggression bedroht ihn selbst, das zeigt sein Nachspiel im Wald, das immer gleich verläuft. Nur in der Wiederholung weiß er sich sicher, hat er seine Aggressionen unter Kontrolle. Und nur im Spiel sind sie nicht von Bestrafung bedroht, nur in der spielerischen Auseinandersetzung vermag er sich augenblicklich mit seinen Leidenserfahrungen auseinander zu setzen.

Arthur war für sein Alter immer zu klein; das war so, als er in die Pubertät kam, das war auch später so. Die Wachstumsschübe kamen zu spät und waren niemals so ausgeprägt, dass Arthur sich physisch als gleichwertig mit seinen Altersgenossen empfand. Man hänselte ihn in der Schule und in der Familie. Mit zwölf Jahren spielte er im Unterricht den Clown und inszenierte Größenphantasien. Er stieg auf dem Nachhauseweg auf große Tannen, um sich – wie Tarzan – von Baum zu Baum zu schwingen. Das klappte oft, aber nicht immer, manchmal fiel er auf den Boden, und meistens hatte er Glück: Prellungen, blaue Flecken, eine leichte Gehirnerschütterung, ein Armbruch. Schwerere Verletzungen zog er sich, da er durchtrainiert und gelenkig war, nicht zu. Nach seinen Unfällen zog die Umgebung ihn auf – die Schulfreunde stachelten ihn zu neuen Aktivitäten an, seine Eltern und Geschwister waren entsetzt, nahmen ihn nicht für voll. Arthurs Vater tobte über seinen Versager, denn seine schulischen Leistungen verschlechterten sich rapide, als er die Grundschule verließ: Vom Gymnasium kam er auf die Realschule und dann zur Hauptschule. Hier stabilisierte sich sein Verhalten, vor allem von zwei Lehrern fand er sich angenommen. Arthur blieb ein durchschnittlicher Schüler, der praktisch äußerst begabt war. Seine Brüder besuchten weiterführende Schulen, glänzten dort mit ihren Leistungen. In der Familie beachtete man Arthurs Kompetenzen nicht. Das höchste Lob, das ihm zuteil wurde, war der Satz: «Siehst du, wenn du dich früher angestrengt hättest, dann wäre aus dir was geworden!»

Arthur wurde immer häufiger krank, hatte ständig diese kleinen Unfälle. Ihm passierte eigentlich immer etwas – Arzt- und Krankenhausbesuche wechselten einander ab. Mutter und Vater begleiteten ihn zwar überallhin, moserten aber permanent darüber, welche Mühen und Sorgen er ihnen bereiten würde. Als Arthur eine Ausbildung zum Kfz-Mechaniker beginnen wollte, flippte die übrige Familie völlig aus. Das sei ein Abstieg. Aber Arthur erlernte diesen Beruf und machte den Führerschein, kaufte sich schnell ein Auto und meldete sich bei einem Verein an, der den Rallyesport pflegte. «Das ist etwas für Hirnkranke!», meinte sein Vater. Arthur gab in der Freizeit ständig Gas, raste auf vollen Touren – und baute innerhalb kürzester Zeit drei Unfälle. «Arthur riskiert sein Leben!», kommentierte sein Trainer die Ereignisse.

«Was soll ich denn machen?», erzählt mir Arthur. Einem Arzt waren die Häufungen der Unfälle aufgefallen, und er schlug vor, dass ich mit Arthur rede. «Was soll ich denn machen?», wiederholt er. «Ich bin klein, hässlich, die übersehen mich. Da kann ich doch gleich über die Grenze gehen.» Er stockt: «Und wenn ich nicht mehr da bin, ich glaub nicht, dass sie's merken. Da ist ein Störenfried weniger, dann haben sie in der Familie Ruhe!»

Aggressionen, Gewalt und Zerstörung haben in der Pubertät ein vielschichtiges Gesicht, wie aus anderen Gesprächen mit fünfzehn- bis sechzehnjährigen Jugendlichen deutlich wird.

«Wir saufen schon 'ne ganze Menge», erzählt der sechzehnjährige Pitt. «Das ist toll mit meinen Kumpels. Vor allem Bier, schnell und hastig reingezogen, lauwarmes Bier geht schneller in'n Kopf als kaltes. Davon stößt man auf und kriegt 'n Herzkasper. Und Alkopops find ich sowieso Scheiße. Das dröhnt zu schnell zu und ist nur was für Zecken.»

«Rülpsen ist nämlich auch geil», fällt ihm Tom ins Wort.

«Ich finde das widerlich», unterbricht ihn Janine. «Einfach widerlich.»

«Quatsch, das ist geil», lacht Tom, «nur weil du das nicht so kannst. Wenn du dann vor der Toilettenschüssel sitzt, weil das Bier rauswill. Und es geht dir dann durch den Kopf ... Das ist zwar absolut eklig ... Aber dann weiß man, das Leben ist manchmal zum Kotzen.»

«Und dann kommt deine Mutter», unterbricht ihn Patrick, «und lallt davon, sie habe doch gesagt, ich solle nur ein Bier trinken.» Er schaut in die Runde. «Hörst du, ein Bier.» Alle lachen, als ob sie das kennen. «Und dann denke ich, nächstes Mal noch ein oder zwei Bier mehr und dann kriegst du das Gelalle deiner Mutter auch nicht mehr mit.» Dann wird er ernst. «Ehrlich! Ich finde das mit dem Saufen auch nicht richtig. Da machst du Sachen, wo du am anderen Morgen denkst: Scheiße! Was hast du nur getan?» Er überlegt: «Natürlich, das mit der Telefonzelle neulich, das war Scheiße, absolute Scheiße!» Er schüttelt den Kopf.

«Jungen dröhnen sich zu», ereifert sich Janine. «Dabei ist doch alles schon schlimm genug um uns herum. Alles ist nur Mist. Alles vergiftet. Alles kaputt. Die Eltern labern von Lernen und von Zukunft, und wenn ich auf dem Bahnsteig stehe, der Zug kommt, dann denke ich, was ist wohl, wenn ich mich davor schmeiße. Aber ich tu's ja nicht. Nur in Gedanken!»

Um Aggressionen in der Pubertät in ihrer ganzen Vielfalt zu verstehen, ist es unabdingbar, jene Entwicklungsaufgaben nachzuvollziehen, die Heranwachsende in dieser Zeit zu bewältigen haben.

*Den eigenen Körper akzeptieren.* «Jetzt mag ich mich wieder leiden», erzählt Mareike, die knapp achtzehn Jahre alt ist, «aber als ich anfing zu wachsen, das war fürchterlich. Ich war die Größte in der Klasse und hatte lange Arme wie ein Affe.»

«Ich hab meinen Busen versteckt. Und dann hab ich gebetet, dass die Regel nicht kommt», berichtet Antje, 16 Jahre. «Und dann war ich doch wieder froh, dass ich sie hab. Ich war schließlich die Letzte in der Klasse.»

«Als ich größer wurde», so Jonathan, sechzehn Jahre alt, «als ich gewachsen bin, das war schon gut. Bei mir ging das sehr spät los, das war gar nicht gut. Die haben mich in der Schule laufend gehänselt, aber dann war ich auch andauernd krank.»

«Manchmal ging es schon gemein zu damals», meint Frederik, jetzt achtzehn Jahre alt, «als wir unter der Dusche standen und unseren Penis verglichen haben. Als ich meinen nicht steif bekam, haben alle nur gelästert. So könnte ich nie ein Mädchen bumsen!»

«Blöd waren auch», so Heike, siebzehn Jahre, «diese dummen Kommentare der Erwachsenen: ‹Wie siehst du denn aus! Bist du aber gewachsen!› Und wenn die dann noch ihre Witze gemacht haben!»

Die Veränderungen der Körperproportionen gehen keinesfalls harmonisch vor sich. Ehe Venus oder Apoll sich entwickelt hat, werden Stadien durchlaufen, die keinem Schönheitsideal entsprechen. Arme und Beine wachsen schneller, passen nicht zum Körper, die Bewegungen sind ungeschickt-tapsig, der Gang schaukelnd. Zudem wachsen Hände und Füße zuerst, erst dann folgen Hüfte, Brust und Schulter. Vieles wirkt – vorsichtig formuliert – wie nicht im Lot, sieht ungleichmäßig verteilt aus. Und da zudem die Gesichtsknochen schneller wachsen als der knöcherne Schädel, streckt sich das Gesicht. Nicht selten scheinen Nase und Unterkiefer besonders groß, einfach nicht ins Gesicht zu passen.

Dies führt zum ständigen Gang vor den Spiegel, um sich

einer genauen Prüfung zu unterziehen. Manche Jugendlichen ziehen sich in dieser Zeit zurück, andere schminken sich grell, tragen überdimensionierte Ohrringe, verzieren sich Nase und Unterlippe, lieben bizarre Frisuren oder eigenwillige Kleidungskombinationen. All dies sind Methoden, um vom Äußeren abzulenken oder innere Zerrissenheit darzustellen. Der aus der Balance geratene Körper lässt Heranwachsende schaudern, sie an ihrer Normalität zweifeln.

Hinzu kommt, dass sich Pubertierende ständig miteinander vergleichen und man schon geringe Normabweichungen überbewertet. Zweifel, Unzufriedenheit, Zukunftsängste und Weltschmerz sind ebenso unverkennbar wie Erschöpfungs- und Ermüdungszustände, die allerdings mit Phasen der Euphorie und einer Kraftmeierei wechseln. Doch auch Einschlaf-, Magen- und Darmprobleme, Schwindel und Kopfschmerz können die Folge von körperlichen Wachstumsprozessen sein. Knapp die Hälfte aller Mädchen und mehr als ein Drittel der Jungen sorgen sich um das körperliche Aussehen: Während für die männlichen Heranwachsenden Kraft, sportliche Vergleiche und eine muskulöse Gestalt wichtig sind, ragen für die Mädchen Figur, Gesicht und Haut hervor. Diese positiv besetzten Eigenschaften sind zwischen dem elften und fünfzehnten Lebensjahr mit einem Mal in Frage gestellt.

Die körperlichen Veränderungen kommen bei Jungen wie auch bei Mädchen durch ein Zusammenspiel von Sexual- und Wachstumshormonen zustande. Alle Hormone und Drüsenfunktionen sind auf die Umgestaltung des Körpers ausgerichtet, die einer Art zweiter Geburt gleichkommt: Die Pubertierenden lassen einen kindlichen Körper zurück, entwickeln eine erwachsene Gestalt. Dies kostet Kraft und Energie, die aus anderen Bereichen abgezogen wird. Kein Wunder, wenn es in dieser Phase zu Leistungsabfällen in der Schule, zu einem Rückzug aus der Welt kommt. Die Körper der Heranwachsenden sind wie eine einzige «Chemiefabrik»:

Während bei Jungen die Produktion von Testosteron die Wachstumsschübe anregt, bewirken bei Mädchen das Östrogen und das Progesteron die körperlichen wie seelischen Veränderungen.

Man sollte sich als Erwachsener vor Augen führen: Hormone verändern nicht nur den Körper, sie sind auch für seelische Schwankungen verantwortlich. Die Palette reicht von Selbstzweifeln, Weltschmerz, Weinerlichkeit und überzogenen Wünschen nach Eigenständigkeit bis hin zu Ängsten, beleidigtem Schweigen und plötzlichen Wutausbrüchen oder ständigem Herummosern.

Eltern, die auf solche Art Gefühlsschwankungen ironisch – «Du hast wohl deine Launen!» oder «Du hast wohl deine Tage!» –, die darauf machtorientiert – «Stell dich nicht so an, es wird gemacht, was ich sage!» – oder unbeherrscht-überzogen – «Halt den Mund!» oder «Mir geht dein Getue auf den Wecker!» – reagieren, dürfen sich nicht wundern, wenn sie mit ihren pubertierenden Kindern in kürzester Zeit in einen Machtkampf verwickelt sind.

«Meine Tochter schminkt sich absolut überzogen», stellt die Mutter der zwölfjährigen Anja fest. «Sie sieht aus wie ein Clown. Aber ich sage nichts.»

«Wenn mein Sohn», so der Vater des dreizehnjährigen Klaus, «gut drauf ist, dann sieht sein Gesicht rein aus, ist er schlecht drauf, hat er nur Pickel. Und wehe, man will ihm irgendwelche Hilfestellung geben, dann eskaliert die Situation sofort!»

«Ich sehe, wie meine Tochter vor dem Spiegel steht, sich die Pickel ausdrückt und leidet», so die Mutter der dreizehnjährigen Svenja. «Wenn ich sie aber in den Arm nehmen will, streicheln möchte, trösten will, stößt sie mich brutal weg. Neulich habe ich ‹Arme Svenja› gesagt, da hat sie gefaucht: ‹Ich bin nicht arm, ich bin hässlich.›»

So wie dem Hummer ein größerer und schönerer Panzer wächst, so legen Jugendliche die Kinderhaut ab und schlüpfen in eine Erwachsenenhaut. In dieser Zeit macht die Haut zahlreiche Veränderungen durch, sie ist pickelig, fettig, unrein, voller Akne. Vom Zustand der Haut lässt sich etwas ablesen – es spiegeln sich innere und äußere Befindlichkeiten. Die Haut grenzt nach außen ab und bietet Schutz davor, zu tief ins Innere zu blicken. Eine Haut, die keine Berührung, nicht einmal eine Annäherung erlaubt, signalisiert Abgrenzung und Lösung, Distanz und ein Bedürfnis nach In-Ruhe-gelassen-Werden. Mögen Eltern solche – manchmal schroff inszenierte – Abgrenzungen auch als lieblos empfinden, für Heranwachsende stellt das eine Schutzmaßnahme dar.

*Veränderungen im Denken.* Eine weitere Entwicklungsaufgabe liegt darin, das geistig-seelische, intellektuelle und soziale Denken neu zu bestimmen. Auch dieser Prozess verläuft keineswegs frei von Widersprüchen. Eltern machen sich Sorgen wegen der unbeherrschten Gefühlsausbrüche, einer Alles-oder-nichts-Haltung. Jugendliche neigen zum Schwarzweißdenken und lehnen schroff ab, was ihre Eltern meinen, sagen oder planen.

Die produktive Auseinandersetzung mit den Eltern – die in der beginnenden Pubertät auch viele aggressiv-destruktive Züge hat – ist für den Heranwachsenden immens wichtig. Er setzt sich nicht allein von den Eltern ab, er setzt sich mit ihnen auseinander, ohne die gefühlsmäßige Bindung völlig aufzugeben. So paradox es klingt: Die Ablehnung und Herabsetzung der Eltern, die manchmal gemein ist und wehtut, gelingt Pubertierenden nur dann, wenn es ein Urvertrauen zwischen Eltern und Heranwachsenden gibt, ein Band, das Spielraum ebenso zulässt, wie starke Anspannung aushält.

Diese Auseinandersetzungen resultieren vor allem aus unterschiedlichen Wahrnehmungen von Problemen und auch daraus, dass Eltern wie Heranwachsende sich auf unterschiedlichen Etappen des Lebensweges befinden.

Doch nicht immer agieren Pubertierende nach außen orientiert, manch ein geheimnisvoller Blick wendet sich nun nach innen. Die Pubertät ist die Zeit des Tagebuchs, in dessen Mittelpunkt Selbstreflexionen stehen, in dem Größenphantasien zum Ausdruck kommen, Hypothesen gebildet und kausales Denken ausprobiert werden.

*Eine eigene Identität entwickeln.* Zur Ausbildung eines eigenen Ichs gehört ein inneres Gleichgewicht, das von außen durch Rollen- und Aufgabenzuweisungen gestärkt wird. Die Heranwachsenden bekommen durch ihr Tun und Handeln Erfolgserlebnisse, positive Verstärkung und Ermutigung. So sind sie bereit, sich auf Neues einzulassen, zu experimentieren, neue Wege zu gehen.

Doch bevor es zu einer Neuorientierung und Stärkung des Ichs kommt, müssen Jugendliche viele Irrwege, Sackgassen und Umleitungen durchwandern. Denn die Ich-Bildung vollzieht sich nicht geradlinig. Stete Veränderungen bringen für alle Beteiligten große Anstrengungen mit sich: Manche Eltern zweifeln am Verstand ihrer Kinder, sehen sie in der Gosse oder Psychiatrie landen. Manche Jugendlichen leiden still vor sich hin, andere stellen ungeschminkt und grell ihr Leid öffentlich dar.

Zur Identitätsbildung gehört es, dass Heranwachsende sich in ihrer Unvollkommenheit und Fehlerhaftigkeit annehmen lernen. Sie müssen die damit einhergehenden Spannungen aushalten. Die Ausbildung einer neuen, erwachsenen Identität stellt sich also als längerer Prozess dar, der durch Kontinuität und Bruch gekennzeichnet ist.

Wenn Eltern diese Zeilen lesen, werden manche einwenden: Der hat gut reden. «Leben Sie einmal mit einem Größenwahnsinnigen unter einem Dach», sagt eine Mutter, und ein Vater ergänzt: «Er besucht das Gymnasium und redet nur noch Scheiß. Ein Wahnsinniger!» «Einmal ist meine Tochter eine absolute Ziege», klagt eine Mutter, «zickig, meckerig, mit der ist nicht mehr auszukommen. Sie spuckt Gift und Galle. Und dann will sie mit einem Mal auf den Schoß. Die ist doch nicht ganz richtig im Kopf!»

Ich verstehe den Unmut, die Irritation, die Unsicherheit vieler Eltern, wenn der Heranwachsende in der Vorpubertät beginnt, Gewohntes über Bord zu schmeißen, aber noch keine neuen Segel hat, um zu neuen Ufern aufzubrechen. Denn Umbruchphasen gehen mit heftigen emotionalen Krisen einher, mit Zorn und Wut, mit Trauer und Tränen, stellen hohe Anforderungen an die Eltern. Aber Krisen sind Zeichen für eine Auseinandersetzung, die Heranwachsende mit sich und der Welt führen müssen. In dieser Zeit ist der Pubertierende schutzlos – wie der Hummer ohne Panzer. Jetzt braucht er Begleitung und Unterstützung, keine Besserwisser oder unsensible Scharfmacher.

Typisch für die Umbruchphasen, die der Neustrukturierung des Ichs vorausgehen, sind ein überzogener Egozentrismus und erhöhter Narzissmus. Heranwachsende beziehen alles auf sich, sehen nur sich, lassen anderes und andere nicht gelten:

- Eine geringe Kompromissfähigkeit geht mit einem fundamentalistischen Dogmatismus und Schwarzweißdenken einher.
- Größenphantasien treten genauso auf wie Verhaltensregressionen, d.h. die Rückkehr in frühkindliche Formen von Bedürfnisbefriedigungen (z.B. Kuscheln, emotionale Nähe).
- Eine verstärkte Wendung nach innen, Selbstzweifel, Misstrauen, Minderwertigkeitsgefühle, Zukunftsängste, Weltschmerz, Rückzug von Eltern und Freunden.

Durch dieses Tal der Tränen muss der Heranwachsende hindurch. Beim Aufbau einer eigenen Identität ist der Weg das Ziel. Alles ist im Fluss. Ein neues Selbstkonzept gibt es nicht umsonst. Wie ein Märchenheld am Ende seiner Reise wird auch der Pubertierende gestärkt heimkommen: Krisen auszuhalten gibt Kraft für Gegenwart und Zukunft. So gewinnt man Zutrauen zu sich, Freude am Leben.

## «Mädchen sind auch nicht ohne!» – Von friedlichen Mädchen und bösen Jungen

Monika Schweiger, Erzieherin in einer Kindertagesstätte, beobachtet eine Gruppe von fünf Jungen, die miteinander raufen. Sie hat eine Tobeecke eingerichtet, in der die Kinder rangeln können. Dies nehmen sie auch gerne an. «Die Jungen mehr als die Mädchen. Aber es gibt ein paar Mädchen, die gehen auch gerne mit. Und wenn sie geschickt sind, legen sie die Jungen aufs Kreuz. Jungen setzen sich gerne mit Gewalt durch, vergessen einfach die Regeln. Mädchen», so beschreibt Monika Schweiger, «machen's mehr mit Köpfchen. Die halten sich an das, was man ihnen sagt.»

Es gehört zum Ritual, dass die Jungen sich vorher an die Regeln erinnern. Dazu zählt, auf keinen am Boden Liegenden, der nicht mehr toben will, einzuschlagen.

Monika Schweiger sieht aus der Ferne zu. Sie müsse das schon im Auge haben, sonst «vergessen die im Eifer des Gefechts die Absprachen».

Dann wird Monika Schweiger gerufen, weil ihr Vorgesetzter am Telefon ist. «Ihr kennt die Regeln», ruft sie im Weggehen. Das dienstliche Gespräch dauert länger. Als sie den Hörer auflegt, hört sie Geschrei und heftiges Gebrüll aus der Ecke. Sie beschleunigt ihre Schritte, sieht, wie Michael, der Unbeholfenste, am Boden liegt, unfähig, sich zu wehren, und wie die anderen, vor allem der kräftige Arne, auf ihn mit Fäusten einschlagen; wie Elias, von dem sie es nie gedacht hätte, Michael mit den Füßen tritt.

«Schluss!», schreit die Erzieherin. «Seid ihr komplett verrückt geworden?»

Sie reißt Elias zurück, bekommt dabei selber einen Fußtritt ab, der Michael gegolten hatte. Arne will wegrennen. Sie hält ihn fest, fällt mit ihm hin.

«Blöde Kuh», zischt er. Die beiden anderen laufen weg, während Michael zusammengekrümmt am Boden liegt und leise wimmert.

«Die haben keinen Respekt mehr voreinander», erklärt Monika Schweiger später, «halten sich nicht an Regeln, und wenn man nicht aufpasst, bringen die sich fast um.» Sie verstehe nicht, woher das komme.

«Werden die Kinder nun immer schlimmer? Ich will das einfach nicht glauben … Oder was passiert da?» Früher haben sie nicht auf die «eingedroschen, die wehrlos dagelegen haben. Da gab's eine Beißhemmung.» Sie denkt nach: «Aber wenn ich die Mädchen sehe, sind die nun besser, oder machen die es versteckter?»

Was sie damit meint, veranschaulicht sie an der folgenden Situation:

Yvonne, Sabine und Sophie, alle knapp vier Jahre, spielen miteinander. Yvonne ist die «Älteste», spielt sich als Anführerin auf. Sabine ist derzeit ihre beste Freundin. «Sophie», so Monika Schweiger, «hat zurzeit, ich sag's mal drastisch, die absolute Arschkarte. Die ist wirklich zu bedauern.»

Als Sophie einmal nicht so will, wie es Yvonne sich vorgestellt hat, und auch nach der zweiten Aufforderung Yvonnes Drängen nicht nachkommt, zieht diese Sophie an den Haaren und fordert Sabine auf, es ihr gleichzutun. Sophie weint.

«Heulsuse! Heulsuse!», rufen beide im Takt. Als Monika Schweiger eingreifen will, hört sie, wie Yvonne zu Sophie sagt: «Wenn du petzt, bist du nicht mehr unsere Freundin!» Ihr habe es die Sprache verschlagen, fährt die Erzieherin fort. «So ein Biest, eine richtige kleine Zicke!» Sie lächelt. «Ich weiß nicht, ob man das nun sagen kann.» Sie haue damit ja ihr eigenes Geschlecht «in die Pfanne. Bei den Jungen weiß ich, woran ich bin. Mädchen sind hinterhältiger und gemeiner.» Jungen, die würden Banden gründen. «Da geht's offen zu, nicht sozialverträglich, aber man weiß, woran man ist. Mädchen, die bilden Terrorgruppen. Meist sind es drei, und eine weint ständig.» Doch das wechsle sich im Laufe eines Kindergartenjahres ab.

«Aber vielleicht», so schließt sie, «ist es mit den unterschiedlichen Aggressionen bei Mädchen und Jungen auch nur eine Einbildung und ich bin ungerecht mit den Mädchen.»

Zweifelsohne gibt es geschlechtsgebundene Unterschiede im Ausagieren von Aggressionen: In den Spielen bei den Jungen herrschen nach außen gerichtete – manchmal auch zerstörerische – Aggressionen, Action und Regelverletzungen vor. Bei Mädchen überwiegen dagegen Beziehungsspiele. Ich spreche von geschlechtsgebundenen Unterschieden – und nicht geschlechtsspezifischen Differenzierungen. Dies meint: Es gibt auch Jungen, in deren Spielen mädchentypische Rituale enthalten sind – wie auch umgekehrt.

In einer Folge der «Schwarzwaldklinik» ging es um den Unfall zweier Jungen: Sie hatten sich aus Übermut und um einem Mädchen zu imponieren in einer unterirdischen Höhle, die sie nicht betreten durften, verirrt und waren dort verunglückt. In einer dramatischen, spektakulär inszenierten Rettungsaktion wurden sie befreit und in die Klinik gebracht. Diese Folge konfrontierte einige der zuschauenden Kinder bewusst oder unbewusst mit Ängsten, Verboten und Aggressionen: Die Sendung zeigte die negativen Folgen des Verstoßes gegen Verbote und soziale Normen sowie damit einhergehende Sanktionen von Bezugspersonen. Oder der Unfall wird als existenzielle Vernichtungserfahrung erlebt. Oder der Film zieht durch eine Action-Dramaturgie die Kinder in den Bann und berührt sie gefühlsmäßig stark.

In zwei Kindergruppen eines Kindergartens waren einige Tage später folgende Spiele zu beobachten: Die eine Gruppe bestand aus Jens, Jörg, Niko und Peter. Alle sind zwischen fünf und sechs Jahre alt. Sie spielten in einer Ecke des Gartens. Dort hatten sie aus Zweigen, Blättern, Papier, Pappe, Sand und Wasser eine Höhle mit vielen Gängen konstruiert, eine «gruselige» Höhle, wie Peter erklärt.

Jens hat Playmobil-Figuren geholt, diese werden in die Höhle geschoben, bis sie nicht mehr zu sehen sind.

Nico: «Die kommen da nie mehr raus.»

Jörg: «Die müssen sterben.»

Peter: «Ich nicht. Ich weiß, wie ich da rauskomme.»

Es folgt ein Gespräch darüber, wie man sich aus solch brenzligen Situationen retten könnte.

Jens: «Ich hätte He-Man mitgenommen, der hätte mir geholfen.»

Jörg: «Brauchst du nicht, im Berg gibt's Geister, die helfen einem, ich mein, die helfen Kindern.»

Nico: «Quatsch, da hilft nur ein Sprechfunkgerät.»

Jörg: «Funktioniert aber im Berg nicht.»

Jens: «Hilft eben doch nur He-Man.»

Peter: «Oder mein Zauberstab. Da kann man alles mit machen.»

Alle fangen an zu lachen.

Jens und Jörg stehen auf, während die beiden anderen vorsichtig nach den Figuren suchen. Jens und Jörg kommen zurück. «So, jetzt holen wir sie raus.» In der einen Hand halten sie He-Man, mit der anderen Hand werfen sie Steine auf die Höhle, bis diese einstürzt. Dann fangen alle an, nach den Figuren zu wühlen. Als sie sie in den Händen halten, entspinnt sich ein Gespräch.

Jens: «Gut, dass He-Man da war.»

Jörg: «Die wären sonst nie rausgekommen, nie.»

Jens, mehr zu sich selbst als zu den anderen: «Die hatten

Glück, dass das He-Man gemacht hat. Wenn das die Eltern gemacht hätten, hätte es was gesetzt.» Nico und Peter ahmen Schläge auf den Hinterkopf nach und fangen an zu grinsen.

In der anderen Gruppe sind Olivia, Heike und Inga, drei fast sechsjährige Mädchen, versammelt. Sie haben ein Zimmer der Puppenstube zu einem Operationssaal umgebaut. Dem Erste-Hilfe-Kasten des Kindergartens haben sie einige Utensilien entnommen. Dann holen sie sich zwei Puppen, legen diese auf den Operationstisch und beginnen ihre Operation.

Olivia ist die Ärztin, Heike und Inga sind die Schwestern.

Olivia: «Das Messer.»

Es wird gereicht, der Puppe wird der Bauch aufgeschlitzt.

Heike: «Sieht schlimm aus.»

Olivia: «Die Salbe.» Inga reicht Heike die Salbe, die in den aufgeschlitzten Bauch gedrückt wird. Dann nimmt Olivia ein Tesaband und klebt den Bauch zu. Inga reicht ihr eine weitere Puppe.

Inga: «Was müssen die auch so unvernünftig spielen!»

Heike: «Sind eben Jungen!»

Olivia: «Die Schere.» Der Puppe wird ein Bein geschient.

Heike: «Das andere muss wohl auch ab?» Olivia nimmt die Schere, schneidet das Bein ab.

Inga: «So kann es kommen!» Dann holt Heike einen Puppenwagen, legt die «Patienten» hinein und fährt damit fort.

11./12. September 2001. «Da war ein großes Feuer. Das sah aus, als ob da der Backofen gebrannt hat. Wie bei uns mal. Ganz viel schwarzer Qualm.» So Patrick, knapp vier Jahre, als er die Bilder des brennenden World Trade Centers auf der ersten Seite der Tageszeitung sah. «Ich möchte nie in ein Hochhaus ziehen, da können Flugzeuge reinfliegen. Gut, dass mein Zimmer im Keller ist», erzählt Florian, fünf Jahre.

«Die wären mit Absicht hineingeflogen. So blöd kann doch

keiner sein», erklärt Benedikt, sieben Jahre. «Das müssen böse Menschen sein, ganz böse Menschen.»

Sie habe keine richtige Angst, sagt Sarah, acht Jahre. «Ich bin einfach nur traurig, weil so viele Menschen tot sind. In den Häusern waren doch auch Eltern drin, und die hatten Kinder. Und die Kinder weinen jetzt.»

Sie habe, berichtet Katharina, neun Jahre, angefangen, ein Tagebuch zu schreiben. «Mit Eltern reden, das bringt mir nichts. Entweder erzählen die mir, dass wohl Krieg kommt, und wenn ich dann nicht einschlafen kann abends, erzählen sie, ich brauche keine Angst zu haben. Die sind vielleicht komisch.»

Kinder – egal welchen Alters – sind von den Ereignissen des 11. September 2001 betroffen. Sie reagieren gefühlsmäßig, suchen nach Erklärungen, wollen das schier Unbegreifliche irgendwie begreifen. Und ein Mittel dabei ist das Spielen.

13. September 2001, zwei Tage nach dem Anschlag auf das World Trade Center in New York. Eine Gruppe von vier Jungen – Nico, René, Björn und Roman, alle etwa fünf Jahre alt – baut aus Holzklötzen zwei hohe Türme und schmeißt mit ungeheurer Wucht Plastikflugzeuge in die Bauwerke.

Dieses Spiel wiederholt sich unendliche Male. Zwischendurch springen sie auf, rennen herum, schreien, toben. Dann bauen sie in der Sandkiste eine Burg, bringen sie durch Trampeln zum Einsturz. Oder sie nehmen einen kleinen Ziehwagen, setzen zwei Jungen hinein, während zwei andere ziehen, und spielen damit Feuerwehr, die einen Brand löschen muss. Die Spiele verlaufen lautstark. In den Aktionen der Jungen ist Kampfbereitschaft sichtbar, der Versuch, sich einer unbegreiflichen Herausforderung zu stellen. Zur gleichen Zeit sitzt eine Gruppe von drei Mädchen in der Puppenecke – Sabine, Mareike und Melanie, alle fünf Jahre alt. Sie lassen aus großer Höhe kleine Stoffpuppen fallen, fangen sie aber kurz vor dem Aufprall auf, betten sie auf eine Matratze, versorgen sie, tun so, als ob die Puppen Verletzungen haben. Auch dieses Spiel zeichnet sich durch endlose Wiederholungen in ständig wiederkehrenden Abläufen aus.

«Mein Vater», so Sabine, «kommt aus so einem Hochhaus raus. Der würde nur nach unten rennen, der würde nicht aus dem Fenster springen.»

«Meiner auch», meint Mareike, «der hätte 'nen Fallschirm dabei.» Sie zeigt auf eine Puppe, die sie fallen lässt: «Wie die hier! Und dann», sie fängt die Puppe mit der anderen Hand auf, «landet er ganz weich und tut sich nicht weh.»

«Und wenn doch», fährt Melanie fort, «kommt er ins Krankenhaus, wie die hier.» Sie weist auf eine Puppe, die auf der Matratze liegt.

Etwas später im Stuhlkreis sitzen die Jungen und Mädchen mit anderen etwa gleichaltrigen Kindern zusammen.

René: «Wie kann man so blöd sein, da reinzufliegen!»

Björn, René ansehend: «Finde ich auch. Ich hab da so 'n Computerspiel. Ich flieg nie in so 'nen Turm. Ich flieg immer drum herum.»

René, den Kopf schüttelnd: «Die waren nicht blöde, die waren böse, einfach böse. Meine Eltern sagen, die wollten das. Die haben das mit Absicht gemacht.»

Björn, skeptisch guckend: «Vielleicht konnten die nicht steuern. Vielleicht? Ich weiß es aber auch nicht!»

Melanie greift ein: «Ist doch auch völlig egal! Ob die das nun konnten oder nicht. Gestorben sind da viele. Das war ganz schrecklich. Als ich das im Fernsehen gesehen habe, habe ich nach Mama gerufen!» Sie überlegt: «Aber wenn die im Turm 'nen Fallschirm gehabt hätten, wären sie nicht gestorben!»

Nico blick genervt drein: «Oh, so ein Blödsinn!»

Melanie: «Gar kein Blödsinn!»

Nico streckt ihr die Zunge raus: «Doch Blödsinn! Ein Fallschirm öffnet sich nicht, wenn man aus einem Hochhaus springt!»

Melanie nickt mit dem Kopf: «Doch, der öffnet sich!»

Roman hat die ganze Zeit zugehört, dann meint er bedächtig: «Wenn man da rausspringt, bist du gleich ohnmächtig, sagt mein Vater. Da merkst du nichts mehr.»

Mareike nickt mit dem Kopf: «Und deshalb tun die sich auch nicht weh, wenn die unten landen!»

Sabine hat die ganze Zeit still zugehört, dann meint sie zufrieden: «Bin jedenfalls froh, dass wir nicht in einem Hochhaus wohnen. Dann muss ich auch nicht springen!»

René lacht: «Also Batman könnte aus dem Hochhaus springen. Der könnte das!»

Björn platzt in die Worte von René: «Oder Superman! Also ich würd gern Superman sein. Dann kann mir nichts passieren!»

Sabine wirkt nachdenklich, als sie sagt: «Wenn der Superman da rausspringt, der bricht sich bestimmt auch ein Bein.»

In den hier dargestellten Spielen setzen die Mädchen- und die Jungengruppen jeweils geschlechtsgebundene Akzente:

- Die Aggressionen der Jungen richten sich stärker nach außen, dies vor allem im Nachspiel und den Erzählungen. Mädchen zeigen dagegen mehr Betroffenheit, sie reagieren verunsichert und verängstigt. Mädchen fühlen mehr mit den Opfern, versetzen sich in die Lage von Betroffenen, sind an den Folgen zerstörerischer Akte interessiert.
- In den Spielen der Jungen dominieren Körperlichkeit und Kraft. Das Nachspielen der Mädchen wirkt ruhiger, stiller, zurückgezogener. Mädchen arbeiten in den Spielen nicht so sehr die physische, als vielmehr die psychische Anspannung ab.
- Die Verunsicherungen, die Jungen haben, werden durch Übermotorik oder rationalisierende Bemerkungen geleugnet. Das soll Gleichgültigkeit, Lässigkeit, Souveränität oder Kompetenz vorspiegeln.

## Unterdrückung von Aggressionen

Spiele der Jungen sind hinsichtlich aggressiver Themen in Inhalt und Symbolik deutlicher zu identifizieren. Offen aggressive Spiele der Mädchen werden nicht selten von Erwachsenen meist früher reglementiert und konsequenter unterdrückt. Ich möchte diese These am Umgang mit Monsterfiguren und den Barbiepuppen konkretisieren.

Während etwa zwei Drittel der von mir befragten Jungen angeben, mindestens einmal mit Monster- und Actionfiguren Kontakt gehabt zu haben, und nahezu die Hälfte eine entsprechende Figur besaß, hatten nicht einmal zehn Prozent der Mädchen vergleichbare Objekte, der Mehrzahl der Mädchen wurden die Monstergestalten von ihren älteren Brüdern «vererbt». Nur zwei Mädchen kauften sich bzw. ließen sich eine Monstergestalt schenken, «um die Mami zu ärgern, weil die dagegen war». Doch beeindruckender, weil tiefe Einblicke in gesellschaftliche Sozialisationsprozesse verschaffend, sind die Argumente, mit denen Mädchen Monsterfiguren ablehnen bzw. ihnen gleichgültig gegenüberstehen. Auf der Basis von Gruppengesprächen sowie teilnehmenden Spielbeobachtungen lassen sich drei Begründungen festhalten. Mädchen ist zunächst die Art und Weise, wie Jungen mit den Figuren spielen, zu laut, zu aktions- und bewegungsbetont. Sie lehnen die Spiele als unkooperativ ab.

Hinzu kommt, dass Mädchen nicht wirklich in die symbolischen und ritualisierenden Spielverläufe einbezogen sind, sondern meistens Statisten bleiben oder zu Bestandteilen der Requisite werden. Die Spielvorschläge und Handlungsanweisungen der Mädchen werden von den Jungen nicht ernst genommen bzw. nicht anerkannt. Dies macht die Teilhabe am Spiel – aus der Sicht der Mädchen – langweilig und uninteressant.

Diese beiden Beobachtungen decken sich mit den Ergebnissen einer Langzeitstudie der amerikanischen Psychologin Maccoby, wonach Mädchen gleichgeschlechtliche Spielkameradinnen bevorzugen. Maccoby nennt hierfür zwei Gründe: Im Jungenspiel dominiert äußere Bewegung, es ist häufig rau und grob und gekennzeichnet von einem auf Dominanz zielenden Wettbewerb. Während Mädchen Spiele durch Vorschläge zu beeinflussen versuchen, bevorzugen Jungen den direkten Anweisungsstil, um damit zum Erfolg zu kommen. Jungen kommandieren mehr, fallen sich ins Wort. Mädchen meiden das Spiel mit Jungen, weil sie hier keine Chance zur Verwirklichung ihres Spiels haben. Und dies ist eben auch ein Grund, weshalb Mädchen das Spiel mit Monsterfiguren ablehnen.

Und noch eine weitere Begründung bringen die Mädchen vor: Vor allem Mütter – aber auch Erzieherinnen und Sozialpädagoginnen aus dem Elementarbereich – sehen es nicht gern, wenn Mädchen mit Monsterfiguren spielen, während Jungen dieses – wenn auch häufig widerstrebend – gestattet wird. Mädchen dürfen stattdessen mit Barbiepuppen oder vergleichbaren Figuren spielen.

Auffällig ist ein weiterer Unterschied: Während Jungen häufig intensiv, massiv und mit viel Drohung um den Kauf bzw. die Duldung von Monsterfiguren kämpfen, gehen Mädchen wesentlich stiller, leiser, wenn auch nicht weniger beharrlich vor. Jungen benutzen Schimpfworte, setzen offen Wut, Zorn, Hass und Enttäuschung ein. Mädchen bevorzugen demgegenüber Weinerlichkeit, Traurigkeit, Liebesentzug, heimliche Verwünschungen, setzen sogar – ob bewusst oder nicht – Bauchschmerzen oder Kopfweh ein, um ihr Ziel zu erreichen.

Für geschlechtsgebundene Unterschiede beim Ausleben von Aggression oder im Umgang mit körper- und gewaltbetonten (medialen) Symbolen gibt es eine Vielzahl sich häufig widersprechender Erkenntnisse aus Soziologie, Psychologie, Psychoanalyse, der Pädagogik oder auch der Biologie. Der ganz spezifische Umgang mit Aggressionen scheint kulturell bedingt, durch Erziehung gesteuert und beeinflusst zu sein. So lassen sich erste Erklärungen für die beschriebenen Unterschiede im Umgang mit Gewalt finden.

Eine Vielzahl von Autorinnen und Autoren verweist darauf, dass eine geschlechtsgebundene Erziehung – z. B. im Hinblick auf Aggression – schon früh einsetzt und auf meist unbewussten kulturellen Mustern fußt. Während männliche Babys beispielsweise länger und intensiver gestillt werden, erzieht man Mädchen früher und stärker zur Selbstverantwortung, bezieht man sie intensiver in familiäre Abläufe und häusliche Pflichten ein. Anders ausgedrückt: Gesellschaftliche Normen und Werte schlagen lebenszeitlich früher durch als bei Jungen. Mädchen begreifen und verinnerlichen offensichtlich eher, wie gesellschaftliche Repräsentanten (z. B. Familie und Schule) sie sehen möchten: bereit zum Opfer, kooperativ, kommunikativ, vermittelnd, sich unterordnend. Die Ablehnung des lauten, auf Wettbewerb und Durchsetzung orientierten Spiels oder der offene Umgang mit Aggressionen *könnte* hier eine Erklärung finden.

Während Jungen die Suche nach Autonomie möglicherweise leichter zugestanden wird, Wort- und körperliche Gewalt nicht sofort verboten ist, haben es Mädchen schwerer, sich zu behaupten. Ihnen gesteht man allenfalls eine an häuslichen Pflichten orientierte Selbständigkeit zu. Während Jungen beim Kampf um Autonomie aktive, zumindest wohlwollende und tolerierende Unterstützung finden, setzt man Mädchen enge Grenzen, sehen sich Mädchen von Liebesverlust bedroht, wenn sie Selbstbewusstsein und Eigenständigkeit entwickeln wollen. Und weil Angst vor Liebesentzug dominiert, richten Mädchen ihre Aggressionen häufiger nach innen – z. B. in Form psychosomatischer Erkrankung –, oder sie binden ihre Aggressionsphantasien an Symbole, die sozial respektiert werden. Einige Autoren und Autorinnen haben in diesem Zusammenhang auf die Bedeutung von Pferdegeschichten für Mädchen hingewiesen.

Ähnliches lässt sich auch im Rollenspiel mit den Barbiepuppen beobachten. Diese Spiele werden von manchen Erziehern, aber auch den wenigen wissenschaftlichen Betrachtungen als Einübung in typische, von der Gesellschaft gewünschte Frauenrollen gesehen. Dabei wird kaum beachtet, dass im Spiel der Mädchen mit den Puppen bereits verinnerlichte, kulturell anerzogene Handlungsmuster durchscheinen. Zunächst findet das zumeist ruhige, zurückgezogene Spiel mit den Puppen weniger Beachtung als das laute, auffällige Spiel mit Monsterfiguren. Deshalb werden die in den Barbie-Spielsituationen gebundenen und enthaltenen Themen übersehen.

Zwar ist das An- und Auskleiden besonders häufig zu beobachten, gleichwohl bearbeiten Mädchen über die und mit den Barbiepuppen auch ihre entwicklungsbedingten Themen. Und dazu gehört die Auseinandersetzung mit Aggression, wie einige Fallbeobachtungen aus den Rollenspielen von Mädchen konkretisieren können:

- Sandra, fünf Jahre, hat eine «böse» und eine «gute» Barbiepuppe. Die «böse» wird im Rollenspiel mit dem Entzug schöner Barbie-Kleidung bestraft.
- Anke, sieben Jahre, bestraft ihre «böse» Puppe, indem sie ihr die langen blonden Haare abschneidet.
- Meike, acht Jahre, bestraft ihre Puppen beim Rollenspiel, indem sie diese in einen Schrank einsperrt und mit den Worten verlässt: «Wenn ihr wieder brav seid, komme ich zurück.»
- Sabine, sieben Jahre, wählt sich das Doktorspiel, um ihre «böse» Puppe zu behandeln. Sie setzt ihre Puppe in einen Stuhl, fesselt sie, zieht eine Spritze aus dem Doktorkoffer auf und stößt diese genussvoll, aber mit Vehemenz in den Puppenarm, begleitet von einem vernehmlichen und befreienden: «So!»
- Katharina, acht Jahre, kämmt ihrer «bösen» Puppe die Haare, wenn es darum geht, «Dampf abzulassen». Sie umfasst dazu kräftig mit Daumen und Zeigefinger den Hals der Puppe, so als wolle sie sie würgen, nimmt dann den Kamm und zieht

diesen stark und intensiv durch die Haare, sodass die Puppe – wäre sie ein menschliches Wesen – heftige Schmerzen haben müsste. Dabei redet sie leise vor sich hin: «Halt still, du Biest!» oder «Tut richtig weh, du Miststück!» oder «Sei froh, dass du nicht in den Ofen kommst!» oder «Wehe, du sagst, dass es wehtut!»

Wenn Mädchen im Rollenspiel Aggressionen zurückgezogen und verdeckt bearbeiten, dabei nach außen gefühlvoll und sozial erscheinen, ist das die Folge einer Erziehung, in der Mädchen weniger Aggressionen bzw. Aggressionsphantasien zugestanden werden. Die Anwendung von Aggressionen – darauf hat Margarete Mitscherlich hingewiesen – hat mit Schuldgefühlen zu tun, die von Jungen und Mädchen unterschiedlich wahrgenommen und erlebt werden. Während Jungen häufiger Schuld auf Sündenböcke übertragen, ihnen damit angstfreie Rachephantasien eher möglich sind, erleben Mädchen die Ausübung von Aggressionen als Gefährdung der Beziehung zu den Eltern. Sie fürchten Liebesverlust, suchen sich deshalb – so Bruno Bettelheim – «harmlose, froh machende Sublimierungsmöglichkeiten». So dienen Mädchen Pferdegeschichten oder auch Arztspiele als Ventil, kann die Herrschaft über das Tier oder den Körper als Beherrschung des Männlichen, des sexuell Triebhaften interpretiert werden.

## «Es ist einfach nicht zum Aushalten!» – Gewalt in der Erziehung

«Also», so erzählt mir Ramona, elf Jahre, «wenn ich mal was Schlimmes gemacht hab …»

«Was Schlimmes?», unterbreche ich sie. «Was ist das?»

«Vergessen, den Tisch zu decken oder so … dann sagt mein Vater: ‹Du hast noch zwei Freikarten!›»

«Versteh ich nicht!»

«Wenn ich's dann noch zweimal vergesse, dann sagt er: ‹Es ist wieder so weit.›» Ihre Stimme wird leise, zittert ein wenig, sie schaut mich ganz ernst an: «Dann holt der die Hundepeitsche!»

«Was holt er?»

«Die Hundepeitsche!» Ihre Stimme klingt fast gleichgültig, nahezu unbeteiligt. «Und dann kriege ich sie dreimal. ‹Für jedes Mal vergessen einen Schlag›, sagt mein Vater.»

«Der ist aber gemein», fällt Björn ins Wort. «Nur manchmal, meist ist er ja gut», entgegnet Ramona. «Das tut doch weh», insistiert Björn. «Merk ich schon nicht mehr.» Ramonas Stimme ist kaum noch zu hören, ihre Augen schauen traurig.

«Ich bin auch traurig, ganz traurig, wenn ich eine schlechte Note geschrieben hab», meint Oliver mit gedämpfter Stimme. Oliver ist zehn Jahre alt. Ich sehe ihn an, er hat Tränen in den Augen. Die anderen Kinder sind davon irritiert.

«Meine Mama schimpft dann nicht mit mir. Die sagt gar nichts. Die antwortet auf nichts. Ich bin dann Luft für sie. Und Papa redet auch nicht mit mir. Ich hab dann nur noch Mimi …»

«Mimi?», fragen die Kinder durcheinander. «Mimi, wer ist Mimi?»

«Meine Puppe, eine kleine Puppe. Der erzähl ich alles.»

«Aber die versteht dich doch nicht?» Björn runzelt die Stirn. «Das ist doch eine Puppe, Oliver!»

«Mimi ist mein Freund», entgegnet Oliver selbstbewusst.

Florian lächelt, als er das hört, ein Lächeln, das mehr einer Verzweiflung gleicht, ein Lächeln, hinter dem sich unendlich viel Trauer und Schmerz verstecken.

«Ich hab auch 'nen Freund», meint er, seine Hände ausbreitend und auf die Lücke zwischen seinen beiden Zeigefingern deutend. «So lang ist der. Sechzig Zentimeter.»

Die anderen Kinder grinsen unsicher, einige sind verlegen.

«Er ist dünn und pfeift.» Florians Stimme wird ganz leise.

«Kapier ich nicht!» Ramona schüttelt ihren Lockenkopf.

«Wenn ich 'ne schlechte Note hab oder Mist gebaut, sagt mein Vater: ‹Hol deinen Freund!›» Eine spannungsgeladene Stille entsteht.

«Dann geh ich in den Garten», Florian stockt, «… dann geh ich eben in den Garten, hab ein Messer dabei, breche einen Weidenstock und schnitz den zurecht, bis er», Florian zeigt die Länge von sechzig Zentimetern, «bis er so lang ist.» Einige Kinder sind starr, andere haben schreckensweite Augen. Sie ahnen, was kommt.

«Dann geh ich ins Wohnzimmer, geh zu Papa. Dann nimmt er sich den Freund. Ich zieh mir die Hose runter, lege mich über sein Knie, und dann sagt er: ‹Na, Florian, mein Freund.› Und dann sag ich: ‹Ich will mich bessern!› Und dann schlägt er zu: ‹Gut, mein Freund!›» Die Gesichter der Kinder sind versteinert, Ramona rückt zu Florian, streichelt ihn.

«Armer Florian!» Die anderen nicken.

«Das macht er dreimal!»

«Dein Papa ist ein Arschloch!», ruft Simone spontan.

Florian runzelt die Stirn: «Nein», verteidigt er seinen Vater. «Nein! Er sagt, wenn ich lernen würde und so, dann schlägt er mich auch nicht. Aber wenn ich faul bin, muss der Freund ran.»

«Der spinnt doch», ruft Simone entrüstet.

Florian schüttelt wieder den Kopf. «Ihm macht das auch keinen Spaß, sagt er, wenn er so böse ist. Ehrlich!»

Simone schaut Florian mitleidig, aber auch ein bisschen wütend an: «Warum gehst du denn überhaupt in die Schule, wenn du faul bist?», fragt sie, ihren Kopf heftig schüttelnd.

Florian kneift die Augen zusammen «Wieso? Muss man doch!»

Simone lacht: «Ich krieg dann immer Bauchschmerzen, wenn ich faul war!»

«Richtige?», will Ramona wissen.

«Du fragst wie meine Mutter», meint Simone. «Ich sag ihr nur, wer hat die Bauchschmerzen: du oder ich? Na ja, und dann brauch ich nicht zu gehen!»

Alle lachen, nur Florian schüttelt den Kopf.

Kinder sind zahlreichen Gewalterfahrungen im Elternhaus ausgesetzt, die von körperlicher bis zu seelischer Misshandlung reichen. Sie bringen solche Erfahrungen mit in den Unterricht, sie prägen die Erziehungsbeziehung auch von Schülern und Lehrern. Übersieht nun pädagogisches Handeln die häuslichen Erfahrungen, sind Beziehungsstörungen und Machtkämpfe aller Beteiligten die Folge.

In der öffentlichen Diskussion über zerstörerische Gewalt von Heranwachsenden gerät zudem die nach innen gerichtete Aggression aus dem Blickfeld, bleibt der Zusammenhang von Gewalterfahrung, Verunsicherung und Angst allzu häufig unbeachtet. Damit lässt man entmutigte, überforderte und bevormundete Heranwachsende allein und isoliert sie weiter.

Deshalb gehen die nachstehenden Überlegungen besonders auf den letztgenannten Aspekt ein. Drei gewaltförmige Alltagserfahrungen stehen dabei im Mittelpunkt:

- die Folgen von Laisser-faire und inkonsequenter Erziehung,
- die Entmutigung und Geringschätzung von Kindern sowie die
- Überforderung von Heranwachsenden.

### «Die nehmen mich nicht ernst!»
### Grenzenlose Erziehung macht unsicher

«Weißt du», erzählt mir der zwölfjährige Anton, «warum ich niemals gesagt bekomme, wann ich zu Hause sein soll?»

«Warum willst du das wissen?», frage ich.

«Weil ich gerne wissen möchte, ob meine Eltern mich gerne haben!»

«Hast du das Gefühl denn nicht?»

«Nein!», ruft er. «Ich kann doch machen und tun, was ich will. Ich bin denen irgendwie egal.»

Anton ist bei mir in der Beratung, weil er oft durch zerstörerische Aggressionen und durch sprachliche Gewalt aufgefallen ist. Und hin und wieder wirkt er völlig apathisch, dann wieder still und zurückgezogen, und ein anderes Mal traut er sich zu viel zu und erlebt Frustrationen, die er nur schwer aushält.

Immer mehr Kinder werden mit einem Laisser-faire-Stil erzogen. Dadurch fühlen sie sich allein gelassen. Er macht sie unfähig, soziale Beziehungen einzugehen und Kontakte aufzunehmen. So wie die Überbehütung nur räumliche Enge und körperliche Nähe zulässt, damit erdrückt, Eigenständigkeit und Autonomie unterbindet, so bildet der Laisser-faire-Stil den Gegenpol: Hinter der – aus elterlicher Sicht – vermeintlich unbegrenzten großen Freiheit verbirgt sich unpersönliche Distanz, eine – für das Kind – unüberschaubare Weite, die Verlassenheitsangst und Einsamkeit aufkommen lässt und bald unerträglich wird. Widerstand und Auseinandersetzung können sich in der Folge ebenso einstellen wie zerstörerische Aggressivität, Übermotorik oder Distanzlosigkeit. Solche Verhaltensweisen sind Ausdruck einer verzweifelten Suche nach Halt und Orientierung, nach Standort und Standpunkt, nach Sinn und Nähe.

Erziehung ist Beziehung, hat mit Bindung und Auseinandersetzung zu tun. Ohne Nähe und Halt fühlen sich Heranwachsende verlassen und allein gelassen, losgelöst von Beziehungen und Bezugspersonen, die Urvertrauen und Selbstwertgefühl erst entstehen lassen. Übersieht oder verkennt Erziehung die existenziellen Wünsche von Kindern nach gefühlsmäßiger und sozialer Orientierung, dann kommt es bei Heranwachsenden zu Unsicherheiten und Ängsten

- *in der emotionalen Orientierung.* Die Kinder fühlen sich in der Gruppe unwohl, wirken beziehungslos, entwickeln nur schwer Kontakt zu anderen Menschen. Sie haben nicht das Gefühl, für andere wichtig zu sein. Daraus erwachsen Probleme, sich anderen gegenüber angemessen zu verhalten: Die Kinder erscheinen distanzlos, schmeißen sich anderen an den Hals. Oder sie sind schüchtern, angepasst, passiv und zurückgezogen;
- *in der sozialen Orientierung.* Meist fehlen diesen Kindern persönliche Vorbilder, die Grenzen, Regeln und moralische Verhaltensrichtlinien vorleben. Deshalb sind Leitbilder notwendig, weil sie sich an ihnen orientieren, anlehnen und reiben können. Die fehlende Orientierung zeigt sich weiter in der Verbindlichkeit, mit der Kinder getroffene Absprachen einhalten: Solche Kinder versprechen viel, halten sich aber selten daran, ihnen fehlt Erfahrungssicherheit. Sie halten starr an bestimmten Vorhaben fest, zeigen sich wenig flexibel und scheuen vor neuen Erfahrungen zurück;
- *im Wunsch nach Individualität.* Der Laisser-faire-Stil gestattet den Kindern nicht, sich selbst zu achten und zu respektieren. Fehlende Selbstachtung führt zu Missachtung anderer, dazu, sie nicht in ihrer Würde anzuerkennen. Der Laisser-faire-Stil überfordert Kinder, verlangt ihnen Leistungen ab, die sie – schon entwicklungsbedingt – nicht einlösen und umsetzen können. Es bleibt das Gefühl des Nicht- bzw. Nie-Könnens. Wer keine Möglichkeiten bekommt, seine produktiven und sozialen Fähigkeiten zu zeigen, macht genau das Gegenteil und verschafft sich – wenn auch nur negative – Zuwendung durch zerstörerische und un-soziale Tätigkeiten;
- *im Wunsch nach Stärke.* Als Folge des Laisser-faire-Stils fühlen sich Kinder inkompetent und entscheidungsschwach. Die Kinder haben Schwierigkeiten, Verantwortung zu übernehmen, mit materiellen Frustrationen fertig zu werden und

ihre – zweifellos vorhandenen – Kompetenzen situations- und sozial angemessen einzusetzen. Fehlende Bestätigung im Handeln wird ersetzt durch den Wunsch zu herrschen und nach Machtausübung, gepaart mit egozentrischer Eigensinnigkeit.

So ist es kein Wunder, wenn sich das Grenzensetzen im Laisser-faire-Stil als unwürdig-nervender Machtkampf gestaltet, der das Verhältnis von Eltern und Kindern zu einer Terrorbeziehung werden lässt.

Diese Erziehung lässt Kinder nicht los, baut kein Vertrauen auf und scheut sich vor Auseinandersetzungen. Die «lange Leine» wechselt unvermutet mit impulsiven Strafaktionen, eine unsichere Toleranz paart sich mit undurchsichtiger Kontrolle, Verschmelzungswünsche mit willkürlichem Liebesentzug. Dann vollzieht sich das Grenzensetzen nicht auf der Basis gegenseitigen Respekts, sondern gründet auf dem Recht des Stärkeren. Die Grenze wird schnell zur Strafe, zum Symbol dafür, wer verloren hat. Dies ist der Beginn eines neuen Teufelskreises: Da Frustrationen nicht ausgehalten werden, gleitet Strenge schnell in erneute vordergründige Versöhnung um. Und alles fängt von vorne an.

### Entmutigung und Geringschätzung

Lehrer sind rat- und hilflos, weil sie keinen Zugang zu ihren Kindern finden. Sie erleben Heranwachsende als bockig, unkooperativ. Daraus entsteht mal wortloser Rückzug, mal das Gefühl von Minderwertigkeit oder erzieherischer Unfähigkeit – «Warum schaffe ich es nie?», «Warum habe ich nur solche Kinder?» – oder anklagende Vorwürfe an die Kinder – «Müsst ihr mich denn immer ärgern!»

Hinter kindlicher Verweigerung kann eine Vielzahl von sehr unterschiedlichen Haltungen stehen. Wenn Kinder sich unkooperativ verhalten, in einen Machtkampf, gar in eine Rache-

und Vergeltungsbeziehung eintreten, dann ist es wenig produktiv, sie nach dem «Warum» ihrer Verhaltensweisen zu befragen. Denn könnten Kinder die Frage «Warum machst du das?» angemessen beantworten, würden sie nicht störend auffällig handeln oder sich verweigernd-trotzig zurückziehen.

Wichtiger, als nach Hintergründen und Ursachen zu suchen, kann es für Lehrer sein zu fragen: «Was drückt ein Kind durch seine Haltung für mich aus?» Oder: «Was hat ein Kind von seinem Verhalten?»

Jedes Kind versucht zunächst, sich situationsangemessen zu verhalten. Erfährt es jedoch im Laufe seiner Entwicklung keine bestärkende Anerkennung für sein Können, kein Lob für seine Fortschritte und seine andauernden Bemühungen, erlebt es keine Ermutigung bei eventuellen Schwierigkeiten und Problemen, dann sucht es sich – ganz im Sinne des Handelns von Versuch und Irrtum – andere Wege, um die Aufmerksamkeit von Erwachsenen, der Eltern und pädagogisch Handelnden zu erhalten: Es stört und zerstört, es macht sich klein und hilflos.

Wenn selbst gestellte Fragen nach Ursachen keine Erleichterung der Situation bewirken, wenn selbst logische Konsequenzen störende Handlungen nicht ändern, dann kann man fragen: «*Kann* ein Kind etwas nicht?» bzw. «*Will* ein Kind etwas nicht?»

Viele Lehrer assoziieren bei störend-auffälligem Verhalten ihrer Kinder schnell einen Machtkampf, Renitenz oder Trotz, versuchen, über Drohung, Strafe oder psychische Zwänge Wohlverhalten des Kindes zu erzwingen, Grenzen zu setzen bzw. auf der Einhaltung von Grenzen zu bestehen. Aber Kinder, die bestimmten Aufgaben nicht nachkommen, die vereinbarte Regeln und Rituale nicht einhalten, die festgelegte Grenzen missachten, wollen nicht unbedingt in einen Machtkampf eintreten, wollen sich nicht rächen, gar die Lehrer hilflos machen – manche Kinder *können* bestimmte Aufgaben nicht erledigen und überschreiten deshalb Grenzen. Diese Kinder haben *noch* keine entsprechenden Fähigkeiten ausgebildet.

Karin Lampe, Hauptschullehrerin, wundert sich, dass ihr «Guten Morgen»-Gruß von ihrer Klasse nicht erwidert wird – nur 0ein unverständliches Gemurmel, mehr oder minder freundlich, ist zu hören. Als sie sich beschwert und Unverständnis über so viel Unfreundlichkeit äußert, entfährt es Harald, elf Jahre: «Was wollen Sie eigentlich?»

«Ich möchte, dass ihr meinen Gruß erwidert. Ich sage doch freundlich ‹Guten Morgen›!»

Harald, einigermaßen konsterniert: «Dann müssen Sie uns das sagen!»

«Aber das ist doch selbstverständlich!» Karin Lampe wirkt ärgerlich.

Harald ist perplex: «Wieso selbstverständlich?»

«Du sagst doch deinem Vater oder deiner Mutter auch ‹Guten Morgen›!»

Harald lacht schrill: «Den seh ich nicht. Und der redet auch nicht! Der sagt kein freundliches Wort. Das ist ‹Baby-Lallen›, sagt der. Und wenn er das sagt, dann macht er ein kleines Baby nach.»

Karin Lampe redet mit anderen Schülern, erfährt, nur ein kleiner Teil ihrer Klasse erlebt Begrüßungs- und Abschiedsrituale zu Hause; kaum ein Schüler hat diese Rituale verinnerlicht, ihre Bedeutung für die zwischenmenschlichen Beziehungen erkannt. Als die Lehrerin ihre Klasse darauf hinweist, wie wichtig ihr eine freundlich-menschliche Umgangsweise ist, beginnen die Heranwachsenden, ihr Verhalten ganz allmählich zu verändern.

Karin Lampe kommt nach dieser Erfahrung zu der Erkenntnis: «Meine Schüler und Schülerinnen *wollten*, aber sie *konnten* nicht. Das musste ich erst begreifen. Ich denke, man geht zu schnell davon aus, dass Selbstverständlichkeiten heutzutage selbstverständlich sind.»

Dieses Beispiel zeigt: Manche Kinder und Jugendlichen erfahren im häuslichen Milieu nicht jene Regeln und Rituale, die für ein humanes Miteinander, ein Zusammenleben, das auf gegenseitigem Respekt und gleichwertiger Achtung aufbaut, notwendig ist.

Ich kenne Kinder, in deren Familien gemeinsame Mahlzeiten – ob nun beim Frühstück, beim Mittag- oder beim Abendessen – kaum noch stattfinden; ich erlebe Kinder, die die Vertrautheit des Familiengesprächs nicht erfahren haben und deren Fähigkeit, aktiv zuzuhören, sich auf jemanden einzustellen, ihn in seiner – möglicherweise anderen – Meinung annehmen zu können, nicht ausgebildet ist. Diesen Kindern tut man unrecht, wenn man ihnen vorschnell ein Nicht-Wollen, Gleichgültigkeit oder eine bewusst inszenierte Störung vorwirft. Viele Kinder würden sich auf Rituale und Regeln einlassen, wenn sie sie denn umsetzen *könnten*, wenn sie den Wert von Ritualen und Regeln verinnerlicht hätten.

Deshalb müssen Kindergarten, Schule, außerhäusliche pädagogische Institutionen – ob das pädagogische Fachpersonal dies nun als zusätzliche Belastung erlebt oder nicht, mag dahingestellt sein – mit den Kindern notwendige Fähigkeiten ausbilden, die das zwischenmenschliche Zusammenleben im Alltag ritualisieren und regeln. Wenn Kinder sich selbst in Beziehungen erleben, verinnerlichen sie das, was sie dort erfahren, schneller. Nur in Beziehungen können Kinder Fähigkeiten und Fertigkeiten ausprobieren.

Eine Lehrerin stellte in einer Beratung ein Kind vor, Johannes, sieben Jahre. Johannes ist – wie sein Vater sagt – «der letzte Trottel. Wenn der was macht, ist sofort Chaos.»

Johannes weiß von sich: «Ich werd sowieso nichts mehr. Ich werd Straßenfeger.» Auf konstruktive Lösungen, auf Angebote zur Kooperation und Mitarbeit lässt er sich, so die Lehrerin, nicht mehr ein. Die elterliche Zuschreibung an Johannes, er sei ein Nichtsnutz, ein Versager, konstruiert eine ganz eigene Realität. Johannes wird von den Eltern ausschließlich unter diesem Blickwinkel gesehen. Johannes erlebt diesen mittlerweile ähnlich. Solche Missachtung einer eigenen Persönlichkeit lässt Entmutigung entstehen, und entmutigte Kinder kommen nur schwer aus dem Teufelskreis von Verhaltenszuschreibung und der Bestätigung dieser Zuschreibung heraus. Resignation, Rückzug, Abbruch von Kommunikation können sich in der Folge ebenso ergeben wie zerstörerische, nach außen gerichtete Aggressionen. Solche Kinder haben – wie sie mir im Gespräch berichten – «nichts mehr zu verlieren». Sie schlagen um sich, schädigen sich und andere. «Wenn», so erklärt mir der zwölfjährige Michael, «ich schon der letzte Arsch bin, dann mach ich's mit anderen auch so.»

Wenn Erziehung diese Kinder zurichtet, ihnen das Recht auf eine eigenständige Persönlichkeit vorenthält, sie in ihrem Selbstwertgefühl beschädigt, dann können sich auch kein Respekt und keine Achtung für andere Menschen entwickeln. Kinder, die keine Chance auf eine eigene Identität haben, können auch bei anderen Menschen keine Eigenständigkeit und Autonomie zulassen.

## «Das musst du doch können!» Überforderung und Bevormundung

«Meine Eltern», so die elfjährige Nicole, «wollen nur das Beste. Aber», so fügt sie lachend hinzu, «das bekommen sie nicht.»

«Was meinst du damit?»

«Ich durfte im Kindergarten nicht spielen, nie durfte ich spielen. ‹Hast du heut nichts gebastelt?›, fragte meine Mutter, wenn ich aus dem Kindergarten kam. Wenn ich das schon hörte. Und am ersten Schultag meinte mein Vater: So, nun fängt der Ernst an, nun gibt's keine Spielerei mehr. Meine Mutter hat mir meine Freunde ausgesucht. Freunde, die faul waren, die Fernsehen sahen oder so was, wurden mir vermiest. Und wenn mein Ballettlehrer mal nicht so toll war, wenn wir nichts Richtiges lernten, hab ich 'nen neuen bekommen. Jetzt hab ich schon den vierten.»

Sie grinst: «Und wenn ich in Mathe nur 'ne 3 hatte, gab's 'ne Ermahnung, und nach der vierten 3 hörte ich was von Nachhilfe. Aber», sie lacht, «irgendwann hab ich alle zur Verzweiflung gebracht.» Sie sieht mich an: «Häufig hatte ich ja gute Noten. Und wenn ich eine geschrieben hatte, sagte mein Vater: Siehst du, es geht doch, nur üben! Üben! Üben!» Ihre Stimme wird immer schneller: «Und auch am Wochenende gab's nur Programm. Papa hat sich etwas ausgedacht – Ausstellungen, Konzerte, Waldlehrpfade», sie rollt mit den Augen, «Waldlehrpfade ... ich könnte kotzen. Waldlehrpfade. Und dann diese sanfte Stimme meiner Mutter, diese fürchterliche sanfte Stimme: Nicole, schau, die Buche!»

Ein Blick in Nicoles Kindheit fördert weitere Gesichtspunkte ihrer Erziehung zutage. Sie erlebte überfürsorgende Eltern, die – sowohl ihr Vater wie die Mutter – immer für Nicole da waren. «Ich durfte nie Kind sein», erinnert sich Nicole, «mich nicht schmutzig machen. Ich weiß noch: Ich wollte so gerne die Geschirrspülmaschine ausräumen. Ich stellte mich wohl ungeschickt an. Da sagte meine Mama: Schön, Nicole. Aber mach das so, so geht es besser. Und einmal wollte ich mit meiner Freundin, die war elf, den Platten an meinem Fahrrad flicken. Wir hatten das Rad abgeschraubt, hatten den Schlauch schon aufgezogen, wir überlegten, wie das nun weitergeht, da kommt Papa, macht alles schnell fertig, ohne uns zu fragen. ‹Mensch, ist der ätzend›, hat meine Freundin gezischt. ‹Ist der immer so?› Ich hab genickt. ‹Du tust mir Leid, hat sie gesagt.»

Irgendwann hat Nicole geschrien: «Ihr könnt mich mal.» Die Mutter hatte als Erste die Sprache wiedergefunden und beleidigt gesagt: «Nicole! Du entschuldigst dich! Wir geben uns so viel Mühe! Und was machst du?» Nicole redet sich bei mir in Rage. Tränen schießen ihr in die Augen: «Ich bin doch für die ein Nichts. Ich muss doch nur gut sein, damit die mit mir im Tennisclub angeben können!» Ihre Stimme wird schriller: «Ach, Nicole hat nur Einsen. Oder wenn Oma kommt: Ach, Nicole, zeig doch mal deine Arbeiten!» Dann schreit sie in den Raum: «Scheiße! Scheiße! Scheiße!»

Eine exemplarische Schulkarriere, die charakteristische Aspekte über den Zusammenhang von familiärem Erziehungsstil und Ängstlichkeit, insbesondere Schul- und Misserfolgsangst, aufzeigt. Erziehungsbedingte Angst stellt sich bei Kindern als eine überdauernde Eigenschaft dar. Sie führt dazu, dass diese Kinder spezifische Situationen (z.B. Schule, Prüfungen) als verunsichernd erleben, sie fühlen sich diesen Situationen (oder Personen) hilflos ausgeliefert – auch weil es ihnen an Kompetenz fehlt, solche Situationen zu beherrschen oder die aufkommende Angst selbständig zu bewältigen. Man kann einige Faktoren für die Entstehung von erziehungsbedingten Ängsten und überdauernder sozialer Ängstlichkeit benennen:

- Sie bauen sich auf, wenn Eltern an ihre Kinder hohe Erwartungen stellen, ihnen dabei aber in ihrer Entwicklung nur wenig angemessene Unterstützung zukommen lassen. Inkonsequenz, eine ungenaue Einschätzung des elterlichen Erziehungsverhaltens, lieblose Strenge, ständige negative Rückmeldungen sowie Sanktionen bei schlechten Leistungen entmutigen das Kind und bringen gefühlsmäßige Verunsicherung mit sich. Diese werden durch fehlende Wärme in den zwischenmenschlichen Beziehungen noch verstärkt.
- Kinder brauchen Fürsorge, aber keine Überfürsorge. Fürsorge baut darauf auf, sich an der Persönlichkeit des Kindes zu orientieren, sein Tun situations- und altersangemessen zu deuten, eigenständiges und selbstverantwortliches Handeln zu fördern, Experimentierverhalten zu unterstützen, dem Kind Wärme zu geben. Überfürsorge bewirkt das Gegenteil: Sie orientiert sich nicht am Kind im Hier und Jetzt, sondern an einer imaginären Zukunft («Denk daran, in der Schule

kannst du das nicht!»), sie vergleicht Kinder mit anderen («Aber Johannes kann das doch schon. Und der ist noch ein halbes Jahr jünger als du!»). Überfürsorge kennt keinen Respekt vor kindlicher Eigenständigkeit («Das kannst du noch nicht!»). Sie mutet Kindern keine Verantwortung zu, schränkt das Kind ein, indem sie sein Spiel- und Neugierverhalten («Das ist gefährlich!» – «Das ist noch nichts für dich!») behindert oder einschränkt.

- Damit werden Problemlösungskapazitäten des Kindes abgewertet, weil die erziehende Person die Problemlösung für das Kind übernimmt. Statt Wärme herrscht eine Hitze, die keine Luft mehr zum Atmen lässt, die verbrennt; eine Nähe, die Kinder erdrückt, erschlägt und unselbständig macht. Überfürsorge bringt hochängstliche Kinder mit sich, die über wenig Selbstbewusstsein verfügen, sich wenig zutrauen, eine unzufrieden-unsichere Grundstimmung haben. Überfürsorge lässt bei Kindern nicht das Gefühl einer wirklich sicheren Bindung aufkommen. So hören überbehütete Kinder häufig auf zu spielen, sind unglücklich, wenn die Mutter oder andere Bezugspersonen den Raum oder die Situation verlassen. Oder sie sind in Trennungsphasen sehr erregt, kaum zu beruhigen, treten in keinen Kontakt mit anderen Personen. Überfürsorge bildet keine sozialen Kompetenzen aus, sie macht Kinder ängstlich-passiv.

## «Ich gehe langsam unter!» – Autoaggressionen und Zerstörung als Hilferuf

Befragt man Eltern, Lehrer, Erzieher und andere Erwachsene, die mit Kindern und Jugendlichen zu tun haben, danach, was sie mit Aggressionen verbinden, so nennen sie zerstörerisches oder störendes Tun wie: treten, beißen, kratzen, (um sich) schlagen, hauen, boxen, verletzen, würgen, spucken, anbrüllen, stehlen, lügen, schreien, beleidigen oder erniedrigen, oder aber Eigenschaften wie: gemein, hinterhältig, brutal, rücksichtslos, gewalttätig, dominant, herrschsüchtig, dreist, egozentrisch, asozial, konfliktunfähig, chaotisch, hyperaktiv, unaufmerksam oder unkonzentriert. Man konzentriert sich – wie die gesamte öffentliche Diskussion – auf das Destruktive, mit dem Aggressionen daherkommen, und übersieht dabei die verdeckten und versteckten, die leeren und stillen Formen der Aggression. Es gibt Jugendliche, die gelernt haben und spüren: Nur wenn ich – im wahrsten Sinne des Wortes – um mich schlage, mit Taten und Worten, dann sieht man mich, dann bemerkt man mich. Hinter vielen (wohlgemerkt: nicht allen!) brutalen, gewalttätigen und gemein-bösartigen Grenz- und Regelverletzungen verstecken sich Hinweise, die es zu entschlüsseln gilt, will man Heranwachsenden soziales Miteinander, gegenseitige Achtung und Respekt vermitteln.

Minderwertigkeitsgefühle lassen kein Selbstbewusstsein entstehen. Solche Gefühle brechen sich ihre Bahn in destruktiven Worten und Taten.

«Bevor ich untergehe», so hat sich der sechzehnjährige Jakob ausgedrückt, «mache ich noch jede Menge Scheiß!» Aber Minderwertigkeit drückt sich eben nicht allein in nach außen gerichteten, destruktiven Aktivitäten aus. Aggressionen können sich zugleich nach innen richten.

Aggressionen sind gewaltige Energien, die sich in Handlungen entladen wollen. Aggressionen haben mit Bewegung und Dynamik zu tun, die, sollen sie sich nicht ins Zerstörerische wenden, durch Regeln und Rituale zivilisiert oder umgelenkt werden müssen. Können sich aber Aggressionen nicht ausdrücken, bleiben sie im Körper und schädigen ihn.

Über diese Seite der Aggression redet man kaum. In der öffentlichen Diskussion findet sich dafür nur selten Platz. Ein anschauliches Beispiel ist die Diskussion über Gewalt in der Schule: Über Mobbing, über Bullying, über das Abzocken, über

Erpressung, über Nötigung, über Waffen finden sich – natürlich zu Recht – viele Hinweise. Aber darüber, dass viele Schüler und Schülerinnen mit Herzrasen, mit Magenbeschwerden, mit feucht-nassen Händen und fiebrig-heißer Stirn den Unterricht besuchen, darüber geht man häufig hinweg. Dabei hat sich gerade hier in den letzten beiden Jahrzehnten eine qualitative Veränderung ergeben. Will man also der Vielfalt, mit der sich Aggressionen im Alltag von Heranwachsenden zeigen, gerecht werden, dann ist es unabdingbar, auch der verdeckten Seite der Aggression mehr Aufmerksamkeit zu widmen.

Dabei finden sich in der Alltagsprache viele Hinweise darauf, wie der Körper auf Disbalance in der Nahwelt, auf Disharmonie in den zwischenmenschlichen Beziehungen reagiert. Nimmt man solche Redewendungen, die einem leicht über die Lippen kommen, in ihren tieferen Bedeutungen ernst, dann gewinnt man einen Eindruck davon, was nach innen gerichtete Aggressionen an körperlichen Beschwerden auszulösen vermögen. Da redet man schon mal verzweifelt davon, wenn einem etwas auf den Wecker geht: «Ich kann das jetzt nicht mehr hören!», andere haben schlichtweg «die Nase voll», sagen das auch, nehmen aber das körperliche Symptom nicht ernst. Dritte schlucken alles herunter und haben ständig eitrige Mandelentzündungen. Viele zerbrechen sich den Kopf und wundern sich über nicht enden wollende Schmerzen. Da «geht einem etwas an die Nieren», da «nimmt man sich etwas zu Herzen», und manchen «schlägt etwas auf den Magen». Und wieder anderen «geht etwas unter die Haut», oder «einem brennt etwas auf der Haut» – und manchmal sieht die Haut dann entsprechend aus. Nun will ich kein monokausales Denken verbreiten, wonach die Krankheit ein Weg ist, wonach sich Ungleichgewichte in der persönlichen Umwelt sofort und ursächlich auf die somatischen Befindlichkeiten auswirken müssen. Es gibt resiliente Heranwachsende, also Kinder und Jugendliche mit erheblicher Widerstandskraft, denen noch so großes Ungemach kaum etwas anhaben kann. Sie haut kein noch so wüster Tornado um.

Doch dann gibt es Kinder, die reagieren sehr sensibel mit ihrem Körper, wenn die Umgebung in Disbalance ist. Jeder Körper will Harmonie. Ist diese nicht gewährleistet, zeigt er das, macht auf sich aufmerksam. Nicht die somatischen Begleiterscheinungen sind somit das Problem. Sie stellen vielmehr Zeichen dar, mit denen der Körper auf sich verweist. Komplikationen ergeben sich meist daraus, dass man die Zeichen übersieht, fehldeutet, nicht wahrhaben will oder gar oberflächlich mit Medikamenten oder Operationen – häufig vergeblich – zum Verschwinden bringen will.

Selbstbewusste Kinder sind sich ihrer Körper bewusste Kinder. Sie fühlen sich in ihm zu Hause. Auch dies ist Aufgabe einer Aggressionserziehung: den Körper zu stärken. Das meint nicht, ihn durch Bodybuilding zu stählen und im Fitnessstudio zu quälen, das meint nicht, zu keuchen und zu schwitzen, ihm zu zeigen, wozu der Verstand und das Trainingsprogramm fähig sind. Den Körper zu stärken heißt, ihn zu achten, Zeichen, die er setzt, zu bemerken und zu deuten, um mit ihm in Harmonie zu gelangen. Das ist eine lebenslange Aufgabe: Sie fängt beim Säugling an und reicht bis ins hohe Alter.

### Jessica und der Erwartungsdruck

Jessica, neun Jahre, hat schon viele kleine Operationen hinter sich. Für ihr Alter wirkt sie sehr zerbrechlich. Ihr Körper ist schmal, ihre Augen flackern unsicher, wenn man mit ihr spricht. Es scheint, als fühle sich Jessica am wohlsten, wenn man sie allein lässt. Sie kann sich hervorragend ausdrücken, ist hellwach, durchschaut selbst komplexe Situationen blitzschnell. Es ist, als habe sie viele Antennen, mit denen sie die Reize ihrer Umwelt aufnimmt. Die erste Operation hatte sie mit fünf Jahren. Ihr wurden nach ständigen Mittelohrentzündungen neue Paukenröhrchen eingesetzt. Die Operation wiederholte man noch zweimal. Als die Ohren «endlich», so die Mutter, «frei waren, begann das Theater mit der Nase. Auch die war ständig voll Rotz. Sie röchelte, konnte schlecht atmen, schnarchte nachts laut. Aber wir brauchten wenigstens nicht operieren zu lassen. Mit sieben kamen die Mandeln raus, die ständig entzündet waren.» Sie blickt mich unsicher an: «Aber nun ist sie alle naselang krank, mal hat sie Schnupfen, dann Fieber. Wenn irgendetwas bevorsteht, dann ist mit Jessica etwas. Darauf kann man sich wirklich verlassen!»

Jessica ist auf Veranlassung eines Arztes in die Beratung gekommen, weil er sich um ihre Anfälligkeit sorgte. Bei dem Gespräch stellte sich bald heraus, dass Jessica unter den hohen Erwartungen ihrer Eltern litt. Sie hatte noch zwei Brüder, die «nur» die Realschule besuchten – sehr zur Enttäuschung von Mutter wie Vater, die sich «einfach mehr erwartet hatten».

«Aber Jessica, die muss es jetzt schaffen. Die hat's doch vom Kopf her drauf», wie der Vater meinte, «die kann es doch, wenn sie nur nicht immer krank wäre. Nun versäumt sie so viel. Und wir müssen das zu Hause nachholen. Natürlich hat sie dann kaum noch Freizeit. Aber was soll man anderes machen?»

Jessica wurde vor den Klassenarbeiten regelmäßig krank, eben genau dann, wenn die von den Eltern formulierten Anforderungen besonders groß waren. Es schien fast, als versagte Jessicas Körper seine Dienste, als rebellierte er gegen den ständigen Druck, der auf ihm lastete. Als verordnete er sich durch die Operationen und Krankheiten eine Ruhepause.

Für ein Kind wie Jessica ist es besonders wichtig, den elterlichen Erwartungsdruck zu mildern und durch eine dem Alter und dem Entwicklungsstand angemessene Zielperspektive zu ersetzen. Es geht darum, Jessica im Hier und Jetzt anzunehmen, sie nicht mehr durch eine Zukunftsbrille («Du musst das Gymnasium schaffen!») zu sehen. Ein Kind wie Jessica muss körperlich gefordert werden.

Selbstbewusstsein drückt sich im Schulalter – ich hatte darauf hingewiesen – auch durch ein Körperbewusstsein aus. Nur wenn ein Körper gesund ist, wenn man auf ihn achtet und ihn pflegt, kann sich eine seelische und emotionale Entwicklung vollziehen.

Stimmt die Balance von innen und außen, von Psyche und Physis, nicht, können sich Krisen in Form von Krankheiten zeigen. Jessicas Geschichte beweist das: Hohe Erwartungen lasteten auf ihr, sie wurde nur einseitig gefordert und damit überfordert. Ihr Körper revoltierte. Man erkannte diese Zeichen nicht und kurierte an den Symptomen, ohne den Ursachen nachzugehen. Nachdem Jessica körperbetonte sportliche Aktivitäten aufnahm, stellte sich eine Balance ein. Parallel zu einem steigenden Selbstbewusstsein bildete sich auch ein positives Körperbewusstsein aus.

### Christopher rastet aus

Christopher, sechs Jahre, ist im Kindergarten gefürchtet: Er fällt morgens lange Zeit nicht auf. Doch mit einem Mal steht er plötzlich auf, geht zu einem anderen Kind. Christopher schaut es freundlich an – um dann plötzlich kräftig zuzuschlagen, scheinbar ohne Rücksicht auf Schmerz und Verletzungsgefahr. Die Kinder reagieren verschieden: Sie schreien auf, laufen weg, suchen Hilfe, hauen reflexartig zurück. Doch ziehen sich immer mehr Kinder von Christopher zurück. Pädagogische Eingriffe des Teams helfen wenig.

Die Erzieherinnen sind ratlos, steht Christopher doch nach einer Attacke wie ein «begossener Pudel, hilflos die Schultern zuckend, herum», so als wolle er sagen, dies habe er nicht gewollt. Betrachtet man Christopher genauer, wird sein Dilemma deutlich – ein Dilemma, das auf viele andere Kinder heute übertragen werden kann. Als ich mich mit Christopher über sein «Ausrasten», so seine Mutter, unterhalte, beteuert er ständig, er habe den anderen Kindern keine Schmerzen zufügen wollen.

Eine Erzieherin, die bei dem Gespräch mit Christopher

anwesend war, rief angesichts seiner Feststellung: «Kannst du denn nicht so Kontakt aufnehmen, dass du den anderen nicht wehtust?!»

«Nein!», lautet Christophers spontane Antwort.

«Jetzt hör aber auf», sagt die Erzieherin ärgerlich.

Christopher hebt resigniert die Schultern.

«Lassen Sie», beruhige ich sie. «Ich denke, er meint es ehrlich.» Nun ist sie irritiert, wohl auch ärgerlich auf mich.

Ich hatte Christopher im Laufe des Vormittags längere Zeit beobachtet: Er wirkte sehr konzentriert, konnte geschickt basteln, hatte ein auffällig konstruktives Sozialverhalten, ging geradezu liebevoll mit anderen Kindern um. Er schlichtete manchen Streit, konnte mit seinen Argumenten zwischen Kindern vermitteln. Wenn er jedoch umherging, wirkte er schwerfällig, obgleich er eine eher zierliche Statur hat.

Beim Laufen ruderte er, so als fürchte er, aus der Balance zu geraten. Beim Klettern und Turnen wirkte er ungelenk, so als drohe er, aus dem Gleichgewicht zu geraten. Wollte er zu den anderen Kindern körperlichen Kontakt aufnehmen, so sah das ruppig und plump aus. Als die Kinder während eines Spiels sich an die Hände fassen sollten, packte Christopher so stark zu, dass er Schmerzen verursachte. Kinder entzogen sich mit einem lauten «Aua!» dem Zugriff. Christopher schaute – etwas verzweifelt – zuerst das Kind, dann seine Hand an.

Christopher erzählte mir, dass er zu Hause nicht «laut» sein dürfe. Körperliche Aktivitäten wie Rangeln und Toben seien untersagt. Seine Erziehung war – wie ein Gespräch mit den Eltern ergab – sehr «kopflastig». Man redete viel und intensiv, man behandelte Christopher wie einen kleinen Erwachsenen. Ein körperorientiertes Selbstbewusstsein bildete sich bei ihm nicht aus, die Eltern legten keinen Wert darauf. So zeigte sich Christopher intellektuell als äußerst kompetent, im Ausprobieren körperlicher Tätigkeiten dagegen wies er erhebliche Defizite auf: Er tobte kaum, er lebte körperliche Gefühle wenig aus.

Christopher ging selten – wie seine Mutter in einem Gespräch formulierte – bis «an seine körperlichen Grenzen».

Sie habe dies auch verhindert: «Wenn er so viel rumturnte, dann schwitzte er, und dann wurde er schnell krank!» Und an einer anderen Stelle merkte der Vater an: «Wenn der viel rumturnte und -tobte, die Kinder sind so klein, und dann geht schnell was kaputt. Man muss sich eben schon früh beherrschen lernen.»

In Christopher verkörperte sich ein Widerspruch. Er drückte sich brillant aus, konnte intellektuelle Bedürfnisse artikulieren, Streit schlichten – aber er schien körperlich ruhig gestellt, ja stillgelegt. Christopher war regelrecht zur Inkompetenz erzogen, seinen körperlichen Gefühlen Ausdruck zu verleihen. Christophers Geschichte ist durchaus verallgemeinerbar: Viele Kinder verlernen, körperliche Handlungen in ihren positiven wie negativen Wirkungen einzuschätzen. Wenn Kinder nicht durch Tun erfahren, dass zum Beispiel Streicheln andere Empfindungsqualitäten nach sich zieht als kräftiges Zupacken, dann sind sie nicht in der Lage, Muskelkraft situationsangemessen zu gebrauchen: Sie *wollen* angemessenen körperlichen Kontakt aufnehmen, gleichwohl *können* sie es nicht: Aus dem beabsichtigten zärtlichen Knuff wird ein schmerzhafter Schlag.

Christopher ging in einen Judoclub. Dort lernte er, dass zum Kampf Regeln gehören und diese zu respektieren sind. Vor allem aber, dass Kämpfen nichts damit zu tun hat, jemandem absichtlich wehzutun oder ihn gar zu verletzen. Nach anfänglichem Zögern ging Christopher gern dorthin. Alsbald veränderte sich sein Verhalten im Kindergarten: Er zeigte anderen, wie man fair kämpft, brachte den anderen Kindern Rituale bei und schritt wie selbstverständlich ein, falls Kinder gegen die abgesprochenen Regeln verstießen. Zu Hause fanden nun jeden Tag Tobe-Rituale statt. Christopher wollte aber lieber mit seiner Mutter raufen, weil – wie er es einmal bemerkte – «Papa das nicht kann. Der packt gar nicht richtig zu!» Und zu mir gewandt: «Der kämpft nur, weil du ihm das gesagt hast!»

### Beatrice und die legalen Drogen

Beatrice, siebzehn Jahre, ist von Tabletten und Alkohol abhängig. Sie war als Kind ruhig, zurückhaltend, in der Schule nicht besonders aufgefallen. Sie kommt aus einem wohlhabenden Elternhaus. Die Eltern waren überzeugt, dass Beste für Beatrice getan zu haben. Sie galt als schüchtern, introvertiert, ging nur vorsichtig auf fremde Menschen und neue Situationen zu. Man verglich sie viel mit ihrer jüngeren Schwester, die das genaue Gegenteil darstellte: neugierig-forschend, frech, lebenslustig.

Beatrices Probleme zeigten sich schon früh. Im Kindergarten und in der Grundschule nahm sie sich zurück. Sie fremdelte in jeder Situation. Um sich einigermaßen zu behaupten, sich zu stabilisieren, bekam Beatrice auf Anweisung der Mutter Beruhigungstees, die oberflächlich halfen. Und Beatrice hatte an ihrer Mutter bemerkt: Auch sie nahm bei Stress Kopfschmerztabletten. Dieses Muster wurde für Beatrice mit Beginn der Pubertät bedeutsam. Sie erzählt: «Ich merkte, mit Tabletten ging es besser. Ich hatte dann keine Angst mehr. Mir ging's gut, wenn ich das Zeug nahm. Alles war dann leichter. So mit vierzehn oder fünfzehn, durch Zufall, habe ich 'ne Tablette genommen und Bier getrunken. Zuerst einen Schluck. Und eine Katastrophe war mit einem Mal weg, alles war wie vergessen.»

Als Beatrices Eltern davon erfahren, «bricht eine Welt zusammen», wie sie sagen. «Geahnt hatte ich's schon vorher, aber ich wollte es nicht wahrhaben», sagt die Mutter. Und sie fährt fort: «Dabei hatten wir alles für unsere Tochter getan. Sie war unser Sorgenkind. Wir haben uns um alles gekümmert. Sie brauchte nichts zu machen. Sie war so zerbrechlich. Sie hatte Ballett, Klavierunterricht, nichts zog sie wirklich durch. Wir haben nur die besten Lehrer für sie ausgesucht. Mit keinem kam sie aus. Zufrieden war sie nur, wenn man sie in Ruhe ließ.»

Beatrice deutet die Situation so: «Das ging mir allmählich auf den Zeiger. Alles wurde für mich gemacht. Jedes Problem gelöst. Ich fühlte mich eingesperrt. Aber wenn ich das Zeug nahm, ging's mir gut! Dann war ich irgendwie frei, ich konnte träumen – das waren richtige Reisen. Dann war ich ganz selbständig!»

«Aber», so fragen die Eltern, «was hätten wir anders machen sollen?» Eine plausible, alles erklärende Antwort kann man nicht geben, obwohl bei Beatrice einige Risikofaktoren deutlich werden:

- Bei Drogendiskussionen wird die «stille» Abhängigkeit von Medikamenten, wird die «auffällige Unauffälligkeit» übersehen. Das Öffentliche des illegalen Drogenkonsums steht dagegen im Vordergrund.
- Das elterliche Vorbild, hier insbesondere das mütterliche Vorbild, z. B. der eigene Umgang mit Tabletten, hat ganz entscheidende Bedeutung. Medikamente werden als Allzweckware angesehen und eingesetzt. Beatrice nimmt die Tabletten zunächst nur als Stimulus, später verstärkt sie die Tabletten durch den Alkoholgenuss.
- Beatrice erlernt kein Konfliktmanagement. Konflikte werden vielmehr unter den Teppich gekehrt. Zuneigung und Liebe ist an das Erbringen von Leistung gekoppelt. So baut Beatrice kein Urvertrauen zu sich und ihren Eltern auf. Und sie lernt: Konflikte löst man nicht durch Auseinandersetzung, sondern durch die Einnahme von Medikamenten.
- Die Eltern nehmen zwar Anzeichen wahr, suchen aber nicht den Kontakt zu einer Beratungsstelle. Sie sind voller Selbstvorwürfe. Dadurch wird die Beziehung noch angespannter, noch instabiler: «Wenn du aufhörst, tun wir alles!» Aber auch angedrohte Strafen – sture Kontrolle, Androhen von Konsequenzen, ohne sie durchzuführen – ändern umgekehrt nichts an Beatrices Verhalten.

- Pubertierende wollen etwas leisten, sie wollen mithelfen. Beatrice hat zeitlebens erfahren: «Dafür bist du noch zu klein!» Der Leitsatz für eine stabile Erziehungsbeziehung kann auch Leitsatz für Suchtprävention sein: Fördern statt verwöhnen! Fördern bedeutet, Erfolgserlebnisse zu schaffen, selbstbestimmte Leistungen zu erbringen, unabhängig zu werden. Dies schafft Glücksgefühle, ermöglicht eine intensive Selbstwahrnehmung. Das Glück ist eine selbst produzierte Droge und kann immun gegen fremdbestimmte Drogen machen.
- Botschaften, die Heranwachsende senden, sind zu deuten, ohne in Panik zu verfallen, zu dramatisieren. Vielmehr gilt es, gesprächsbereit zu sein. Beatrice sagt: «Mein Vater drohte, nur mit mir zu reden, wenn ich ihm versprach, nichts zu nehmen. Ansonsten bräuchte ich gar nicht mehr zu kommen!» Gute oder böse Worte helfen in dieser Situation nicht. Schon gar nicht, wenn es sich um Hilferufe der Kinder handelt. Dann hilft Zuwendung mit liebevoller Konsequenz und Klarheit.

### Tim soll es besser haben

Tim, achtzehn Jahre, ist über den Alkohol in die Drogenszene gerutscht. Er ist eher schüchtern, zurückgezogen, hat Kontaktschwierigkeiten. Dieses wurde durch die häufigen Umzüge der Eltern noch verschärft. Tim ist äußerlich eher klein, er neigt zum Stottern, vor allem, wenn er nervös ist. Nur wenn er ein paar Biere getrunken hat, wird er ruhiger, fühlt sich stark. Er achtet sehr auf sein Aussehen, körperbetonte Kleidung, geht ins Fitness-Studio, weil er bei Freunden gut ankommen will. Besucht das Gymnasium, zeichnet sich durch gute Leistungen aus, die er durch viel Fleiß erreicht.

Der Vater: «Tim macht das gut. Er soll es besser haben als ich. Was er jetzt lernt, braucht er später nicht zu lernen. O.k., er macht's, wie gesagt, schon gut, aber zu viel Lob baut ihn nicht auf. Dann macht er schlapp. Er muss schon eine starke Hand spüren!»

Dazu Tim: «Wenn ich das höre. Er will doch nur mit mir angeben. Wenn ich in Mathe eine Drei habe, meint er, im letzten Jahr hätte ich eine Zwei gehabt. Der sieht immer nur das Schlechte. Er stellt sich auf ein Podest, hält sich für den Größten und hält Reden. Ich heiße Tim, aber der hat meinen Vornamen vergessen. Ich heiße für ihn: Mein Sohn ist etwas Besonderes!»

Und dann fährt Tim fort: «Mit Alkohol lässt sich alles aushalten. Im Suff bring ich ihn um. Das gefällt den Kumpels, wenn ich das erzähle. Zuletzt gab's den Mix, Medikamente, Hasch, vor allem Hasch, aber auch schon Heroin ... Es war leicht, da ranzukommen, denn ich hab mir das Geld verdient oder von meiner Mutter geschnorrt. Ich habe mich gut gefühlt, als ich das genommen habe. Alles war toll. Nun denk ich mir schon häufig, wie kommst du heute an den Stoff.»

Auch hierzu einige Anmerkungen, um problematische Rahmenbedingungen herauszustreichen:

- Die Störung des Selbstwertgefühls ist hier ein wesentlicher Faktor. Sucht kann man als eine Krankheit des Selbstwertgefühls bezeichnen. Hinzu kommt Tims starke Abhängigkeit von ständiger Anerkennung. Die leiseste Kritik erzeugt bei ihm Ohnmacht und Hilflosigkeit.
- Bei Tim herrscht das Gefühl der Fremdbestimmtheit vor. Er soll Leistungen erbringen, um vorgeführt zu werden bzw. für eine imaginäre Zukunft fit gemacht zu werden. Weil er keine Annahme im Hier und Jetzt findet, fehlt ihm eine konkrete Lebensperspektive. Alles erscheint ihm weit weg.
- Wie bei Beatrice hat auch Tim keine Fähigkeit, mit Krisen produktiv umzugehen. Er kann Unlustgefühle nicht über längere Zeit aushalten. Und bei Tim zeigt sich: Ein guter Schulabschluss ist eben kein Garant für eine Karriere. Dies

spürt er. Tim wird ein Umgang mit Krisen nicht gestattet. Da ihm solche Erfolgserlebnisse vorenthalten werden, verlegt er sie in den Konsum, der als Ersatz für fehlende Beziehungen, der als «Lösung» für Krisen dient.

- Drogen fördern Vermeidungsverhalten. Sie legen Fluchttendenzen nahe. Der Drogenkonsum wird immer dann gefährlich, wenn ihm eine Ersatz- und Verdrängungsfunktion zukommt, wenn Sucht mit Flucht aus der Wirklichkeit gleichgesetzt werden kann.

Bei der Drogenvorbeugung sollten Eltern einige Grundsätze beherzigen: Verzichten Sie auf Schuldzuweisungen. Verfallen Sie nicht in Aktionismus: Übertreibungen machen hilflos. Die Auseinandersetzung mit Drogen ist ein lebenslanger Prozess. Für mich setzt Vorbeugung vor allem bei der Stärkung der Persönlichkeit an.

Erziehen Sie Ihre Kinder zu einem produktiven Umgang mit Frust und Krisen. So werden Eigenaktivitäten an die Stelle des Konsums gesetzt, so stärken Sie die Konfliktfähigkeit. Ihr Kind kann dann nein sagen, wenn es unter Gruppendruck gerät.

### Dorothea und Susanne – der Körper als Kampffeld

Dorothea, fünfzehn Jahre alt, ist ein übergewichtiges Mädchen, zieht man den Bodymaßindex als Grundlage heran. Dorothea hat zwei jüngere Geschwister, die körperlich normal entwickelt sind. Und auch ihre Eltern sind, wie die Mutter erklärt, «eher schlank. Aber Doro ist richtig fett.» Begonnen, so die Beobachtung der Mutter, hatte alles, als sie «so zehn war. Die ging richtig aus dem Leim, fraß alles in sich hinein.»

Nimmt man Fotos zur Hand, dann zeigen sie Dorothea als ein schlankes, bewegungsfreudiges Kind, das offensichtlich vielseitig interessiert war. Sie erscheint als ein Springinsfeld. Viele andere Kinder wieselten um sie herum.

Nun scheint sie das komplette Gegenteil zu sein. Sie geht

nicht mehr – aber sie lässt sich gehen, was das Essen betrifft. Sie stopft wahllos alles in sich hinein. Dorothea hat sich längst aufgegeben. Alles, was auch nur im Entferntesten mit sportlicher Betätigung zu tun hat, unterlässt sie. Vom Sportunterricht hat sie sich abgemeldet: Mal fühlt sie sich nicht wohl, dann «hat sie ihre Tage», mal hat «sie sich den Knöchel verstaucht, weil sie umgeknickt ist», dann «hat sie ihr Turnzeug vergessen». Dorothea fällt immer etwas ein, sich vor körperlicher Betätigung zu drücken. Familienausflüge – seien es Wanderungen oder Fahrradtouren – macht sie schon längst nicht mehr mit. Macht die Familie im Süden Urlaub, bleibt Dorothea «am Pool liegen und hat keine Scham», so der Vater ebenso erbost wie empört, aber auch böse und zynisch, «ihren fetten Bauch in die Sonne zu halten». Dorothea trägt dann Bikinis in Übergröße, aus denen Busen und Bauch herausquellen. Ansonsten lässt sie sich überallhin fahren – jeder Schritt zu Fuß ist ihr zuwider oder ist – angesichts ihrer Körperfülle – eine wirkliche Qual.

«Aber mir ist es völlig egal», sagt Dorothea über sich, «wenn ich fünf Kilo abnehme, dann sieht das doch keiner. Also bleibe ich so! Was soll's!» Dorothea hat sich auf Anraten eines Arztes bei einem Training für übergewichtige Heranwachsende angemeldet, weil sie zunehmend «depressive Züge», so die Mutter, entwickelte. Dorothea zog sich mehr und mehr zurück, hatte zu nichts mehr Lust, keine Freude am Leben.

In dieser Gruppe lernte sie die gleichaltrige Susanne kennen. Susanne ist ein Einzelkind. Ihre Eltern sind auch übergewichtig. Das trifft ebenso für die Großeltern väterlicherseits zu. Bis zum siebten Lebensjahr «war Susanne», so erinnern sich die Eltern, «körperlich völlig normal. Da gab es keine Auffälligkeit.» Dann «ging sie», erzählt die Mutter, «richtig in die Breite. In einem halben Jahr ist sie wie eine Tonne geworden. Man konnte richtig zusehen, wie sie dicker und dicker wurde. Reglementierungen beim Essen halfen überhaupt nicht.»

Susanne ging, wenn man ihr zu Hause eine Grenze setzte,

zur Oma, die viel Verständnis für ihre Enkelin hatte, war sie doch selber seit dem zwölften Lebensjahr eher übergewichtig. Zudem hatte Susanne ein Süßigkeitsdepot mit großelterlicher Unterstützung angelegt, aus dem sie sich fleißig bediente. Machte man anfangs über «das kleine Pummelchen» noch seine «kleinen Späßchen», sah Susanne doch, wie der Großvater lachte, «klein, rund und süß», die Mutter sie zärtlich «meine kleine quirlige Kanonenkugel» nannte. Das änderte sich, als Susanne in die Pubertät kam.

Sie fand ihren Körper «schrecklich». Um dem Ausdruck zu geben, kleidete sie sich in weite schwarze Gewänder, die ihren Körperumfang zwar verhüllten, aber die Unförmigkeit doch ahnen ließen. Um die einst beliebte Susanne wurde es zunehmend stiller; genauer: Sie isolierte sich selbst. Freundinnen zogen sich von ihr zurück, Freunde rümpften die Nase, wenn sie in Susannes Nähe standen. «Du riechst», war noch der netteste Kommentar. Gemeine, unflätige, herabsetzende Kommentare häuften sich, die Susanne nicht anspornten, sie vielmehr in Lethargie verfallen ließen. Sie wusch sich selten, sodass ihre Körperausdünstungen nicht mehr zu ignorieren waren. Den Eltern war das gemeinsame Essen schon ein «richtiger Gräuel».

«Wenn du dich nicht wäschst, isst du nicht mehr mit uns», ermahnte vor allem der Vater. «Stinktiere sind sauberer als du!» Doch Susanne ignorierte die Mahnungen, aß vielmehr alleine, stopfte dann das Essen ungehemmt und zügellos in sich hinein, um sich dann mit Schokolade und Pralinen zu belohnen. Als sie Suizidgedanken äußerte, nahmen die Eltern Kontakt zu einer Selbsthilfegruppe auf, die Susanne nun seit einiger Zeit kontinuierlich besucht.

Während einige Heranwachsende mit anderen – mal sozial, mal destruktiv – kämpfen, haben Dorothea und Susanne ihre Körper zu Schlachtfeldern gemacht. Sie lassen ihre Gefühle nicht heraus, richten ihre Aggressionen gegen sich. Sie machen sich unansehnlich und bestrafen sich selbst. Eine Selffulfilling Prophecy stellt sich ein: Keiner mag mich ob meiner Leibesfülle und weil mich keiner mag, fresse ich – so lange, bis ich platze.

Susanne und Dorothea sind adipositär, zeichnen sich durch ein – auch wenn dies wissenschaftlich so nicht korrekt ist – abnormes Übergewicht aus. Adipositas – so der medizinisch-psychologische Fachausdruck – ist ein weit verbreitetes Ernährungsproblem, das hinter der Magersucht (Anorexia nervosa) und der Bulimie (Heißhunger und Erbrechen) in der öffentlichen und publizistischen Aufmerksamkeit lange unbemerkt war. Nimmt man es genauer, kann Adipositas nicht mit erheblichem Übergewicht gleichgesetzt werden, wie ich es eben getan habe: Adipositas wird – so die Psychologin Warschburger – «durch einen übermäßigen Anteil der Fettmasse am Körpergewicht mit deutlicher Beeinflussung der Gesundheit definiert.» Bei der Adipositas gilt es, Primär- und Sekundärfaktoren zu unterscheiden.

Da sind zunächst jene Faktoren, die bei der Ausbildung der Vermehrung des Fettgewebes eine Rolle spielen. Adipositas tritt familiär gehäuft auf. Genetische Faktoren sind zweifelsohne wichtig. Doch wird – so die übereinstimmende Auffassung – Adipositas nicht vererbt. Vererbt wird vielmehr die Empfänglichkeit, adipositär zu werden. In psychologischer Hinsicht fällt auf: Adipositäre Jugendliche sind gefühlsmäßig stark abhängig von ihren Eltern. Ihre Bestrebungen um Eigenständigkeit und Autonomie – also die schöpferische Aggression, die Neues schaffen will – werden häufig nur halbherzig unterstützt. Während Mütter meistens überfürsorglich und überbehütend handeln, zeigen sich die Väter eher zurückgezogen, uneindeutig, manchmal sarkastisch bis ironisch. Hinzu kommen noch Umweltfaktoren: Da sich adipositäre Heranwachsende schwer mit Bewegung tun, werden sie viel gefahren, werden Fernsehen und Computern zu einer Hauptbeschäftigung, werden Medien zum Rückzugsort und Fluchtpunkt, an dem man ungestört alles in sich hineinstopfen kann.

Doch fast noch wichtiger als die medizinischen und körperlichen Gesichtspunkte sind die psychosozialen Belastungen, die mit der Adipositas einhergehen. Solche Heranwachsende entwickeln ein negatives Selbstbild. Das führt dazu, dass sie sich als eingeschränkt, als unvollkommen wahrnehmen. Es kommt zu einer allgemeinen Unzufriedenheit mit sich, mit der Lebenssituation und in der Folge auch zu einem Rückzug aus sozialen Zusammenhängen. Adipositäre Jugendliche sind nicht nur isoliert, sie werden von Gleichaltrigen mehr oder minder abgelehnt. Sie sind Gegenstand von Spott und Hänseleien, Zielscheibe verbaler Aggressionen, werden häufiger als andere gemobbt. Adipositäre Jugendliche haben zudem eine gestörte Wahrnehmung, was ihr Hungergefühl und die Sättigung anbetrifft. Dies führt zu einem verhängnisvollen Kreislauf: Sie leiden häufig darunter, von ihrer Nahwelt nicht akzeptiert zu werden. Diese Zurücksetzung und Ablehnung versuchen sie dann durch Essen zu «kompensieren».

Therapeutische Maßnahmen sind unumgänglich. Denn je länger die Störung andauert, umso ungünstiger wird die Prognose. 80 % aller übergewichtigen Kinder und Jugendlichen werden auch übergewichtige Erwachsene. Neben Maßnahmen, die das Essverhalten strukturieren, ist eine therapeutische Begleitung notwendig, die darauf angelegt ist, eine gefühlsmäßige Stabilität sowie ein Selbstwertgefühl zu entwickeln. Eine Mischung aus Ernährungsberatung, verhaltenstherapeutischen Verfahren und Elternseminaren erweist sich auf Dauer als erfolgreich.

### Magersucht und Bulimie

Gerade bei jungen Mädchen stellte man im letzten Jahrzehnt eine Zunahme von Essstörungen fest, die Probleme in der Körperwahrnehmung mit sich bringen. Der eigene Körper wird zu einem Kampffeld. Neben der Adipositas sind es die Magersucht und die Bulimie, die hier Beachtung verdienen.

Magersucht tritt vor allem bei Mädchen in der Vorpubertät bzw. Pubertät auf. Diese Störung ist durch eine extreme Gewichtsabnahme bzw. Verweigerung der Nahrungsaufnahme gekennzeichnet. Die magersüchtigen Mädchen haben Angst, dick zu werden, obgleich nicht selten ein Untergewicht vorherrscht. Auffällig ist eine gestörte Körperwahrnehmung, d.h., die magersüchtigen Mädchen fühlen sich hinsichtlich ihres Gewichtes, ihrer Größe und der Körpergestalt unwohl. Steht die Erkrankung am Beginn der Pubertät, dann kann man eine Verzögerung der körperlich-hormonellen Entwicklung beobachten (z.B. Ausbleiben der Regel, verzögerte Entwicklung der Brust).

Magersüchtige haben verschiedene Strategien, um den Gewichtsverlust herbeizuführen, z. B. durch Erbrechen, durch Abführmittel, durch extreme körperliche Aktivitäten oder durch die Einnahme von Appetitzüglern.

Die Magersucht erfordert eine professionelle Beratung. Die psychischen Ursachen liegen nicht selten in den komplexen familiären Lebens- und Kommunikationsmustern:

- Da kann man einerseits einen überbehütenden Erziehungsstil, der über wenig Konfliktlösungspotenzial verfügt, festmachen. Da herrscht ein Familienklima vor, das sich durch gefühlsmäßige Kälte und unklare Grenzen sowie Bindungslosigkeit auszeichnet.
- Auffällig ist, dass Essstörungen unter verwandten Familienmitgliedern gehäuft vorkommen, wie der Jugendpsychiater Remschmidt feststellt.

Unter Bulimie versteht man ein «episodisch heißhungerartiges Essen» großer Nahrungsmengen, auf das ein selbst herbeigeführtes Erbrechen folgt. Kriterien für die Bulimie sind

- eine ständige Beschäftigung mit dem Essen und dann das

Gefühl, sich während des Essanfalls nicht unter Kontrolle zu haben,
- selbst herbeigeführtes Erbrechen, zeitweise starkes Fasten und der Missbrauch von Abführmitteln,
- das ständige Reden über Figur und Gewicht.

Entstehung und Aufrechterhaltung der Bulimie kann nicht auf einzelne Faktoren zurückgeführt werden. Vielmehr muss man ein Zusammenspiel mehrerer Aspekte annehmen: ein niedriges Selbstwertgefühl, das mit einer gefühlsmäßigen Instabilität (Stimmungsschwankungen, fehlende Frustrationstoleranz) und einer Fixiertheit auf den Körper einhergeht. Diese unbeholfenen Lösungsversuche hinterlassen aber Minderwertigkeits- und Versagensängste, denen mit erneuten «Fressattacken» begegnet wird. So entsteht ein verhängnisvoller Teufelskreis, der aus eigener Kraft nicht zu durchbrechen ist.

### Janine und ihre Tatoos

Janine ist fünfzehn Jahre alt. Bis zu ihrem zwölften Geburtstag war sie ein mehr oder minder angepasstes Mädchen, wie sich ihre Eltern erinnern. Sie erschien freundlich, hilfsbereit, ging auf andere zu. Ihre schulischen Leistungen waren überdurchschnittlich. «Doch mit dem dreizehnten Lebensjahr, da ging es los», erzählen die Eltern. Sie ließ sich die Haare kurz schneiden, «ihre schönen Haare», wie die Mutter etwas wehmütig sagt. Dabei schüttelt sie ihren Kopf. Janine färbte sich das kurz geschorene Haar mal pink, mal lila, mal gelb. Eines Tages – sie war vierzehn – entdeckten die Eltern ein Bauchnabelpiercing. Janine hatte ihre Eltern nicht um Erlaubnis gefragt. Sie hatte es sich heimlich machen lassen. Da es unprofessionell gemacht war, entzündete sich der Bauchnabel.

Janine wurde ziemlich krank. Aber nachdem sie gesund war, erklärte sie ebenso bestimmt wie trotzig, sie werde sich ein neues machen lassen, nur nicht so schnell. Die Eltern versuchten, auf sie einzureden, doch Janine blieb stur. Als sie aus London zurückkam – sie war dort anlässlich eines Schüleraustausches –, hatte sie einen gepiercten Ring in der linken Augenbraue, ein Schmetterlingstattoo in der Höhe des Bauchnabels. «Wir waren erschrocken, als wir das sahen», erzählen die Eltern. Die Mutter atmet tief aus: «Aber völlig durcheinander waren wir, als wir merkten, dass Janine sich den rechten Unterarm mit einem Messer geritzt hatte.» Janine trug die Wunden, die sie sich, wie sie später berichtete, im Kreise von zwei Freundinnen selbst zugefügt hatte, ganz offen zur Schau.

Das sei eine Mutprobe gewesen, kommentiert sie. Einige Freundinnen hätten Angst davor gehabt, andere hätten es aber nur cool gefunden. «Ich wusste», schmunzelt Janine, «dass meine Eltern durchdrehen, weil sie denken, dass ist der erste Schritt zum Selbstmord. Oder ich mache das, weil ich mich hasse.» Sie schüttelt den Kopf. «Quatsch! Das hat wehgetan und Spaß gemacht. Das ist weniger gefährlich als die Sauftouren, die mein Vater als Jugendlicher unternommen hat, wo sie dann mit besoffenem Kopp über hohe Brücken geturnt sind. Oder wenn meine Mutter erzählt, sie habe sich früher immer einen Knutschfleck machen lassen, mit dem sei sie dann in die Schule gegangen, um ihren Freundinnen zu zeigen, wie weit sie schon ist.»

### Joana ritzt sich

Ganz anders sieht die Situation bei Joana aus. Sie ist ein Jahr älter als Janine, gehört zur Clique um Janine. Joana pierct und ritzt sich nicht, hat auch kein Tattoo. Joana – so die Beobachtung ihrer Freundinnen – säuft häufig so viel, bis sie nicht mehr weiß, wie sie heißt. Dann bringen sie sie nach Hause. Joana reißt sich regelmäßig, so die beste Freundin Marie, die Haare aus, insbesondere die Schambehaarung, und schluckt diese dann hinunter. Joana verletzt sich ständig – unabsichtlich, so scheint es. Ihre Arme, ihre Beine sind mit kleinen Wunden übersät, die, kaum sind sie verheilt, von Joana wieder aufgekratzt werden. Wenn die Wunde dann blutet, schaut sie interessiert, fast erleichtert zu. Den Wundschorf hält sie in der Hand, betrachtet ihn von allen Seiten, riecht daran, benetzt ihn mit der Zunge, um ihn dann angeekelt zu essen.

Joanas Eltern zerbrechen sich ob des Verhaltens ihrer Tochter den Kopf, reagieren freilich ohnmächtig, weil sie ihr merkwürdiges Verhalten nicht einschätzen können. Als die Eltern das Haareausreißen und das Aufkratzen von Wunden kommentieren («Sag mal, spinnst du!») und versuchen, ihre Tochter zu reglementieren und die Handlungen zu unterbinden, droht Joana mit Selbstmord, weigert sich, an gemeinsamen Aktivitäten, vor allem dem gemeinsamen Essen, teilzunehmen, und hält das mehrere Tage durch. Danach geben die Eltern hilflos nach.

Begonnen, so die Mutter, habe alles, als Joana in die Pubertät kam, «da war sie so dreizehn». Schon vorher habe sie viele Stimmungsschwankungen gehabt, aber von da an sei alles extremer geworden. «Sie hatte einen Leistungsabfall in der Schule, zog sich in ihr Zimmer zurück. Nichts war ihr recht. Sie baute», erzählt die Mutter, «einen regelrechten Selbsthass auf.» Und von da an, so ihre Einschätzung, begannen «diese Sache mit den Haaren, diese Selbstverstümmelungen».

«Das Perverse», ergänzt der Vater, «wenn sie sich dann kratzt und das blutet, dann wirkt sie ganz ruhig. Aber kurz darauf versteckt sie die Wunden. Wir kommen nicht mehr an sie heran!»

Joana findet das Leben «absolute Scheiße. Ich finde mich Scheiße. Keiner mag mich. Und meine Brüste, mein Bauch, meine Arme – die Brüste sind klein, der Bauch zu dick und die Arme zu lang. Ätzend, absolut ätzend, den mach ich fertig, meinen Körper, fix und fertig!»

Nimmt man diese beiden Biographien und vergleicht sie, dann lässt sich – auf der Grundlage anderer Gespräche – eine wichtige Unterscheidung treffen: Selbstverletzungen können – Janine beweist dieses – jugendkulturell geprägt sein. In körperlichen Selbstschädigungen kann sich aber auch – wie bei Joana – ein psychisches Problem, eine extreme seelische Zwangslage ausdrücken.

Janines selbstverletzendes Verhalten ist ein symbolischer Akt. Sie geht offen mit ihrem Piercen und ihrem Ritzen um. Janine zeigt es allen, sie provoziert, sie grenzt sich ab, sie macht auf sich aufmerksam. Piercen und Ritzen stellen wie das Tattooing oder andere Schnittverletzungen eine Art Aufnahmeritus dar, wie er in vielen Kulturen üblich ist: Wenn man diese Zeichen hat, gehört man dazu, man stellt Gemeinsamkeit her.

Zudem macht man durch den selbstverletzenden Akt eine ganz eigene körperliche Erfahrung, man geht an die Grenze dessen, was gerade noch auszuhalten ist. Das Piercen, das Ritzen ist mit Angst, mit dem Aushalten von Schmerzen verbunden, aber wer das einmal ausgehalten hat, der ist aufgenommen. Je vehementer die Eltern die Selbstverletzungen bekämpfen, je entschiedener sie diese ablehnen, umso intensiver wird die Abgrenzung von der elterlichen Kultur erlebt und empfunden. Janines Selbstverletzung kommt einer Reise des (Märchen-) Helden gleich, der ausziehen muss, um sich zu finden. Janine bereitet sich gedanklich auf den selbstverletzenden Akt vor. Sie bewährt sich, nachdem ein Versuch mit einer Niederlage geendet hatte. Schließlich das Happy End: Sie hält der Gefahr stand, läuft nicht davon. Jetzt ist sie stolz auf sich, trägt Ring und Tattoo wie ein Brandzeichen, ein Markensymbol – ganz so, als wolle sie ausdrücken: «Schaut her, wer ich bin!»

Völlig anders stellt sich die Situation bei Joana dar. Ihre Selbstverletzung vollzieht sich als heimlicher Akt und ist daher unterschiedlich zu bewerten. Joanas Selbstverletzung stiftet keinen Sinn wie bei Janine, die sich darüber als eigenständige Person definiert. Joanas Tun drückt Hilflosigkeit aus. Es ist eine ebenso ohnmächtige wie problematische Handlung, Hoffnungslosigkeit zu verarbeiten und hilflos um Hilfe zu rufen.

Bei Joana zeigt sich eine Selbstverletzung, der ein psychiatrisches Problem zugrunde liegt: Hinter dem fast zwanghaften Hautkratzen und Aufkratzen von Wunden, dem Ausreißen der Körperbehaarung und ihrem Verschlucken steckt das Gefühl, sich verletzen zu müssen. Es entsteht ein Druck, der durch die Selbstverletzung entladen wird. Wenn Blut fließt, vermag dies – wie bei Joana – zunächst eine Erleichterung bewirken, danach bauen sich Scham und Schuld auf.

Aber es gibt weitere Gründe für diese Form des selbstverletzenden Handelns: Es kann eine innere emotionale Spannung ebenso ausdrücken wie der ohnmächtige Versuch sein, sich zu fühlen; es kann Machtausübung über den eigenen Körper ebenso darstellen wie das Bestreben, Kontrolle über sich zu erlangen.

Selbstverletzungen gehen wie bei Joana meist mit extremen Minderwertigkeitsgefühlen, mit Selbsthass und mit Perspektivlosigkeit einher. Wut und Zorn auf andere wird auf sich und gegen sich gerichtet. Wird bei diesem Akt der Selbstverletzung nicht therapeutisch interveniert, wird sie nur unterbunden, kommt es – wie bei Joana – zu Symptomverschiebungen: zu depressiven Stimmungen, Essens- und Trinkverweigerungen, Suiziddrohungen.

### Michael hört schwer

Michael, fünf Jahre, ist «ein absoluter Nerv», so seine Mutter. Aber auch seiner Erzieherin geht er manchmal auf den Geist, obgleich er ein wirklich liebenswürdiger, hilfsbereiter Kerl ist. Doch Michael spricht extrem laut; selbst wenn er nahe bei einer Person steht, schreit er. Den Hinweis, doch etwas leiser zu reden, man würde ihn doch verstehen, beherzigt er nur kurze Augenblicke, um danach sofort wieder in einen lauten Stimmklang zu verfallen.

Es sind zwei weitere Beobachtungen, die seine Eltern und pädagogischen Begleiterinnen nur schwer einschätzen können.

Er kann nicht wirklich rückwärts gehen. Nach zwei Schritten dreht er sich um und läuft vorwärts. Wenn er sich anziehen soll, so seine Mutter, dann ist das die «reinste Katastrophe». Das gebe jeden Tag Stress. Der habe überhaupt keinen «Plan», keine Reihenfolge, wie man sich anzieht. Wenn sie nicht darauf achten würde, zöge der doch «glatt zuerst die Jeans und dann erst seine Unterhose an». Sie schüttelt den Kopf: «Das soll einer verstehen!»

Zudem, und das ist der zweite Aspekt, scheint Michael ziemlich schmerzunempfindlich zu sein. Wenn er mal hinfällt, kenne er kaum Schmerzen. Er steht sofort wieder auf, schaut sich seine Schrammen an, schüttelt den Kopf und spielt dann ungerührt weiter. Auf die Frage, ob er sich denn nicht wehgetan habe, zuckt er nur mit den Schultern: «Nö!» Und wenn man insistiert, da müsse er sich doch wehgetan haben, kommt ein deutliches «Nein!». Und mit diesen Worten rennt Michael weg. «Prinz Eisenfuß!» nennt ihn seine Mutter, so unverletzlich und unverwüstlich kommt er daher.

Dabei sind seine Beine und Arme mit «blauen Flecken» übersät – nicht von elterlichen Schlägen, wie seine Erzieherinnen anfänglich mit Schrecken dachten. «Aber wenn er mit anderen rangelt, dann hat er sofort eine blaue Stelle», so eine Erzieherin. «Und er sagt auch nicht ‹Au!›, wenn ein anderes Kind ihn mal heftig anpackt.»

Seine Mutter hat eine wichtige Beobachtung gemacht: «Er hört schwer. Wenn ich etwas zu ihm sage, muss ich ihn immer anfassen. Und zwar ganz kräftig, so richtig kräftig an den Oberarmen. Und manchmal denke ich mir: ‹Mensch, da hast du viel zu heftig angepackt!› Aber er sagt ja nichts.» Sie schüttelt den Kopf: «Doch wenn ich ihn nicht anfasse, hört er nicht!» Sie verstehe das alles nicht. Aber sie glaube, er mache das alles «nicht mutwillig». Und bösartig sei er schon gar nicht. «Irgendwie ist er auch unglücklich über die Situation, aber er kann nicht aus seiner Haut!»

Dann berichtet sie über eine Situation, die ihr im Nachhinein sehr «merkwürdig» erschienen sei.

Neulich stand er wieder mal neben ihr, habe viel zu laut geredet. «Da ist mir der Kragen geplatzt!»

«Kannst du nicht mal etwas leiser reden, verdammt nochmal. Nur etwas leiser!», ruft die Mutter. Michael schaut sie verwirrt an, lächelt: «Geht nicht!»

«Was heißt: ‹Geht nicht?›», ruft sie empört. «Du machst mir doch etwas vor!» Sie schnauft zornig, ist wütend. «Du bist fünf! Da kann man doch mal laut und mal leise sprechen!»

Als Michael das hört, bricht er in Tränen aus. Und mit dem Satz: «Geht aber nicht!», rennt er davon, eine ratlose Mutter zurücklassend.

Als Michaels Mutter einer Erzieherin diese Beobachtung mitteilt, rät sie zu einem Besuch bei einem Kinderarzt, der sich auf das Hören von Kindern spezialisiert hat. Er stellt eine Schwerhörigkeit, verbunden mit einer taktil-kinästhetischen Störung, fest. Michael redete so laut, um sich selber auf der Haut- und Knochenebene zu spüren. Dies tat er umso heftiger, weil er sich auf der Hautoberfläche und im Knochenbau nicht oder nur unvollkommen wahrnahm. Er spürte nichts – weder sich selbst, schon gar nicht Schmerzen oder blaue Flecken. Deshalb musste man ihn auch hin und wieder anpacken – nur so hatte er das Gefühl von Ansprache und Nähe.

Michael machte ein Hörtraining, parallel dazu bekam er eine ergotherapeutische Maßnahme, die versuchte, bei ihm ein Körperbewusstsein auszubilden. Nach etwa einem Jahr redete er situationsangemessener, modulierte den Stimmklang. Seine Körperwahrnehmung verbesserte sich: Er empfand vorsichtige Berührung, achtete auf seine Bewegungen, agierte einfühlsamer im Raum, sodass er sich nirgends mehr anstieß oder sogar verletzte. Michael hatte gelernt, eine Balance aus Nähe und Distanz zu empfinden.

#### Vanessas «schlimmer» Ruf

«An der werdet ihr noch eure Freude haben», meinten die Erzieherinnen, als sie den Kindergarten verließ, an die Grundschullehrerin gewandt. «Die ist ein Wirbelwind, die rennt alles über den Haufen. Wenn man die nicht im Blick hat, dann flitzt sie schon davon. Mit einem Wahnsinnstempo!»

Und kaum ist sie davongerannt, liegen schon Stühle und Tische wie von einem Tornado durcheinander gewirbelt herum.

«Vanessa hinterlässt eine Spur der Verwüstung. Und wenn sie sich dann umblickt, dann hat sie so einen traurigen Ausdruck, als wolle sie sagen: ‹Das wollte ich nicht!›»

Die Eltern waren sauer auf das Verhalten ihrer Tochter. Sie schüttelten den Kopf, wenn sie mal wieder ein unbeschreibliches Chaos angerichtet hatte.

«Was das wohl noch geben wird?», so die besorgte Frage der Mutter. Aber irgendwie reagierten alle Beteiligten hilflos: Mal schimpften sie, wiesen sie in ihr Zimmer. Dann machte Gleichgültigkeit die Runde: «Mach doch, was du willst!»

Als Vanessa neulich ihre beiden Lieblingspuppen durch ihren Bewegungsdrang zerstört hatte, weinte sie bitterlich.

«Das hast du davon», reagierte der Vater ungerührt. «Wenn du auch so rumtobst, musst du für den Schaden aufkommen!» Als sie einmal den Couchtisch umgerannt hatte, kostbares Familiengeschirr in Scherben fiel, wurde der zugesagte Ausflug in einen nahen Freizeitpark, auf den sich Vanessa gefreut hatte, ersatzlos gestrichen. «Einmal muss Schluss sein!», schimpfte die Mutter. «Du tanzt uns auf der Nase herum. Erst was kaputtmachen und dann unschuldig schauen! Die nimmt uns doch nicht ernst! So ein Biest! So ein kleines durchgeknalltes Biest!»

Vanessa wirkt zunehmend entmutigt, traut sich nichts mehr zu. Dabei ist sie eigentlich fröhlich, aufgeschlossen, sensibel, ist interessiert an anderen Menschen. Aber wenn sie mal wieder – das kann bis zu drei- oder viermal am Tag vorkommen – «eine Schneise des Durcheinanders» hinter sich gelassen hat, dann ist sie traurig, niedergeschlagen, so als wolle sie ausdrücken: «Ich kann doch nichts dafür.» Dieser Gesichtsausdruck, das Mienenspiel, aber auch ihr zaghafter Stimmklang bringen die Eltern dann erst recht auf die Palme.

Vanessa ist in der ersten Klasse der Schule – und bestätigt den Ruf, der ihr vorauseilt. Wenn Vanessa angetobt kommt, schreien alle: «Vanessa kommt!» oder «Vanessa, pass doch auf!» Doch ehe sich die anderen in Sicherheit gebracht haben, hat Vanessa sie schon über den Haufen gerannt, fällt über Tische und Bänke. Ihrer Lehrerin kommt dieses Verhalten irgendwie merkwürdig vor. Sie nimmt sich Vanessa beiseite, weil sie – wie sie beobachtete – nach so einem Vorfall wie ein Häufchen Elend dasitzt. Auf ihre Frage, ob sie das denn nicht sehen könne, zuckt Vanessa mit den Schultern, als wolle sie sagen: «Es stimmt. Ich kann nicht sehen!» Die Lehrerin sagt: «Das kann doch gar nicht wahr sein!» – «Doch», sagt Vanessa, «ich kann das nicht sehen!»

Bei einer ärztlichen Untersuchung stellt sich dann heraus: Vanessa hat Probleme in der visuell-motorischen Koordination, Schwierigkeiten damit, ihr Tempo aufgrund einer Sehstörung angemessen einzuschätzen. Vanessa kannte nur zwei Bewegungsformen: ganz langsam, dann hieß es: «Mach schneller, du Schnecke!» – oder ganz schnell, dann schimpfte man: «Musst du denn immer so ungeschickt sein!» Für Vanessa gab es kein Abbremsen, keine Mitte – also keine situationsangemessene Bewegung. Vanessa störte. Sie fiel auf. Ihr war das mehr als peinlich: Sie wollte sich wohl anders verhalten, aber sie konnte nicht.

Michaels und Vanessas Handlungen zeigen Merkmale, wie sie für Wahrnehmungsstörungen typisch sind:

- Das Kind ist ständig auf Achse, zappelig, scheint nicht in Balance zu sein. Und es hat etwas Tollpatschiges an sich: Ihm passiert, was anderen Kindern nicht passiert. Und es verletzt sich schneller als andere.

- Das Kind hat Schwierigkeiten, sich körperlich wahrzunehmen, braucht ständig personale Bezüge und persönliche Bindungen. Häufig scheint es, als habe der Heranwachsende zwei linke Hände: Was er anfasst, zerbricht oder landet auf dem Boden. Und das Zimmer ist ein Platz von verstreuten Spielsachen und Desorganisation. Wieder andere Kinder kommen auf gefährliche Ideen, übersehen die Folgen ihres Tuns nicht. Das Risikoverhalten nimmt manchmal Formen an, dass es den verantwortlichen Erwachsenen Schweißperlen auf die Stirn treibt.

Wenn Eltern und Pädagogen mehr über die Ursachen und Hintergründe von Wahrnehmungsstörungen wüssten, könnten sie diese Kinder angemessener verstehen, was nicht heißt, alles zu akzeptieren. Wahrnehmungsstörungen dürfen keine Entschuldigung für dissoziale Verhaltensmuster und aggressive Handlungen sein. Fühlen sich wahrnehmungsgestörte Heranwachsende aber so angenommen, wie sie sind, entwickeln sie ein besseres Verständnis für sich, können sich selber so annehmen, wie sie sind. Dies setzt allerdings ein einfühlsames Beobachten, ein aktives Zuhören des Erwachsenen voraus.

Wahrnehmung stellt eine sinnvolle Verarbeitung von Reizen im zentralen Nervensystem dar. Von Wahrnehmungsstörungen spricht man, wenn Reize, die über Sinnesorgane aufgenommen werden, in den dafür zuständigen Hirnzentren nicht oder nur unzulänglich verarbeitet werden. Vanessas Verhalten zeigt es: Die Impulse, die sie beim Laufen aufnimmt, werden nicht koordiniert, nicht angemessen verarbeitet.

Die Ursachen für Wahrnehmungsstörungen können vielfältig sein: Sie reichen von einer problematischen Schwangerschaft, einer Frühgeburt über die Auswirkungen einer schwierigen Geburt bis hin zu Bewegungsarmut und einem einengenden oder gefühlsmäßig vernachlässigenden Erziehungsstil.

Um Wahrnehmungsstörungen festzustellen, bedarf es einer gründlichen Diagnostik, bei der alle Sinneswahrnehmungen beobachtet und zugleich die Eltern-Kind-Beziehungen einbezogen werden sollten. Hinzu kommt eine motoskopische Untersuchung, wie sie die Ergotherapeutin Ulla Kiesling in Anlehnung an Inge Flehmig durchführt und die sich unter anderem aus folgenden Abschnitten zusammensetzt:

- Die Untersuchung des «Fußgewölbes», hat doch das «motorisch unreife Kind im Zehenstand ein gut sichtbares Gewölbe». Die Reifung, so Kiesling, ist dann nicht im Fuß angelangt.
- Auch die Qualität des Hüpfens gibt Auskunft über die Reife. «Mit fünf Jahren muss ein Kind leicht federnd ca. 10 Hüpfer ohne Unterbrechungen durch den Raum machen können.»
- Und schließlich hat Kiesling beobachtet: Viele wahrnehmungsgestörte Kinder können sich nur schnell, aber nicht in mäßigem Tempo um die eigene Achse drehen. Umgekehrt: Wird einem Kind nicht schwindelig, «spricht das nicht für ein gutes Gleichgewicht, sondern für eine extreme Unempfindlichkeit».

Wahrnehmungsgestörte Kinder handeln häufig zerstörerisch-aggressiv. Doch sie wollen es nicht – sie können nicht anders handeln. Mit keinem konsequenten Erziehungsstil, schon gar nicht mit Zuckerbrot und Peitsche oder rigiden, unnachgiebigen Strafaktionen, kommt man ihnen nahe. Nur eine kontinuierliche ergotherapeutische Begleitung vermag dazu führen, dass die Störungen aufgehoben oder gemildert werden, vor allem aber, dass die Kinder ein Körperbewusstsein entwickeln, das die Grundvoraussetzung für ein Selbstbewusstsein ist.

Eine Bedingung dafür ist allerdings, die Sprache der Kinder ernst zu nehmen, genau hinzuschauen und zuzuhören, sich die Frage zu stellen: *Kann* ein Kind nicht oder *will* ein Kind nicht anders? Nicht selten geben die Kinder in ihren Sätzen die passende Antwort. Sowohl Michael wie Vanessa haben ihre erwachsenen Begleiter darauf hingewiesen: «Ich kann nicht anders. Ich brauche Hilfe!»

# KAPITEL 3:
# Äußere Einflüsse

## «Die schlagen sich, die vertragen sich!» – Geschwisterstreit – Geschwisterrivalität

### Philip und Sebastian – zwei Streithähne

«Philip», so seine Mutter, Isabella Stolz, «ist eigentlich ein vernünftiger Kerl mit seinen fünf Jahren. Manchmal wirkt er fast ein wenig altklug.» Dann sieht sie mich ratlos an: «Wenn da nur dieses Streiten, diese ständigen und ununterbrochenen Auseinandersetzungen mit seinem Bruder nicht wären. Der Sebastian, der ist jetzt 15 Monate und kann doch nichts dafür, dass er jetzt da ist.» Sie schüttelt ihren Kopf: «Also Sebastian hat wirklich was auszuhalten. Sie glauben es nicht!» Isabella Stolz sieht mich an: «Jetzt denken Sie wohl, dass ich übertreibe!» Dann schildert sie mir eine Situation.

Sebastian spielt mit Bauklötzen, die einst Philip gehörten, aber nun, nachdem er größer geworden war, achtlos von ihm in der Ecke liegen gelassen werden. «Solch Babykram», habe er neulich gesagt. «Aber kaum», so die Beobachtung der Mutter, «hat Sebastian diese ‹Babysachen!› in der Hand und Philip merkt das, springt er auf ihn zu.»

«Gib her!», schreit der Ältere. Sebastian schaut verunsichert zu seinem Bruder, hält zwei Playmobilfiguren fest in der Hand.

«Gib sofort her!», befiehlt Philip mit scharfer Stimme. Doch bevor Sebastian reagieren, loslassen kann, reißt Philip die Figuren an sich. Sebastian gerät aus dem Gleichgewicht, fällt unglücklich auf den Rücken, brüllt lautstark.

Isabella Stolz erschrickt. «Da ist schon wieder etwas passiert», denkt sie, springt auf, läuft ins Wohnzimmer, sieht Philip, der grinsend über seinen Bruder gebeugt dasteht.

«Was hast du da schon wieder gemacht?», ruft sie wutentbrannt, an ihren ältesten Sohn gerichtet. Der zuckt völlig unbeteiligt mit den Schultern.

«Was? Sieh mich an!» Doch Philip schaut an die Zimmerdecke, ganz so, als sehe er dort etwas noch nie Gesehenes.

«Was? Bitte was?» Die Mutter ist empört.

«Er hat mit meinen Figuren gespielt!» Philip wirkt ganz ruhig, völlig unaufgeregt.

«Was heißt hier deine Figuren?» Die Mutter ist völlig außer sich.

«Das sind meine!», beharrt Philip, völlig ungerührt ob des gefühlsmäßigen Ausbruchs seiner Mutter.

«Das sind *eure*, verdammt nochmal, verdammt nochmal! Und außerdem hast du sie ihm geschenkt!»

«Das sind meine!» Philip klingt mehr als bestimmt.

«Gut!», lenkt die Mutter ein. «Dann sind es eben deine. Aber kannst du denn nicht einmal nachgeben! Nicht einmal nachgeben! Du Sturkopf!» Sie ist erregt: «Ist das in deinem Alter zu viel verlangt! Einmal nachzugeben?!»

Philip wirft die beiden Figuren auf den Boden, streckt seinem Bruder die Zunge heraus, tut so, als ob er ihn mit dem rechten Bein treten wolle, trifft aber nicht. Er tut ja nur so. Auf der Stelle fängt Sebastian an zu weinen, so vehement, so schrill, so hell, als sei er gerade heftig getroffen worden. Philip verlässt fluchtartig den Ort des Geschehens. Isabella nimmt Sebastian in den Arm: «Komm her, mein Schatz! Ist ja nicht so schlimm!» Sebastian beruhigt sich, als er die Nähe seiner Mutter spürt, auf der Stelle, wimmert nur noch leise vor sich hin.

So geschehe das häufig, erzählt sie. Dies sei nur eine von vielen Situationen. Wenn sie dann mit Philip alleine sei, sei er das bravste, das tollste Kind von der Welt.

«Aber wehe, wenn er seinen Bruder sieht und der macht

nicht das, oder er macht nicht so, wie Philip will, dann ist Stimmung im Saal. Das kann ich Ihnen sagen!»

Dann berichtet sie von einer anderen Situation, die «mir den Schweiß auf die Stirn treibt!».

Es sei der reinste Horror, wie Philip sich beim Mittagessen oder auch beim Abendbrot benehme. «Der reinste Horror! Das kann ich Ihnen sagen! Wenn der nicht will, dann ist das Chaos da!», erzählt sie. Der nehme den Suppenteller, schmeiße ihn um. «Spaghettis landen auf dem Boden. Das gefüllte Glas mit Saft fällt aus Versehen um, Gemüse wird zur Kanonenkugel …» Mit ihm sei ein vernünftiges Essen kaum möglich.

«So unmöglich führt der sich ständig auf!» Sie blickt mich an: «Ständig, sage ich Ihnen!»

«Immer?», bin ich neugierig.

«Ach! Eigentlich immer!», meint sie. «Es ist völlig unmöglich mit ihm. Ich habe schon richtigen Bammel vorm Essen, weil ich weiß, da passiert wieder was. Dabei gebe ich mir so viel Mühe, es ihm recht zu machen.» Sie macht eine Pause. «Und in ein Lokal, da gehen mein Mann und ich schon lange nicht mehr mit den Kindern hin. Höchstens zu unserem Italiener um die Ecke, der hat selber so einen Chaoten zu Hause!»

«Wann stört er nicht beim Essen?», will ich wissen.

Sie wisse es nicht. Mit einem Mal nickt sie, so als wolle sie sich selbst bestätigen: «Nicht immer. Aber häufig ist es schon.» Isabella Stolz schaut mich an: «Aber irgendwie muss ich doch etwas machen. Man kann doch nicht immer nur zusehen, wie der da seine Show abzieht. Und beim Sebastian kann ich doch nun nicht warten, bis etwas Schlimmeres passiert!»

Ich nicke: «Es kommt nicht darauf an, ob man eingreift. Das ist hin und wieder schon notwendig. Viel wichtiger ist es, wie man eingreift!»

Sie blickt mich etwas irritiert an.

«Philip hat natürlich raus, wie er Ihre Aufmerksamkeit erhält.»

Ich lächle sie an: «Den Sebastian schubsen, ihn ärgern, ihn hänseln, die Teller umschmeißen, die Fallhöhen des Rosenkohls erkunden ...», will ich erklären.

«Und dann schimpfe ich mit ihm, wenn er das macht. Ich ignoriere das nicht, wenn er das macht!», antwortet sie spontan.

«Aber Schimpfen ist für Philip Zuwendung, zwar negative Zuwendung, aber Zuwendung. Philip spürt, jetzt sieht sie mich, jetzt beobachtet sie mich. Philip findet sich, wenn Sie dann mit ihm schimpfen, darin bestätigt, dass Sie Sebastian lieber mögen, weil Sie Partei für ihn ergreifen oder weil Sie mit ihm meckern.»

«Genau das sagt er! ‹Mama, du meckerst immer mit mir. Mit Sebastian schimpfst du nie, wenn der ein Glas umwirft!›» Sie schüttelt den Kopf. «Bin ich so schlimm?», fragt sie, Mitgefühl erheischend.

«Sie sind o.k. Aber zwischen Ihnen und Philip hat sich ein Machtkampf aufgebaut, bei dem es um Sieg und Niederlage, um Rache und Vergeltung geht. Denn auch Philip spürt: ‹Mama geht es nicht gut, wenn sie nicht nett zu mir ist, wenn sie schimpft. Der tut es Leid!›»

«Stimmt! Stimmt ganz genau!», lautet ihre spontane Antwort. Dann werden ihre Augen eng: «Aber wie kommen wir aus diesem verdammten Teufelskreis raus?»

«Gibt es bei Ihnen ein Ritual, das Sie und Philip nach der Geburt von Sebastian weitergeführt haben?»

Sie sieht mich an: «Das verstehe ich nicht!»

«Welche Rituale, die Sie und Philip gemacht haben, sind nach der Geburt von Sebastian weggefallen?»

Ich schaue sie an: «Nicht, weil Sie gleichgültig waren. Sondern weil es vielleicht aus zeitlichen Gründen nicht mehr möglich war!»

Sie überlegt: «Früher saßen wir beide nach dem Mittagessen zusammen und haben gespielt.»

«Und jetzt?»

«Jetzt mache ich den Haushalt, weil einfach viel mehr liegen bleibt. Und dann schicke ich Philip zum Spielen! Aber es scheint ihm doch nichts auszumachen! Er geht freiwillig und spielt ganz fröhlich!»

Dann stutzt sie: «Hat das damit zu tun, dass ich ihn wegschicke?» Sie sieht mich ernst an. «Wissen Sie, aber wenn der sich beim Essen so aggressiv aufführt, dann habe ich keine Lust mehr, mich hinterher mit ihm zu beschäftigen! Ehrlich nicht!» Sie nickt bestätigend mit ihrem Kopf.

«Wann benimmt er sich denn anständig?», hake ich nach. «Wann saut er nicht rum?»

Isabella Stolz zuckt mit den Schultern. Dann lacht sie: «Wenn er als Erster die Suppe bekommt!»

«Und warum bekommt er sie nicht immer als Erster?», frage ich lächelnd. «Dann hätten Sie das Problem gelöst und eine saubere Tischdecke!»

«Das geht nicht!», antwortet sie reflexartig. «Erstens ist Sebastian sowieso ein schmales Hemd. Und zweitens will ich meine Kinder gleich erziehen. Da soll sich keiner benachteiligt fühlen!»

«Aber Philip ist zweifellos Ihr Ältester!», beharre ich. «Und woran erkennt er, dass er in Ihrer Familie das älteste Kind ist?»

Sie denkt nach, runzelt die Stirn. Sie schüttelt den Kopf. Sie wisse es nicht. «Woran erkennt er, dass er unser Ältester ist?» Sie denkt laut nach. «Tja! Tja! Woran erkennt er das?»

«Hat er eigene Rituale, die ihm seine Position anzeigen?», will ich ihr auf die Sprünge helfen.

«Ich glaube kaum», sagt sie nachdenklich. «Er darf schon mal allein zu Oma. Aber das kommt selten vor! Vielleicht zu selten.»

«Oder hat er mehr Rechte oder mehr Pflichten aus seiner Position als Ältester?», bin ich neugierig.

Isabella Stolz wiegt ihren Kopf hin und her.

«Wenn ich's mir recht überlege», meint sie leise, «muss er schon häufiger zurückstehen und nachgeben. Dann sage ich schon zu ihm: ‹Mensch, nun gib doch mal nach. Du bist doch schon so groß.›» Sie grübelt. «Aber er ist der Älteste, und er kann das doch. Sebastian ist völlig überfordert, wenn ich mit ihm so reden würde. Ich sag Philip schon häufig: ‹Der Klügere gibt nach!›»

«Und was erwidert er dann?»

Sie blickt mich an: «Mama, du bist gemein und magst Sebastian viel lieber!»

### Pia kämpft mit Grete

Pia, sechs Jahre, schubst ihre dreijährige Schwester Grete weg, als diese einen Legostein nimmt, den Pia für ihren Turm benötigt, den sie gerade baut.

«Gib ihn her, blöde Kuh!», zischt sie. Grete fällt hin, rappelt sich auf, schaut dann ihrer Schwester beim Spielen interessiert zu. Sie beobachtet genau. Als Pia einen bestimmten Stein sucht, ihr Blick über die unterschiedlichen Farben und Formen der Steine schweift, ruft Grete: «Da ist er!» Sie springt auf, macht einen Schritt nach vorn, bückt sich, fasst nach dem Stein, will ganz offensichtlich ihre Schwester unterstützen.

«Was machst du da?», fragt Pia verärgert, um dann hinzuzufügen: «Lass das!»

Aber Grete hat den Stein schon in der Hand. Pia steht auf, springt auf ihre Schwester zu, und mit den Worten «Her damit, das ist meiner!» zieht sie am Stein. Grete hält ihn fest, will ihn jetzt nicht mehr hergeben. Pia zerrt, doch sie schafft es nicht, ihn ihrer Schwester aus den Fingern zu entwinden. Unvermittelt lässt Pia den Stein los, und Grete fällt mitsamt dem Stein auf den Teppich, der mit Legosteinen bedeckt ist. Sie tut sich offensichtlich weh. Sie schreit auf und lässt dabei den Stein reflexartig los. Pia sieht das, holt ihn sich blitzschnell. Als sie über ihrer Schwester steht, die wie am Spieß schreit, meint sie ganz cool: «Haste davon, blöde Kuh!»

Nun tritt Grete mit einem Mal um sich, trifft Pias Schienbein. Pia bückt sich nach vorn, reißt an Gretes langen blonden Haaren, und im Nu sind die beiden Schwestern im Kampf verkeilt, bei dem Grete nicht nur einsteckt, sondern auch kräftig austeilt. Als sie Pia dann in den Unterarm beißt, erhält sie von ihrer älteren Schwester einen Nasenstüber, so heftig, dass sie schrill aufschreit. In diesem Moment stürzt die Mutter ins Zimmer.

«Pia, was hast du denn da schon wieder gemacht!»

«Aber die hat ...!»

«Kannst du denn nicht mal nachgeben!»

Dann hockt sie sich zu Grete, der die Tränen über die Wangen laufen: «Komm her, mein Schatz! Nun wein mal nicht!» Sie nimmt Grete in den Arm: «Was hat sie nur wieder mit dir gemacht?» Gretes Schluchzen steigert sich augenblicklich.

«Ihr habt mich sowieso nicht lieb!» Mit diesen Worten verlässt Pia überstürzt das Zimmer, die Tür laut hinter sich zuknallend.

### Niklas lässt sich alles gefallen

Niklas, acht Jahre, kommt zu seiner Mutter gelaufen, sucht ihre Nähe. Er wirkt traurig, sagt mit weinerlicher Stimme: «Dorothea hat mir schon wieder etwas weggenommen.» Er setzt sich auf ihren Schoß, kuschelt sich an sie: «Die ist so blöd, die ärgert mich immer!»

Dorothea ist Niklas' Schwester, fünf Jahre alt.

«Ein kleines Aas», wie die Mutter feststellt. «Ein Wirbelwind! Die hat Niklas von der Körpergröße schon fast eingeholt.» Sie denkt nach.

«Und wenn die miteinander kämpfen, dann zieht Niklas den Kürzeren.»

Die Mutter schüttelt den Kopf. «Der lässt sich aber auch alles gefallen!» Und dann schildert sie eine weitere Situation:

Die Mutter sitzt im Wohnzimmer, Niklas und Dorothea spielen getrennt: Niklas ist mit einem Puzzle beschäftigt, Dorothea schaut in ein Bilderbuch, das sie schwungvoll umblättert. Dabei entsteht ein Luftzug, der die Puzzle-Teile durcheinander bringt.

«Lass das, Doro», bittet Niklas mit leiser Stimme. Aber Dorothea denkt überhaupt nicht daran. Sie macht munter, vor allem kräftig weiter. Niklas scheint in seiner Konzentration gestört. Er sucht nach einem Puzzle-Teil. Dorothea wirft einen Blick auf das unfertige Gebilde, dann auf die umherliegenden Teile. Plötzlich lacht sie, sie hat das Teil gefunden, das Niklas gesucht hat. Sie nimmt es an sich.

«Gib her», meint Niklas, als er das Puzzle-Teil in Dorotheas Hand sieht. Doch die hat überhaupt kein Interesse daran, grinst ihren Bruder herausfordernd an. Als Niklas das Teil auch nach mehrmaliger Aufforderung nicht erhält, wendet er sich an seine Mutter: «Mama, die ärgert mich schon wieder!»

«Doro, komm, gib Niklas das Teil!»

Sie sieht ihre Mutter von unten nach oben und von oben nach unten abschätzig an, wirft das Teil weg, steht auf, tritt auf das Puzzle und bringt es damit durcheinander.

«Mama!», ruft Niklas in einer Mischung aus Weinerlichkeit und Empörung. «Mama, die ist so gemein!» Dann wirft er sich in die Arme der Mutter, vergräbt sein Gesicht an ihrer Schulter.

Wenn man über die Rivalität zwischen älteren und jüngeren Geschwistern nachdenkt, denkt man zunächst an deren aggressives Erscheinungsbild: Das ältere Kind beherrscht das jüngere, zwingt ihm seinen Willen auf, ist darauf aus – mit welchen Mitteln auch immer –, den gebührenden Abstand zu wahren. Und dabei spielt es keine Rolle, wie groß der zeitliche Abstand ist: Auch ein Dreizehnjähriger kann auf seinen fünfjährigen Bruder ausgesprochen ungehalten oder gemein reagieren, falls der ihm zu nahe kommt, seine Interessen berührt, Kompetenzen in Frage stellt. Eifersucht ist nicht allein rational zu verarbeiten. Sie ist ein Gefühl, das im älteren Kind wirkt – ausgelöst durch Unsicherheit, Ratlosigkeit, ja Hilflosigkeit. Deshalb streitet es, zankt es, verhält es sich wenig sozial und kaum situationsangemessen. Das ältere Kind spürt: Wenn ich normal, nett handele, halten mich alle für vernünftig, übersehen mich alsbald. «Dann sieht mich kein Schwein», wie der neunjährige Martin mir einmal erzählte, «aber wenn ich meinen jüngeren Bruder an den Haaren ziehe, kratze, dann kommt meine Mutter sofort.» Ältere Kinder handeln mithin nach dem Motto: besser eine negative als überhaupt keine Zuwendung.

Erst wenn das ältere Kind fühlt, dass es bei seinen Eltern aufgehoben ist, vermag es Halt zu spüren, kann es seine Abgrenzungs- und Unterdrückungsversuche unterlassen, das jüngere Geschwisterkind akzeptieren, weil es seine Position nicht wirklich in Frage stellt. Es reicht zwar nach oben, aber es kommt an das ältere Kind nicht heran.

Eine weitere Form der Eifersucht übersieht man häufig, verschwindet sie doch nicht selten hinter der grellen Fassade, mit der die aggressiv-störende Variante daherkommt. Nicht jedes Kind geht mit dem jüngeren in einen Machtkampf, versucht es zu unterdrücken. Manch älteres Kind nimmt eine Opferposition ein, lässt sich einiges vom jüngeren Bruder, der jüngeren Schwester gefallen, setzt sich nicht zur Wehr, obgleich es das körperlich oder intellektuell vermag. Die älteren Kinder regredieren, sinken zurück – und erhalten so elterliche Aufmerksamkeit, indem sie sich als «arme Wesen» inszenieren, die das Mitleid von Vater und Mutter erheischen wollen. Sie stellen sich als unmündig, unselbständig dar und appellieren an den Helferreflex der Eltern.

«Aber was soll man denn gegen Eifersucht machen?», fragt Barbara Knauer. «Also, ich kann mich doch nicht noch mehr um den Größeren kümmern. Der bekommt nun wirklich alle

Aufmerksamkeit dieser Welt!» Sie atmet tief aus: «Mehr geht wirklich nicht!»

«Das stimmt», ergänzt Günter Hinzmann. «Also, was wir uns alles beim Ältesten schon haben einfallen lassen. Wo soll das nur enden?» Er sieht mich an. «Das Beste wäre wohl gewesen, wir hätten unseren Mario, den Jüngsten, nicht bekommen!» Er lacht. «Aber der gehört dazu. Und daran muss sich unser Ältester nun mal gewöhnen. Der würde ihn aber am liebsten im Heim abgeben!»

Margret Schröder meldet sich zu Wort: «Gut, ich verstehe, wenn die miteinander kämpfen, aber wenn ich sehe, das wird mir zu grob, darf ich denn dann überhaupt nicht mehr eingreifen?» Sie denkt nach: «Da bin ich doch gefordert, oder?» Sie überlegt: «Tja, das ist eine wirklich schwierige Entscheidung.»

«Das ist wirklich schwierig», greift Maike Scharp in das Gespräch ein: «Unsere Anja ist jetzt fünf. Als Niklas so ein Jahr war», sie überlegt, «da war Anja so dreieinhalb.» Und dann fährt sie mit ernstem Gesicht fort: «Anja hat ihren Bruder ständig geschlagen, war gar nicht mehr lieb. Ich bin ausgerastet, hab sie immer in ihr Zimmer gesteckt, wenn sie bös war, aber das war absoluter Mist. Richtiger Liebesentzug!» Sie sieht mich an. «Anja hat dann angefangen einzukoten, wollte die Windeln wiederhaben. Erinnern Sie sich? Sie haben mir damals Rituale vorgeschlagen. Während mein Mann Niklas genommen hat, bin ich mit Anja rausgegangen. Wir haben regelmäßig einmal in der Woche etwas unternommen. Dann haben wir eine Kuschelphase inszeniert, sodass einer von uns bei Niklas war, der andere sich ungestört um Anja kümmern konnte. Dabei haben wir sie wie ein kleines Kind behandelt, massiert, in einer Babysprache mit ihr geredet. Das hat sie genossen. Schließlich habe ich Anja dazu gebracht, mich zu unterstützen, wenn ich Niklas sauber machte. Da war sie die Große.» Sie lacht. «Und irgendwann hat Anja gesagt, Niklas ist unser kleiner Hosenscheißer, und ich bin die Große, nicht, Mama?»

Diese Familie hat sich überzeugend der Geschwisterrivalität angenommen. Rivalität ist normal und bedeutet zunächst den Versuch der Geschwister, sich den größtmöglichen Kuchenanteil an der elterlichen Zuwendung zu beschaffen.

Die Eltern haben Anja durch ein außerhäusliches Ritual die Gewissheit gegeben, dass sie nicht übersehen wird. Im Kuschelritual haben sie Anjas Wünsche erfüllt, sich als kleines Kind zu fühlen. Gerade die Geburt eines Geschwisterkindes bringt die Älteren dazu zu regredieren, in diesem Fall zum «Hosenscheißer» zu werden, um so Aufmerksamkeit zu erhalten. Schließlich lebt der Säugling das Modell vor, wie man ungeteilte Zuwendung bekommt: Hunger im Bauch und die Windeln voll. Indem Anja sich an der Pflege von Niklas beteiligte, würdigte man sie als «große» Schwester, die *über* dem Bruder steht. Sie braucht die Windeln nicht mehr, sie nimmt sie ihrem Bruder ab und entsorgt sie.

«Gute» Worte bringen die Eifersucht nicht zum Verschwinden. Und ständige Beteuerungen wie «Wir haben dich doch genauso lieb!» oder «Du bist unser Großer, du darfst doch schon viel mehr!» helfen auch nicht weiter. Das ältere Kind fühlt sich in seiner Position bedroht. Es braucht Sicherheiten, und die können in Ritualen aufgehoben sein.

Isabella Stolz, Philips Mutter, bot ihrem Sohn ein gemeinsames Ritual an, während Sebastian zu Mittag schlief. Das Ritual leitete sie mit den Worten «Jetzt sind wir beide allein!» ein. Dann drückte sie ihn fest an sich. Anfänglich hatte Philip sie noch skeptisch angeschaut: «Findest du das wirklich schön?»

«Klar!», antwortete sie.

«Ich auch! Jetzt stört Sebastian nicht!», lachte Philip lauthals.

«Eines Tages», so erinnert sich die Mutter, machte Philip die Probe aufs Exempel. Beide saßen auf dem Sofa, hatten auf dem Tisch ein Spiel ausgepackt.

«Wollen wir Sebastian nicht dabeihaben?», fragte Philip mit unschuldiger Miene seine Mutter, deren Reaktion genau kontrollierend.

«Nein! Der schläft! Und das ist unsere Zeit, Philip!», ließ die Mutter den Testballon an sich vorübergleiten. Philip umarmte seine Mutter spontan.

«Ich war kurz davor», erinnert sie sich, «zu sagen: ‹Gerne!›, weil ich dachte, er wolle seinen Bruder wirklich dabeihaben. Dabei wollte er mich prüfen!» Sie schmunzelt: «Hätte das ein Theater gegeben, wenn ich zugestimmt hätte, Sebastian zu holen. Der hätte mir nicht nur eine Szene gemacht! Das wäre das Fegefeuer gewesen!»

Zudem führte die Familie drei Rituale ein, die nur Philip gehörten, um ihm seine Position als ältestes Geschwisterkind zu zeigen: Einmal in der Woche durfte er allein zu seinen Großeltern und dort übernachten. Dies konnte Sebastian noch nicht. Jeden zweiten Samstag nahm der Vater ihn mit in den Schrebergarten, und Philip legte dort ein eigenes Beet an, das er hegte und pflegte. Der Geschwisterstreit wurde weniger, verschwand aber nicht ganz, wie sollte er auch, musste Philip doch sein Terrain verteidigen. Aber seine heftigen, manchmal sogar hinterhältigen Attacken hörten auf, dies selbst dann, wenn Philip von seinem Bruder mehr als genervt war. Dann nahm Isabella Stolz das mittägliche Ritual zum Anlass, mit ihrem Ältesten über die Sorgen und Nöte zu sprechen, Verständnis für den Jüngeren zu wecken, aber auch Philip direkt anzusprechen, wenn er mal wieder die Grenzen des Zumutbaren bei seinem Bruder überschritten hatte. «So schlimm ist er ja gar nicht», meinte Philip in solchen Momenten. «Aber er kann schon ganz schön nerven!» Dann umarmte er seine Mutter: «Und ich lass ihn ja leben! Versprochen!»

Dann war da noch das dritte Ritual: Philip erhielt als Erster das Essen. Und die Sauereien beim Mittagstisch und beim Abendbrot hörten auf der Stelle auf. Als sich Sebastian, als er knapp vier war, beklagte, er würde nie als Erster das Essen bekommen, antwortete Philip: «Ich bin der Größte!»

«Und wann bin ich groß?», wollte Sebastian vorsichtig wissen.

«Wenn du in die Schule gehst!», antwortete Philip ungerührt.

Sebastian nickte, aber so, als habe er die ganze Dimension des Satzes nicht verstanden: «Wenn ich in die Schule gehe!»

Bei Pia wurde ein anderes Ritual eingeführt. Die Mutter hatte beobachtet, dass die geschwisterlichen Auseinandersetzungen dann besonders stark waren, wenn sie Pia gemeinsam mit Grete vom Kindergarten abholte. «Dann gab's sofort Krach. Wenn Pia ihre Schwester sah, drehte sie schon durch. Und wehe, Grete betrat Pias Gruppenraum, dann konnte sie richtig böse werden.» Pias Vater brachte seine Tochter regelmäßig morgens in den Kindergarten. Ihre Mutter holte Pia jeden zweiten Tag ohne Grete ab, die bei einer Freundin blieb. An diesen Tagen gingen Pia und ihre Mutter nicht sofort nach Hause. Pia durfte bestimmen, wie der Nachhauseweg gestaltet wurde. Mal wollte sie noch auf den Spielplatz, mal einen Umweg machen, mal schnell in ihr Zimmer. Als Pia die Verlässlichkeit des Rituals erkannt hatte, ließen ihre Attacken auf Grete allmählich nach.

Etwas anders stellt sich das Vorgehen bei Niklas und Dorothea dar. Für Niklas wurde in sein «Gutenachtritual» eine Massage eingebaut. Die Mutter streichelte sanft seinen Rücken, und da er dabei wie ein Kätzchen schnurrte, nannten die beiden das «unser Kätzchen-Spiel». Und immer wenn Niklas Zuwendung brauchte, wollte er kurz wie eine Katze gekrault werden. Zudem führten die Eltern Gespräche mit Niklas, wie er sich gegenüber seiner Schwester behaupten könne. Wie er das «Nein»-Sagen lernen könne. Um die ständigen Vergleiche der Kinder untereinander aufzuheben, meldete der Vater Niklas zu einem Schwimmkurs an. «Dorothea hasste nämlich das

Schwimmen. Und Niklas hatte den Wunsch geäußert, mit uns schwimmen zu gehen», so der Vater. Schon kurze Zeit nach Beginn der Rituale agierte Niklas selbstbewusster, hatte er soziale Techniken, seine Schwester in die Schranken zu weisen. «Und», so die Mutter, «er konnte auch mal richtig giftig blitzen, wie eine Katze fauchen, sodass sich Doro zurückzog!»

«Einverstanden», erklärt mir eine Mutter, «wie Sie das so mit den Ritualen erklären. Aber wenn das Geschrei groß ist, das Geheule, das Geplärre ... Wenn ich denke, die bringen sich um. Was soll ich dann machen? Dann kann ich mich doch nicht raushalten. Das bringe ich einfach nicht!»

Andere Eltern nicken spontan, als sie die Schilderung hören: «Es ist so verdammt schwer, sich nur herauszuhalten!» Und tatsächlich ist es nicht einfach, cool zu bleiben, weiter die Zeitung zu lesen, das Gespräch fortzusetzen, wenn Kriegsgeschrei aus dem Kinderzimmer dröhnt, man das Gefühl hat, dort werde jemand massakriert, wenn weinende Kinder angerannt kommen, um Hilfe bitten oder petzen, die anderen hätten schon wieder das Spielzeug weggenommen. Aber von Kindern provozierte Eingriffe der Eltern in die Schlacht im Kinderzimmer gewähren nur einen kurzen, brüchigen Frieden. Denn kaum hat man ihnen den Rücken gekehrt, geht der Kampf unvermindert weiter. Und diejenigen, die Eltern als Koalitionspartner herbeigesehnt haben, werden erst recht Zielscheibe von Aggression.

Kinder lernen voneinander – eben nicht allein Hilfsbereitschaft, Fürsorge, Solidarität und Trost, sie lernen auch, sich auseinander zu setzen, sich voneinander abzugrenzen, zu fluchen, zu hassen – bis in die Pubertät hinein.

Nun brauchen Eltern – egal, wie alt die Kinder sind – nicht jedes lautstarke Schlachtengetümmel über sich ergehen zu lassen oder eine «Ist-mir-doch-egal-Haltung» gegenüber jeglicher Geschwisterrivalität einzunehmen. Man kann Kindern Raufrituale beibringen (Nicht beißen! Nicht spucken! Nicht treten!), ein Codewort für die Unterbrechung oder Beendigung des Kampfes erfinden, damit zeigen, dass Fairness oberstes Gebot bleibt.

Man kann mit Kindern eine Auszeit vereinbaren, wenn der Kampf überhand nimmt, sie Regeln vergessen. Auszeit heißt, jedes Kind für eine Zeit in sein Zimmer zu schicken, um es dort «abdampfen» zu lassen. Räumliche Lösungen helfen, wenn Zusammenstöße besonders verbissen ausfallen und ein eigenständiger Ausweg aus der Auseinandersetzung nicht mehr gefunden wird.

«Wenn's zu laut wird und ich keine Lust hab, einzugreifen, gehe ich ins Badezimmer», erzählt mir eine Mutter. «Dort hab ich mir einen Stuhl hingestellt und Bücher. Ich setz den Walkman auf und hör klassische Musik, meine Lieblingsmusik. Nach einer Symphonie von Haydn herrscht draußen Stille. Manchmal denke ich, die haben sich umgebracht. Aber sie leben noch, sind ein Herz und eine Seele.»

«Aber gibt es nicht doch Anlässe, einzugreifen?», insistiert eine andere Mutter.

«Meinen Sie, sonst ohne Beschäftigung zu sein?», frage ich zurück.

«Das nun nicht gerade, ich meine ja nur.»

In *drei* Situationen sind elterliche Eingriffe allerdings unverzichtbar. Denn manchmal provozieren Kinder geradezu väterliche oder mütterliche Einmischung, um auf Störungen in der Eltern-Kind-Beziehung aufmerksam zu machen:

- Wenn Kinder sich nicht an vereinbarte Raufregeln halten oder abgesprochene Rituale verletzen, dann muss gehandelt werden. Sonst machen Sie sich unglaubwürdig. Die Grenzverletzungen sind daraufhin zu überprüfen, ob ein Kind die Regeln nicht einhalten *kann* (z.B., weil es sich überfordert fühlt) oder *will* (z.B., weil es über Provokation Zuwendung möchte).

- Bei versteckten Aggressionen gegenüber dem Geschwisterkind, die so offenkundig geschehen, dass Eltern diese bemerken müssen. Greift man hier nicht ein und ignoriert verletzende Zugriffe, so weiten diese sich aus. Meist will das Kind durch störende Aktivitäten auf eine frustrierende Lebenssituation aufmerksam machen.
- Ähnliches gilt, wenn der Geschwisterstreit ständig vor Augen und Ohren der Eltern stattfindet, sie mithin Zuschauer und Adressaten der Auseinandersetzung sind. Wer wegschaut, trägt zur Eskalation des Konflikts bei. Meist inszeniert ein älteres Geschwisterkind diesen Streit so, dass Eltern einbezogen werden, der Streit also symbolischen Charakter hat, weil das Kind die Eltern auf fehlende Zuwendung hinweisen möchte.

Damit stellt sich häufig nicht so sehr die Frage, «ob», sondern vielmehr, «wie» denn eingegriffen werden soll. Nicht selten verschärfen nämlich die Interventionen das Problem.

Kommen wir nochmals auf die Auseinandersetzung zwischen Pia und Grete zurück. Pia schubst Grete weg. Diese schreit. Die Mutter stürzt ins Zimmer und spricht zuerst Pia an: «Was hast du gemacht?» Pia bekommt damit als Erste die Zuwendung und lernt: «Wenn ich Grete schubse, ihr wehtue, dann sieht mich Mama wenigstens!»

Wer dem «Täter» die erste Aufmerksamkeit gibt, darf sich nicht wundern, wenn der an seinem Verhalten festhält, verschafft ihm das doch Zuspruch. Denn auch negative Aufmerksamkeit ist Aufmerksamkeit.

Angemessener sind zwei andere Verhaltensweisen:

- Zunächst das «Opfer» kurz in den Arm nehmen, aber kein übertriebenes Mitleid zeigen. Das führt nur dazu, dass jüngere Kinder bei jedem Streit um elterliche Unterstützung nachsuchen und dabei das Quengeln einsetzen. Während man dem «Opfer» sein Mitgefühl ausdrückt, schickt man den «Täter» unmissverständlich aus dem Raum: «Ich möchte, dass du gehst!» Sollte dieser nicht gehen, verlässt man mit dem jüngeren Kind das Zimmer.

- Kommt man in ein unübersichtliches «Schlachtengetümmel», wo man nicht weiß, wer angefangen hat, wer oben oder unten liegt, kann es sinnvoll sein, beide zu trennen, sie in verschiedene Räume zu schicken, um mit ihnen danach, wenn sie sich beruhigt haben, zu reden – freilich nicht darüber, wer angefangen hat, sondern über Strategien, wie man sich angemessener auseinander setzen kann als mit Mitteln, die gegenseitigen Respekt nicht gewährleisten. Oder man bespricht mit dem älteren Kind unter vier Augen, wie dieses künftig die Situation anders als mit körperlichen Kräften lösen kann.

All dies mag man beherzigen – und trotz allem gibt es Phasen, in denen die Rivalität zwischen Geschwistern hochkocht: wenn ein Geschwisterkind auf die Welt kommt und sich damit das familiäre Beziehungssystem wandelt. Dabei taucht Eifersucht nicht während der Schwangerschaft oder unmittelbar nach der Geburt auf. Erlebbar wird die Rivalität erst, wenn das neue Familienmitglied krabbeln oder laufen lernt, mithin in das Gesichtsfeld und den Dunstkreis der älteren Geschwister eintritt.

Geschwisterrivalität erhält dann eine besondere Qualität – wie die Geschichte am Anfang zeigt –, wenn die Kinder in die Pubertät kommen, wenn sie sich – im wahrsten Sinne des Wortes – nicht riechen können.

Im Anschluss an ein Seminar über Geschwisterstreit meinte Rebekka Steidel, ob ich nicht doch zu viel Verständnis für die Aggressionen der älteren Geschwisterkinder habe. Sie höre da schon viel Verständnis heraus. Das würde ihr einleuchten, schließlich experimentiere man am «Größten auch am meisten». Sie schmunzelt: «Das fängt mit der Zeugung an, geht weiter über das Pressen bei der Geburt, das Stillen, die Windeln anlegen, das Füttern, ach, eigentlich bei allem. Das hört nicht beim Kindergarten auf. Wenn das Kind dann in die Schule kommt, willst du alles richtig machen. Und vor der Pubertät fürchtet man sich richtig!» Dann wird sie ernst: «Aber ob's die Kleinen nicht auch schwer haben? Wenn ich so meinen Johann sehe, der mit seinen knapp sechs!» Sie atmet tief aus: «Wo bleibt der mit seinen Gefühlen, seinen Ängsten, seinen Aggressionen.» Sie wirkt nachdenklich: «Dass mir der bloß nicht untergeht, bei seinen großen Brüdern.» Johann hat drei Geschwister: Manuel, achtzehn Jahre, Jan-Peter, sechzehn Jahre, und Bernd, vierzehn Jahre. Sie mache sich da so ihre Gedanken. Und eines Tages, so erzählt sie mir später, sah sie ihre Befürchtungen «fast bestätigt, aber eben nur fast!».

Johann kommt zur Mutter ins Wohnzimmer. Er sieht sie zerknirscht an: «Mami, bin ich immer der Kleinste?», fragt er weinerlich. «Ärgern die mich immer, und darf ich nie das machen, was die schon machen dürfen?»

«Aber Hannes», lenkt die Mutter ab, «komm mal her!» Sie zieht ihn zu sich: «Wir mögen dich doch alle. Du bist doch unser lieber Kleiner.»

«Aber die ärgern mich!» Er schaut unglücklich drein. «Und dann lachen die über mich. Und dann muss ich früher ins Bett. Und dann darf ich nie sehen, was die im Fernsehen sehen. Und dann dürfen die woanders übernachten. Und dann sind sie so gemein!»

«Ach», schmunzelt die Mutter, «du hast es wirklich schwer!»

«Hab ich auch!», erwidert Johannes ganz ernsthaft. «Die behandeln mich wie ein Baby, als ob ich noch in die Windeln mache!»

«Aber, Johannes», die Mutter streichelt ihn liebevoll. «Wir mögen dich, du bist doch unser Sonnenschein ...»

«Euer kleiner Sonnenschein», fiel ihr Johannes ins Wort. Ahmt sie nach: «Der kleine Sonnenschein.»

Dann sieht er sie an: «Mama, bin ich wirklich immer der Kleinste?»

«Unser Jüngster», verbessert die Mutter.

Johannes springt auf, verlässt mit den vor sich hin gemurmelten Worten «Immer der Kleinste!» das Zimmer.

Rebekka Steidel blickt ihm sorgenvoll nach: «Hoffentlich nimmt er keinen Schaden, weil er nur von Großen umgeben ist», denkt sie. «Und der hat es ja auch nicht ganz leicht. Vielleicht ist der Altersabstand doch zu groß!»

Und während sie noch dasitzt, kommt Johannes weise lächelnd zurück, so, als habe er eine eigene Antwort auf die ihn bedrängende Frage gefunden. «Mama», sagt er mit Blick auf seine noch sinnierend dasitzende Mutter, «Mama, ich bin nicht immer der Kleinste.»

«Doch», antwortet die Mutter, will ihn zu sich heranziehen.

«Lass mich!», sagt er ärgerlich. «Nun lass mich doch endlich!» Er schaut seine Mutter ganz ernst an: «Wenn meine Brüder tot sind, dann bin ich der Größte!» Rebekka Steidel schaut verblüfft. Sie ist irritiert, sprachlos.

«Wenn meine Brüder tot sind, dann bin ich der Größte!», wiederholt Johannes ebenso triumphierend wie selbstbewusst. Dann lacht die Mutter mit einem Mal laut los.

«Aber das dauert noch ganz lange, noch ganz lange, mein kleiner Sonnenschein.»

Johannes schüttelt den Kopf mit den Worten: «Ich geh jetzt nach oben und mach die alle», rennt er fröhlich davon.

## «Seit er diese Freunde hat ...» – Die Bedeutung der Gleichaltrigen

«Ich habe drei Freunde», erzählt mir der achtjährige Tim. «Der eine, der ist mein bester Freund ... Aber der hat nicht immer Zeit. Und dann gehe ich zu einem der beiden anderen.»

«Ich finde meine Freunde toll», lacht der siebenjährige Maximilian. «Da sind wir unter uns und machen Quatsch. Und reden nicht immer von der Schule.» Er überlegt: «Meistens treffen wir uns auf dem Spielplatz. Da sind wir unter uns. Da sehen uns die Erwachsenen nicht.»

«Also», berichtet die neunjährige Franziska, «ich hab eine beste Freundin, mit der mache ich alles zusammen. Und mit der kann ich auch über alles reden. Sogar über die blöden Jungen und so ... Neulich wollte mich doch der Jan küssen ... Das war blöd.» Ihrer Mutter könne sie das nicht sagen: «Die fällt doch gleich in Ohnmacht!»

«Ich hab keine beste Freundin», erklärt mir die achtjährige Juliane, «mal habe ich da eine, dann wieder da. Wenn ich zum Reiten gehe, ist Maria da, wenn ich im Ballett bin, finde ich Patrizia und Martina toll.» Sie überlegt: «Und in der Schule sitze ich neben Katharina. Die hole ich morgens von zu Hause ab. Da kann man toll quatschen ... Nach Hause gehe ich mit Theresa. Katharina geht dann nämlich in den Hort ...» Juliane denkt nach: «Theresa ist toll. Aber die hat nachmittags nie Zeit.» Sie lacht: «Na ja, ich doch auch nicht.»

Die Zeit des Übergangs zwischen dem fünften und siebten Lebensjahr stellt sich als eine Phase der Loslösung aus gewachsenen Strukturen und der Hinwendung zu neuen Ufern dar. Was sich schon am Ende des Kindergartens andeutete, setzt sich mit Beginn des Schulalters fort: Das Kind lockert die Abhängigkeit von den Eltern. Es stellt elterliche Autorität in Frage, reibt sich an Vater und Mutter und wendet sich Gleichaltrigen zu.

Kinder werden nun als Bezugspersonen wichtig. Neben das über Vater und Mutter vermittelte Lernen tritt nun das Lernen der Kinder durch Kinder. Und vielen Eltern ist dies durchaus ein Gräuel.

Sie meinen, Kinder geraten unter sonderbare Einflüsse, die dann nicht mehr zu kontrollieren, geschweige denn zu kompensieren sind. Tatsächlich wird die Familienerziehung durch den Einfluss der Gleichaltrigen nicht unbedingt leichter, finden Kinder doch mit einer unnachahmlichen Treffsicherheit die für sie passenden Freunde. Das sind meist diejenigen, die den Eltern nicht passen. Um es so zu formulieren: Wenn Kinder in einer Familie aufwachsen, wo es ausgesprochen höflich zugeht, wo man eine gewisse Sprachästhetik pflegt, dann werden Freunde bedeutsam, die das Kind in die Fäkalsprache einführen: Aus der netten Mama wird die «blöde Kuh» und an die Stelle von «Ja, bitte!» tritt «Alles Scheiße!». Und wenn Kinder in einer Familie groß werden, deren Alltag durch ein pädagogisch inspiriertes Vollwertprogramm geprägt ist, wo selbst beim Essen noch Political Correctness herrscht, den Eltern die Dinkelbrötchen förmlich aus den Augen rollen, dann werden Freunde faszinierend, die Bounty und die Milchschnitte, die Burger King und McDonald's für den Inbegriff der hohen Esskultur halten.

Greifen Freunde erst einmal mit ihren Auffassungen in das elterliche Erziehungsgeschehen ein, dann ist nichts mehr, wie es einmal war. Und genau das ist wichtig, nehmen Gleichaltrige doch einen zentralen Raum in der Erziehung und der Entwicklung von Kindern ein.

Sie ersetzen die Eltern nicht, aber Gleichaltrige haben zwei wichtige Aufgaben:

- Sie relativieren elterliche Macht, ohne ihnen aber tatsächlich das Wasser abzugraben. Eltern bleiben zentrale Bezugspunkte; und deshalb könnten Vater und Mutter mit den Ansichten, die Freunde in den Erziehungsalltag einbringen, souveräner umgehen.
- Soziales Lernen vollzieht sich in gleichaltrigen Gruppen. Hier lernen die Heranwachsenden, sich unter- und einzuordnen. Hier müssen sie sich behaupten und um die Gunst von anderen Kindern buhlen, mit Frustrationen und Ablehnung, mit Trauer und Tränen fertig werden.

So wichtig der Einfluss der Freunde sein mag, die Gruppe ist längst kein Ort von Glückseligkeit, der Gleichberechtigung, basisdemokratischer Harmonie. Bei Gleichaltrigen geht es manchmal grob und gemein zu, deshalb sollte man sich davor hüten, die Gleichaltrigengruppe zu idealisieren. Dort wird nicht ständig geredet oder diskutiert, dort wird gehandelt. Wenn der Fünfjährige gegen den Achtjährigen aufbegehrt, dann wird er in die Schranken gewiesen. Und der Fünfjährige lässt sich das gefallen, weil er weiß, in drei Jahren bin ich acht, und Fünfjährige wachsen immer nach.

Damit ist ein zentrales Moment des Lernens in der Gruppe umschrieben: Kinder lernen, verschiedene Rollen zu übernehmen – mal ordnen sie sich unter, dann begehren sie auf, in der nächsten Situation laufen sie wieder mit. Es ist der Wechsel der Rollen – mal Akzeptanz der Hierarchie, mal Auflehnung, mal der «Bestimmer» sein, mal zum Mitläufer werden –, der die Freundesgruppe so interessant macht.

In diesem Sinne leisten die Freunde einen wichtigen Beitrag zur moralischen Erziehung der Heranwachsenden. Der elterlichen Macht entfleucht, dürfen die jungen Menschen sich zwar frei bewegen, aber dies bedeutet noch lange nicht, zu machen und zu tun, was einem beliebt. Genau wie bei Eltern muss man sich unter Freunden für sein Tun rechtfertigen. Und Anerkennung erwirbt man vor allem über das Verhalten, über Leistung. Mancher Freund kann dabei kritischer sein als die Eltern. Vor allem muss man sich immer aufs Neue darstellen und beweisen. Nur allzu schnell verliert man sein Ansehen bei anderen.

Auch wenn mir eine Idealisierung der Gleichaltrigengruppe fern liegt, sind doch die positiven Aspekte unverkennbar, die die Freundesgruppe für die soziale, moralische und emotionale Reifung der Kinder hat:

- Sie lernen, sich mit verschiedenen Rollen auseinander zu setzen: Mal sind sie Randfiguren, mal stehen sie im Zentrum, mal gehen sie intensivere, dann lockere Beziehungen zu den Gruppenmitgliedern ein. Alles ist im Fluss. Und nebenbei erfahren sie, wie wichtig es ist, Frust auszuhalten, Bedürfnisse auch mal – und sei es Wochen oder Monate – aufzuschieben.

- Sie erwerben die Fähigkeit zur Kooperation, das heißt, mal müssen sie sich durchsetzen, mal über sich bestimmen lassen. Sie lernen, was es heißt, Konkurrenz zu ertragen – und auszuhalten, dass andere etwas besser, schneller oder geschickter sein können.
- In der Freundesgruppe lernt man neue Spiele, neue Spielformen kennen. Hier überwinden viele ihren Hang zu Einzelspielen und wenden sich verstärkt Gruppenspielen zu.

Doch ist Gruppe nicht gleich Gruppe, Freundschaft nicht gleich Freundschaft. Zwei Tendenzen lassen sich zwischen dem sechsten und zwölften Lebensjahr festhalten:

- In dieser Zeit gibt es den «besten» Freund, die «beste» Freundin, mit denen man durch dick und dünn geht, auf die man bedingungslos setzt und dem bzw. der man deshalb vieles anvertraut. Zudem gibt es viele lose und häufig wechselnde Freundschaften. Eine echte Gruppenbindung entsteht meist um das achte Lebensjahr. Dabei konzentrieren sich viele Kinder auf eine Gruppe, die allerdings eingebettet ist in ein lockeres Netzwerk von anderen Kindern. Eine Gruppe von Gleichaltrigen kann durchaus hierarchisch aufgebaut sein. Man ordnet sich einem führenden Kopf unter, der sich durch herausragende Fähigkeiten, durch sein Können an die Spitze einer Gruppe gesetzt hat. Manches Kind, das sich in dieser Zeit nicht mehr den Eltern unterordnen will, sich mit mütterlicher und väterlicher Autorität auseinander setzt, ordnet sich widerspruchslos in eine Gruppe ein, ja dem Führer der Gruppe unter.
- Es bilden sich um das sechste, siebte Lebensjahr geschlechtshomogene Gruppen heraus. Jungen lehnen die

Mädchen, Mädchen die Jungen vehement ab. Gemischt-geschlechtliche Freundschaften gibt es kaum, sie stellen eher die Ausnahme dar. Das schließt nicht aus, dass in der unmittelbaren Umgebung eines Kindes sehr wohl locker verwobene Netzwerke existieren, in der Jungen und Mädchen miteinander konstruktiv kooperieren. Dies geschieht häufig projektbezogen. Die Abgrenzung vom anderen Geschlecht dient der Ausbildung einer Jungen- bzw. Mädchen-Identität. Erst wenn diese abgeschlossen ist, gehen die Geschlechter wieder aufeinander zu, sind sie bereit, Freundschaften einzugehen. Zuvor sind diese zwischen Jungen und Mädchen aber der Gegenstand von Witzen. Über solche Bindungen spottet man, und es bedarf eines gehörigen Selbstbewusstseins, diese Freundschaften aufrechtzuerhalten und im Alltag umzusetzen.

Die echten Freundschaftsgruppen – von Erwachsenen manchmal auch mit irritierendem Unterton «Banden» genannt – zeichnen sich durch einige Eigenschaften aus:

- In einer echten Gruppe herrscht eine eigene Kultur vor, die sich in gemeinsamen Ritualen niederschlägt. Das können Geheimsprachen ebenso wie gemeinsame Interessen oder Vorlieben sein. Dadurch unterscheidet man sich von Gruppen bzw. Banden, die anderen Interessen nachgehen.
- Freundschaften unter Kindern machen die Ablösung von den Eltern erträglich. Man grenzt sich von ihnen ab und findet im «besten» Freund, in der «besten» Freundin neue Bezugspersonen, die einem Halt geben. Und in der gemeinsamen Solidarität gegenüber der Welt der Erwachsenen entsteht ein einigendes Band. Je unverständlicher die Erwachsenen auf die Symbole der Kinder – sei es die Sprache, seien es die Rituale – reagieren, umso mehr fühlen sich die Freunde und Freundinnen auf dem richtigen Weg. Sie wollen auch gar nicht verstanden werden. Man will unter

sich bleiben. Erwachsene stören da nur. Man will spielen, blödeln, Witze machen, Tricks ausprobieren, mal eine Gegenwelt konstruieren, in der alles möglich ist. Man will träumen, abtauchen, die Realität, die Schule, die Hausaufgaben, die Zwänge überwinden.

«Und wenn du dann nach Hause kommst», erzählt mir die neunjährige Katja, «und du von deiner Mutter hörst, du hast schon wieder vergessen, die Geschirrspülmaschine einzuräumen, dann ist das so, als ob dir einer was mit dem Holzhammer vor den Kopf gibt.»

«Neulich», berichtet die zehnjährige Maria genervt, «haben Katja und ich unser Haus geplant, wie das später aussehen soll, so richtig geträumt haben wir ... Und das Erste, was meine Mutter mich fragte: ‹Hast du deine Hausaufgaben gemacht?›» Sie atmet aus: «Absolut uncool!» Sie ahmt ihre Mutter nach: «Hast du die Hausaufgaben gemacht?»

Viele Eltern reagieren irritiert und gereizt, wenn sie erfahren, dass die Kinder gleichaltrige Bezugspersonen haben, mit denen sie Geheimnisse austauschen. Doch dies hat nichts damit zu tun, dass Kinder ihren Eltern nicht mehr vertrauen. Eltern bleiben die zentralen Bezugspunkte, aber ihre Meinung, ihre Macht wird durch Freunde relativiert. Kinder erfahren: Man muss nicht alles mit den Eltern besprechen, man kann es auch mit Gleichaltrigen tun. Und sie fühlen, dass diese oft mehr Verständnis haben, besser zuhören können und nicht sofort auf alles eine passende Antwort haben.

Eltern sollten gelassen auf die Freunde und Freundinnen reagieren. Sortiert man die Freunde seiner Kinder allerdings vor, unterbindet man gar Freundschaften, dann greift man nachhaltig in den Prozess des sozialen, des moralischen Lernens ein und behindert die Ausbildung einer autonomen Persönlichkeit.

«Aber Sie», entgegnet mir ein Vater auf einem Seminar, als ich die Leistungen von Kinderfreundschaften darstelle, «sehen das meiner Meinung nach zu positiv. Kinder können doch auch sehr gemein untereinander sein.»

Eine andere Mutter nickt bestätigend: «Die Anja, meine Siebenjährige, kommt mindestens einmal die Woche nach Hause, heulend, schluchzend, will mit niemandem mehr etwas zu tun haben, nur weil ihre beiden Freundinnen sie ausgeschlossen haben.» Sie sieht mich ernst an: «Bei den dreien, da sehe ich nichts Förderliches. Das ist eine Terrorgemeinschaft, da flennt eine immer ... Für eine geht immer gerade die Welt unter.» Sie stockt: «Das sind richtige Zicken, kann ich Ihnen sagen!»

«Bei Jungen kann's aber auch brutal zugehen», greift eine weitere Mutter ins Gespräch ein. «Mein Walter, der ist jetzt acht, was der sich manchmal gefallen lassen muss.» Sie schüttelt den Kopf: «Dann kommt er traurig nach Hause, will da nicht mehr hin. Und am nächsten Nachmittag steht er bei denen wieder auf der Matte.» Nach einer kleinen Pause fügt sie hinzu: «Also, ich versteh das nicht!»

Bei ihr sei das umgekehrt, fährt eine Mutter fort. Ihr Peter, acht Jahre, sei in der Klasse ein Außenseiter. «Die hänseln ihn, reißen Witze, sind wirklich fies. Der bemüht sich, Anschluss zu finden. Aber er habe keine Chance, nur weil er etwas dicker ist und schnell schwitzt. Dann fallen Sätze wie: ‹Du stinkst! Hau ab!› Solche Sätze tun mir dann auch weh, weil ich sehe, wie der Junge leidet.»

Nochmals: Freundschaften, Kindergruppen sind kein Synonym für vollendete Harmonie. Sie sind auch Orte, an denen manche Gemeinheit ausgetauscht und erlebt wird, manche Träne vergossen wird und mancher Frust auszuhalten ist.

Gruppen und Banden sind dann kontraproduktiv, wenn

- sie andere Kinder dauerhaft ausgrenzen und diese keine Chance haben, sich einer Gruppe anzuschließen;
- sie, um den Zusammenhalt einer Gruppe zu gewährleisten, Prügelknaben brauchen; wenn Banden ihr Tun gegen Sün-

denböcke richten, gegen sie in Wort und Tat zu Felde ziehen, sind das keine echten Gruppen;

- sie andere Kinder nötigen oder erpressen – egal, ob dies verbal oder unter materiellen Gesichtspunkten (Stichwort: Abzocken) geschieht.

Sollten Gruppen ihre Handlungen gezielt gegen andere Kinder richten, dann gilt es einzuschreiten, dann ist es wichtig, das Opfer zu stärken, ihm Wege zu weisen, wie es sich behaupten kann. Abstrakte Formulierungen wie «Wehr dich!» oder «Schlag zurück!» helfen wenig.

Es sind zwei Merkmale, die Kinder manchmal zu Außenseitern werden lassen:

- Zunächst sind es körperliche Merkmale. Kleine, vor allem aber übergewichtige Kinder, die eher zögerlich daherkommen, die keine Ausstrahlung haben, werden schnell zur Zielscheibe. Selbstbewusstsein vermittelt sich über Körperbewusstsein. Fühlen Kinder sich nicht wohl in ihrer Haut, spüren andere Kinder das. Haben Kinder keinen Standpunkt – und dies meine ich körperbezogen –, werden sie schneller umgehauen, oder es haut sie schneller um.
- Kinder werden aber von Gleichaltrigen auch abgelehnt, weil sie zu selbstbezogen, herrschsüchtig und unsozial sind.

«Kann ich etwas dafür tun», fragt eine Mutter, «dass mein Kind nicht zum Außenseiter wird, dass es Freunde findet?» Und eine andere will wissen, welche Eigenschaften es denn gibt, die ein Kind beliebt werden lassen.

Zweifellos haben ein umsorgender Erziehungsstil, ein freundliches Erziehungsklima in der Familie förderliche Auswirkungen auf die Beziehungs- und Freundschaftsfähigkeit von Kindern. Doch wohlgemerkt: Kinder sind ausgesprochen unterschiedlich. Während der siebenjährige Tobias ständig neue Freunde hat, sie häufig wechselt, sodass die Eltern schon den Überblick verlieren, hat die gleichaltrige Antonia nur eine beste Freundin; während der neunjährige Markus vier Freunde hat, die sich jeden Tag an einem festgelegten Ort treffen, sitzt die zehnjährige Maike allein in ihrem Zimmer, liest, malt, denkt nach und führt ein Tagebuch. Jedes Kind braucht eine ganz individuelle Anzahl von Freunden: Das introvertierte Kind kommt mit wenigen Freunden aus, ja, es ist sich manchmal selbst genug, das extrovertierte Kind benötigt eine Fußballmannschaft, um sich wohl zu fühlen.

Und es ist auch normal, wenn sich Kinder in Übergangsphasen – und das ist nun mal die Phase zwischen fünf und acht – zurückziehen, sich auf sich selbst besinnen, für sich allein sein wollen. Wer in dieser Phase ständig dafür sorgt, dass sein Kind den Kontakt zu Freunden aufnimmt, darf sich nicht wundern, dass sich das Kind immer mehr einkapselt. Und vergessen darf man auch nicht: Der Status eines Kindes in der Gruppe, sein Einfluss auf andere Kinder sagt noch nichts über die Beliebtheit aus.

Das Ansehen eines Kindes wird vielmehr durch seinen Umgang mit anderen, seine Offenheit, seine Flexibilität und seine Bereitschaft für Neues geprägt. Überzogener Egozentrismus, Herrschsucht lassen keine überdauernde Freundschaftsbeziehung entstehen. Sie bringen nur Enttäuschungen mit sich, weil sie Freude am Zusammensein, gemeinsame Erlebnisse, Ehrlichkeit, Empathie und das Gefühl der Verbundenheit – Merkmale echter Freundschaft – nicht aufkommen lassen.

Als ich diese Gedanken einer Gruppe von Eltern vortrug, regte sich Widerstand. Viele Eltern sehen Freunde und den Kontakt zu ihnen in der Pubertät mit Skepsis und Unbehagen. Manche sehen in ihnen eher unbequeme, lästige Gegenspieler als gefährliche Verführer.

«Ich hatte ein gutes Verhältnis zu meiner Tochter. Aber seit sie ihre beiden Freundinnen hat, ist sie weniger offen. Sie zieht sich mit ihnen zurück!»

«Mein Sohn hat einen problematischen Freund, der ist älter, den bewundert er maßlos. Jetzt habe ich Angst, dass er auf die schiefe Bahn kommt.»

«Seit mein Sohn die Freunde hat, ist nichts mehr wie früher. Er ist frecher, führt viele Widerreden, schaut sich Videos an, die absolut nichts für ihn sind. Ich meine, er raucht auch, weil seine Sachen nach Rauch stinken.»

«Es tut mir schon weh, wenn ich sehe, wie sich meine Tochter mir verweigert. Sie kommt zwar noch gerne. Aber das wirkliche Leben spielt sich für sie jetzt woanders ab.»

Die Hinwendung zu Gleichaltrigen und die Distanzierung von den Eltern gehen Hand in Hand. Die Aufnahme von Freundschaften ist eine wichtige Station auf dem Weg in die Eigenständigkeit und primär nicht gegen die Eltern gerichtet. Im Gegenteil: Nur auf einem sicheren emotionalen Fundament ist eine vorbehaltlose Hinwendung zu Freunden möglich, die von den Eltern als Konkurrenten angesehen, für Reibereien im Alltagsleben verantwortlich gemacht werden. Und zweifellos kann eine Clique Streit innerhalb einer Familie auslösen oder verstärken.

Doch steht hinter den zunehmenden Konflikten ein viel zentraleres Motiv: Pubertierende wollen sich von ihren Eltern kulturell, sozial und normativ abgrenzen. Bestimmte Themen werden, sobald Freunde auftreten, aus der Eltern-Kind-Kommunikation ausgeklammert.

Wenn die Offenheit sinkt, stellt dies kein Misstrauensvotum gegenüber den Eltern dar. Heranwachsende betrachten sich als eigenständige Personen, die sich ihre Kommunikationspartner nach ihren Kompetenzen aussuchen. So bereden sie Dinge des Alltags, des Konsums, der Medien, der Freizeit und Freundschaftsangelegenheiten häufig mit Gleichaltrigen, denn (nicht zu Unrecht) haben sie bei den Eltern doch das Gefühl, sie würden bei diesen Themen kontrollierend eingreifen.

Demgegenüber stehen Eltern bei Zukunftsangelegenheiten,

bei Diskussionen über Beruf und bei ethisch-moralischen Fragen hoch im Kurs. Deshalb ist Gelassenheit angesagt, wenn es um Freundschaften geht, aber Gelassenheit darf nicht mit gleichgültigem Gewährenlassen verwechselt werden. Wer aber mit Antipathie auf die Freunde von Tochter oder Sohn reagiert, darf sich nicht wundern, wenn das Band der Freundschaft nicht nur intensiver wird, sondern zugleich die Bedeutung der Freunde wächst, die die Eltern als «schlimm» empfinden. Konflikte sind dann vorprogrammiert.

Machen Sie deshalb keine Stimmung gegen die Freunde und Freundinnen Ihres Kindes, aber äußern Sie Ihre Sorgen und Ängste! Vertreten Sie Ihre Meinung! Doch vertrauen Sie auch auf das emotionale Band, das Sie mit Ihren Kindern vereint.

Freundschaften sind für die Entwicklung nur dann problematisch, wenn sie Emanzipation und Eigenständigkeit verhindern, d.h. in neue Abhängigkeiten führen. Dies betrifft insbesondere Heranwachsende, die in überbehütetem oder Laisser-faire-Stil groß wurden. Überbehütete Kinder geraten nicht selten aus einer Abhängigkeit in die nächste. Gefühlsmäßig verwahrlosten Kindern kann die Clique zum Familienersatz werden.

## «Da lernt man nicht fürs Leben, da lernt man zuhauen!» – Die Schule, die Aggression und die Gewalt

### «Das ist die Ausnahme!»

Überschrift in einer Tageszeitung: «Zehnjähriger gewürgt!»

Die kleine Überschrift: «Du wirst krepieren!»

«Brutale Gewalt an einer Schule! Nach dem Unterricht wurde ein zehnjähriger Junge von einem wesentlich älteren Mitschüler bis zur Besinnungslosigkeit mit einer Kette gewürgt.

Die Eltern haben Strafanzeige gestellt. Es geschah nach dem Unterrichtsende, als der Zehnjährige zum Fahrradständer ging, um sein Rad für den Heimweg zu holen. Mehrere deutlich Ältere lauerten ihm auf, versperrten ihm den Weg, und ein dreizehnjähriger Junge griff ihn dann von hinten an. Er hatte keine Mühe, den deutlich Schwächeren umzuwerfen. Auf dem Boden liegend wurde der Junge mit Tritten und Schlägen in den Unterleib traktiert. Höhepunkt der Gewalt: Der dreizehn Jahre alte Schüler legte ihm eine Kette um den Hals und zog sie zusammen. Der so Gequälte konnte gerade noch hervorbringen, dass man ihn doch in Ruhe lassen solle, da er ohnehin Beschwerden am Kehlkopf habe. Kommentar des Peinigers: «Prima, dann wirst du krepieren!» Gegenüber der Zeitung zeigte sich der Schulleiter sehr bestürzt über den Vorfall, verwies aber gleichzeitig darauf, dass das nicht beispielhaft für seine Schule sei. «Sicher, es kommt zu Rangeleien und Auseinandersetzungen unter den Schülern, aber Gewalt an unserer Schule, das ist eine Ausnahme.»

### Michaela und Daniela – «Terroristen»

Michaela, dreizehn Jahre, und die gleichaltrige Daniela sind an ihrer Hauptschule gefürchtet. Sie setzen ihre Mitschüler und -schülerinnen unter Druck – mal körperlich, mal sprachlich. Als Jonas nicht tut, was er Michaela versprochen hat, bricht sie ihm mit einem kurzen Schlag das Nasenbein. Das hat Michaela von ihrem neunzehnjährigen Bruder gelernt. Selber hatte sie erfahren: Als sie einmal ihrem Vater widersprach, holte der kurz und heftig aus und versetzte seiner Tochter, «nur weil der Arsch besoffen war», wie sich Michaela erinnert, einen Schlag.

«Aber», so Daniela, «das lernt man auch im Fernsehen. Also Karatefilme, die mögen Michaela und ich. Und nur ansehen ist nicht gut. Das muss man auch ausprobieren!»

Jonas ist ein bevorzugtes Opfer der beiden Mädchen. «Der

lässt sich alles gefallen. Der macht sogar die Hausaufgaben für uns. Wenn nicht», so Michaela grinsend, «dann setzt es was, oder wir drohen ihm.» Als Jonas mal wieder nicht pariert, schickt Daniela drei ältere Jungen bei Jonas' Vater vorbei, die ihm das Auto zerkratzen.

Ein anderes Opfer ist Isabel. Ihr wird ständig das Pausenfrühstück weggenommen. Oder man fordert Geld von ihr, damit sich die beiden Mädchen davon etwas Eigenes kaufen können. Daniela und Michaela haben Isabel in der Hand. Im Landschulheim war nachts Michaelas Bruder aufgetaucht. Sie zwangen Isabel, mit ihm zu knutschen. Dabei fotografierte man Isabel und erpresste sie: «Wenn du etwas sagst, zeigen wir die Bilder deinen Eltern. Keiner wird dir dann glauben, und wir werden sagen, dass du Geld dafür genommen hast.»

Angst war der Grund, warum Jonas und Isabel nicht zu ihren Eltern oder den Lehrern gegangen sind und sich offenbarten. Andere Mitschüler ahnten oder wussten von den Vorgängen, aber sie schwiegen, weil sie Angst davor hatten, die nächsten Opfer der Mädchen zu werden.

Auch die Lehrer bemerkten nichts, deuteten offenkundige Signale falsch oder gaben sich nachsichtig, hatte es doch Michaela nun wahrlich nicht leicht. Die Mutter war in unregelmäßigen Abständen auf Alkoholentzug, der Vater arbeitsmäßig ständig auf Achse, die Großeltern mit der Erziehung komplett überfordert.

Als Daniela und Michaela anfingen, Julia zu nötigen, diese sich aber weigerte, den Erpressungen und Nötigungen nachzukommen, und man sie deshalb krankenhausreif prügelte, änderte sich die Lage. Julia vertraute sich einem Beratungslehrer der Schule an, der auf der Stelle handelte. Daniela und Michaela wurden sofort der Schule verwiesen.

### Frederik – testet aus

Ich bin vor den Sommerferien im Rahmen meiner Praxisberatungen in eine vierte Grundschulklasse gekommen, in der ich schon häufig hospitiert hatte, weil es zu «Störungen», wie eine Lehrerin berichtete, gekommen war.

Als ich die Schule betrete, kommt mir Frederik auf dem Flur entgegen, strahlt und sagt: «Heute haben wir es geschafft.»

«Nein, nächste Woche bekommt ihr Zeugnisse!»

«Wieso?» Er schaut mich irritiert an: «Nee, heute!»

«Ich verstehe dich nicht!», antworte ich.

«Heute ist sie heulend rausgerannt», meint er strahlend. Er grinst: «Aber das war harte Arbeit. Vier Jahre, stellen Sie sich das vor!»

«Wieso?»

«Na, die hat sich doch fast alles gefallen lassen. Die war so richtig nett.»

«Und was war heute?», bin ich neugierig.

«Heute bin ich aufgestanden. In der dritten Stunde. Ich hab mich in die Ecke des Klassenraumes gestellt und dort hingepinkelt.» Er grinst: «Da war sie fix und fertig. Ehrlich! So fix und fertig war sie, so habe ich sie noch nie gesehen!»

«Da gibt es nichts zu grinsen. Das ist eine absolute Sauerei, was du da gemacht hast!» Ich sehe ihn ungehalten an.

«Ist es auch! Ehrlich! Aber wie hätten wir die sonst zum Explodieren bringen können?», meint er. «Das musste einfach sein, glauben Sie mir!» Er macht eine kurze Pause: «Jetzt weiß ich, sie ist auch nur ein Mensch und keine Maschine. Gott sei Dank!»

### Jannik, Pit, Hannes und Roman – und die Sachbeschädigungen

Die Jungen sind zwischen vierzehn und sechzehn Jahre alt und sind durch sprachliche Aggressionen und Sachbeschädigungen in der Schule aufgefallen.

«Scheiße», erzählt Roman etwas zerknirscht, «aber wenn du so auf der Toilette stehst, die ist dunkel und die stinkt nach Pisse, du bist gefrustet über irgendetwas, dann juckt es dich in den Fingern, du hältst den Strahl nach links und nach rechts, pisst einfach mal daneben. Tja, oder du stopfst Klopapier ins Waschbecken, lässt das voll laufen.» Er zuckt mit den Achseln: «Gibt 'ne schöne Sauerei.»

«Und wie», lacht Pit. «Nur nicht mit Ökopapier. Das weicht sofort auf. Aber dieses harte Papier, das dir den Arsch zerkratzt. Sauerei, dieses Papier! Alles nur wegen der Sparmaßnahmen!» Er grinst: «Wofür soll man das sonst verwenden, eh?» Pit überlegt: «Und wenn du dann aus der Schule nach Hause gehst, kommst du an so 'nem Papierkorb vorbei, du kickst dagegen und der fällt gleich auseinander.» Er runzelt die Stirn: «Keine deutsche Wertarbeit mehr, geht alles den Bach runter.»

«Dann kommt es zum Wettbewerb: Wer schafft es mit einem Stoß. Wer mit zwei Stößen?», meint Jannik. «Und schon liegen vier, fünf Papierkörbe auf dem Gehweg. Oder nachts die Laternen: Kurzer kräftiger Stoß unten, und schon gehen die Lichter aus und du stehst im Dunkeln. Und keiner sieht dich. Das ist volle Action!»

Ihm mache es mehr Spaß, andere zu ärgern, schmunzelt der etwas kleinwüchsige Hannes: «Diese brutale Gewalt gegen Sachen, die kann ich nicht ab. Was kann der Papierkorb dafür, dass du da stehst und voll geladen bist.» Er mache es lieber mit Worten. Andere ein bisschen zu ärgern, so kleine Stiche, bis die hochgehen. Zicken ärgern, das wäre zurzeit angesagt. «Und die kann man schnell ärgern. Brauchst nur ein bisschen beleidigend sein, und schon gehen die hoch wie eine Rakete.» Patrizia wäre zurzeit seine «Zielscheibe. Die hat große Titten, absolut große Titten. Wenn ich die sehe, rufe ich: ‹Da kommen die Glocken von Notre-Dame!› Dann rastet sie völlig aus! Völlig, kann ich Ihnen sagen!»

### Annika – klagt ständig

Annika ist dreizehn, geht seit einiger Zeit nur ungern zur Schule. Sie klagt morgens über Kopfschmerzen, über Probleme mit dem Magen. Bei einer ärztlichen Untersuchung findet man nichts heraus. Organisch scheint Annika völlig gesund zu sein.

Gleichwohl sieht man ihr an, dass sie sich nicht wohl fühlt. Ein graues Gesicht, das durch eine zu grelle Schminke zugedeckt ist, ein schleppender Gang wie bei einer alten Frau, nach vorn gebeugte Schultern, ein flackernder, unsicherer Blick, eine leise, kaum zu verstehende Stimme. Schon seit Wochen hat Annika den Sportunterricht nicht mehr besucht. Sie zieht sich immer mehr zurück, lässt auch ihre Eltern nicht mehr an sich heran. Nur zu einer Freundin besteht noch Kontakt. Sie igelt sich regelrecht in ihrem Zimmer ein.

Und dies, obwohl ihre schulischen Leistungen über dem Durchschnitt liegen, sie von ihren Lehrern geschätzt wird. «Aber», so beobachtet die Klassenlehrerin, «sie ist mit ihren Gedanken ständig woanders. Ich habe selten einen Blick gesehen, der so ins Leere starrt. Als ob sie in der Ferne etwas sieht.»

Nun besucht Annika schon seit Wochen nicht mehr die Schule: Sie klagt über Schwindelanfälle, Bauchkrämpfe, hat Einschlafprobleme, die dazu führen, dass sie morgens völlig unausgeschlafen ist und «komplett neben sich steht!».

Nach einigen Beratungsgesprächen wird deutlich, warum Annika zunächst die körperlichen Symptome zeigte und in der Folge die Schule nicht mehr besuchte.

«Meine Eltern», so erzählt Annika im Laufe der Beratung, «wollen sich trennen. Mein Vater hat eine Freundin. Meine Mutter rennt dauernd heulend durch die Wohnung: ‹Bleib du wenigstens bei mir! Versprichst du's mir?›» Sie sieht mich mit großen Augen an: «Ich kann sie doch nicht alleine lassen, oder?»

**«Das sind doch Selbstmordattentäter!»**

Ausschnitte aus einem Gespräch mit zwölf- bis vierzehnjährigen Schülern und Schülerinnen über das Schulklima und das Verhältnis von Lehrern und Schülern.

«Im Allgemeinen kommen wir mit den Lehrern klar», meint Yvonne, «die sind völlig in Ordnung. Man kann mit denen reden, diskutieren.»

«Bei den meisten», sagt Paul, «weißt du, woran du bist. Gut, es gibt immer ein paar Schleimer, aber das hat man schnell raus. Die erkennst du schnell, die vorne so rum und hinten so rum reden. Da muss man dann schon vorsichtig sein. Zu den Schleimern kriegst du auch keinen Draht, weil die so scheißfreundlich sind, dass du bald selbst in deren Scheiße sitzt.»

«Für mich ist das Schlimmste», ereifert sich Anne, «dass die Lehrer sich untereinander nicht mögen: Die können sich doch nicht riechen, weil sie sich spinnnefeind sind. Und von uns wollen sie dann, dass wir nett und freundlich miteinander umgehen. Dabei würden die sich doch selber manchmal glatt an die Gurgel gehen! Die machen sich gegenseitig fertig! Das sind doch die reinsten Selbstmordattentäter mit ihrem Sprengstoff aus Worten und Blicken!»

«Nur ist der Sprengstoff noch nicht hochgegangen», grinst Jonathan. «Also, es gibt unter den Lehrern doch arme Schweine: die Kunst unterrichten, Musik, Religion, Sport. Deutsch vielleicht auch noch. Die kriegen doch ständig die Stunden am späten Vormittag, am Nachmittag oder nur dann, wenn wir abgeschlafft sind. Wenn's brennt, Zoff gibt in der Klasse, in der Schule, dann sind sie mit dem Notfallkoffer da, aber die Lehrer, die alles verursachen, sind fein raus, denken ans Golfspiel oder an ihre Geliebte. Unser Mathelehrer, typisch, kein Verständnis für uns, nur Formeln im Kopf, macht seit Jahren den gleichen Unterricht mit den gleichen Folien und hat noch nicht mal die Rechtschreibfehler von vor 10 Jahren berichtigt. Der hat von Kindern keine Ahnung, aber auch wirklich keine

Ahnung! Wenn wir uns bei ihm beklagen, meint der nur, wir hätten doch nachher Musik und sein Kollege hätte doch bestimmt meditative Musik und ein Ohr für uns …» Er atmet tief aus: «Also, unser Biolehrer! An der Uni haben sie ihm seine Stelle gestrichen, nun wird er auf Kinder losgelassen. Der zieht seinen Unterricht einfach durch. Wenn wir Fragen haben, verweist er uns süffisant aufs Internet, weil wir doch alle computersüchtig seien. Für das Seelische, da wäre doch der Religionslehrer zuständig, er wäre für die Fakten des Lebens da. Nach dem Unterricht steigt er in seinen Jaguar, fährt golfen, weil er es mit uns Idioten nicht aushalten könne, hat er mal gesagt! Und wenn's bei uns 'ne Fortbildung für Lehrer gibt, ist er krank oder bei seinen 18 Löchern. Bei solchen Typen krieg ich 'ne Krise: große Klappe, nichts dahinter.»

«Der sollte», lächelt Theo sarkastisch, «lieber an die Ostsee, dort den Strand glatt harken, dann würde der weniger Schaden anrichten!»

Gewalt und Aggressionen an Schulen haben – wie auch im übrigen Alltag – viele Gesichter. Die lauten und die leisen, die grellen wie die blassen, die ins Auge fallenden wie die übersehenen, die unerhörten wie die überhörten. Dabei gilt: Es ist nicht die Zeit zu dramatisieren – ganz nach dem Motto: «Gewalt an und in Schulen nimmt unerträgliche Formen an!» Spektakuläre Einzelfälle sollten den Blick auf jene schulische Normalität, in der Lehrer, Schüler und Eltern versuchen, ein soziales Miteinander zu leben, nicht verstellen. Doch es ist zugleich nicht der Moment, zerstörerische Gewalt mit dem Satz herunterzuspielen, wonach es diese schon immer gegeben hat.

Wer offenkundige und destruktive Brutalität leugnet, sie verkennt, übersieht oder wer nachgiebig ist, der begünstigt zerstörerische Aggressionen seitens der Schüler und Schülerinnen. Leugnen und Wegschauen ist eine wichtige Rahmenbedingung dafür, warum an einigen Schulen destruktive Aggressionen auftreten. Ich beobachte das immer, wenn eine Schule im wahrsten Sinne des Wortes «brennt» und mir dann gesagt wird, das alles käme aus «heiterem Himmel». Aus «heiterem Himmel» kommen Aggressionen nicht, man hat die Gewitterwolken am Horizont übersehen. Aggressionen haben in der Regel eine Karriere, eine lange Vorlaufphase hinter sich.

Wer Gewalt und Brutalität ignoriert, schafft Raum, damit sie sich dort ungehemmt entfalten können. Nicht um ein «Es war schon immer so» geht es mithin, sondern darum, jene Qualitäten zu erkennen, die anders sind, als sich Gewalt und Brutalität noch vor 30 oder 50 Jahren dargestellt haben.

- Unverkennbar ist, dass die gewaltbereite Minderheit größer geworden ist. Lag sie vor drei Jahrzehnten noch bei 2 % aller Jugendlichen, so sind es – nach neuen Berechnungen – nun etwa 7 %. War die zerstörerische Gewalt einst Jungengewalt, so machen nun schon zwölf- bis vierzehnjährige Mädchen durch verbale Aggressivität und Brutalität gegen Sachen auf sich aufmerksam.
- Zudem ist die Gewalt vielfältiger, komplexer geworden: Sie reicht von sprachlichen Aggressionen (Spotten, Beschimpfen, Auslachen, erniedrigende Ausdrücke etc.) über Vandalismus (auf dem Schulhof und Schulweg, den Klassenräumen und der Turnhalle, am Unterrichtsmaterial etc.), von Attacken auf Mitschüler über Gewalt gegen Lehrer, von Schulunlust, Schulverweigerung über Schulschwänzen, von Mobbing und Bullying über ein schlechtes schulisches Klima bis hin zur «Null-Bock-Stimmung».
  Hinzu tritt allerdings ein weiterer Faktor: Da wird schnell, besser: vorschnell, alles in einen Topf geworfen und ein wüster, undifferenzierter, geschmackloser Gewaltbrei gekocht. Da wird aus dem harmlosen Necken, wie es für die Beziehung unter Kindern üblich ist, schnell «Mobbing», da wird aus dem Rangeln und Raufen, aus dem natürlichen, körperbetonten Kräftemessen kurzschlüssig eine brutale

Schlägerei. Nur wenn man die Kirche im Dorf lässt, nicht mit modernistischen Überhöhungen um sich schmeißt, wird man den Besorgnis erregenden, weil problematischen Trends gerecht, mit der die Gewalt an und in der Schule daherkommt.

Ich möchte das an zwei Situationen aufzeigen: der Schulverweigerung und dem Mobbing.

Bei der Schulverweigerung lässt sich zeigen: Manches wird mit der Schule in Zusammenhang gebracht, ohne dass sie der Auslöser ist. Und bezüglich des Mobbings wird klar, wie vielschichtig ein Problem angegangen werden muss, um es zu lösen, will man pädagogische Kurzschlüsse vermeiden.

### Schulverweigerung

Torben, dreizehn Jahre, stromert seit einiger Zeit mit seinem gleichaltrigen Freund Arne während der Schulzeit durch die Straßen. Wenn sie gefragt werden, ob sie denn nicht Unterricht hätten, antworten sie: «Wir haben Projektunterricht und müssen eine Aufgabe lösen!» In der Schule haben sich beide abgemeldet: Arzttermine! Erst nach einigen Wochen fliegt alles auf, als ein Lehrer sich bei Torbens Eltern nach seiner Krankheit erkundigt.

Ulrike, fünfzehn Jahre, lebt in einer gespannten Familienatmosphäre. Ihre Eltern wollen sich trennen, zerren momentan an der Tochter, um sie jeweils für sich zu gewinnen:

«Es hat sowieso alles keinen Sinn mehr», meint sie. «Die sind nicht wirklich an mir interessiert. Da will nur jeder gewinnen. Ich bin ihnen völlig gleichgültig. Was soll ich da noch in der Schule? Es ist sowieso alles sinnlos.»

«Die wollen nur einen guten Schüler aus mir machen!» So Björn, sechzehn Jahre. «Die stecken mir vorn und hinten alles rein. Nachhilfe und so. Alles. Aber ich lass sie auflaufen. Gehe nur unregelmäßig zur Schule. Schreib mir die Entschuldigung selber. Neulich sind sie mal dahinter gekommen, meine Eltern. Da gab's Druck. Aber mein Vater hielt es nur eine Woche aus. Meine Mutter wurde noch schneller weich. Ich spiele mit denen.»

Die Motive für das Schuleschwänzen sind vielfältig, und manche Handlungsweisen passen in kein Muster. Vier Grundaspekte lassen sich allerdings unterscheiden:

- Das «Schwänzen» als bewusste Grenzverletzung, um auszutesten, wie weit man gehen kann. Dieses Handlungsmuster findet sich häufig in der ersten Phase der Pubertät (etwa bis zum dreizehnten Lebensjahr) und geht nicht selten mit anderen schulbezogenen Auffälligkeiten wie Vandalismus, undisziplinierten Verhaltensweisen oder aggressiven Handlungen einher. Überreaktionen bei diesem Verhalten helfen ebenso wenig wie Verharmlosung.
- Häufig hat die Schulverweigerung mit häuslichen Problemen zu tun, oder anders formuliert: Die Regelüberschreitung stellt einen unbewussten Hilferuf dar, mit der auf eine problematische Lebenssituation aufmerksam gemacht werden soll. Dieser Schulverweigerung liegt eine krisenhafte emotionale Grundsituation zugrunde. Findet der Pubertierende dann kein Gehör, können sich die störenden Verhaltensweisen ausweiten.
- Wenn sich Heranwachsende emotional vernachlässigt und Kälte in der Beziehung zu ihren Eltern fühlen, wenn sie spüren, dass sich ihre Bezugspersonen von ihnen zurückziehen, dann kann es sein, dass sie durch das Schuleschwänzen auf ihre gefühlsmäßig bedrohliche Situation aufmerksam machen.
- Hinter der Schulverweigerung kann auch Versagensangst stecken. Viele Pubertierende spüren, dass sie den Erwartungen ihrer Eltern nicht entsprechen. Lösen sie diese nicht ein, erfahren sie häufig negative elterliche Sanktionen.

Das Schuleschwänzen verdeutlicht zudem einen Aspekt, der bei der Diskussion über Gewalt an Schulen übersehen wird: Die Zahl der Schüler und Schülerinnen, die mit nach innen gerichteten Aggressionen, die mit Kopfschmerzen, mit Magenproblemen, die mit Schwindelanfällen, mit Herzklopfen und Nervosität die Schule besuchen, übersteigt jene Schüler und Schülerinnen bei weitem, die Zielscheibe verbaler und körperlicher Gewalt werden – von jenen, die Gewalt ausüben, ganz zu schweigen.

Damit ich hier nicht missverstanden werde: Es ist nicht immer die Schule, die den Druck aufbaut und die Schüler und Schülerinnen leiden lässt. Nach innen gerichtete Aggressionen sind meistens Hilfeschreie, die nicht durch ein Mehr an Erziehung, durch Nachhilfe-Programme zu beheben sind, sondern nur durch eine intensive Eltern-Kind-Beziehung, in der sich die Heranwachsenden aufgehoben fühlen.

## Mobbing

Ich benutze das Wort «Mobbing», obgleich es korrekter wäre, von Bullying (von bully = Opfer) zu sprechen. Da sich aber Mobbing umgangssprachlich durchgesetzt hat, bleibe ich hier bei dieser Bezeichnung.

Mobbing ist Bestandteil eines aggressiven Verhaltens, das darauf ausgerichtet ist, jemand anderen gezielt zu schädigen. Beim Mobbing spielt – das zeigen Michaela und Daniela – der soziale Zusammenhang eine ganz zentrale Rolle. Mobbing findet meist in einer stabilen Gruppe statt, die sich durch ungleiche Machtverhältnisse auszeichnet.

Der Täter oder die Täterin verfügen über physische Kräfte oder verbale Fähigkeiten, die sie in eine «Chef»- oder Bestimmer-Rolle bringen. Das Opfer kann sich dem Druck oder der Schädigung nicht entziehen, es öffnet sich nur spät anderen, um die Übergriffe mitzuteilen. Von Mobbing redet man, wenn die Verhaltensmuster über einen längeren Zeitraum stattfinden, sich in immer neuen quälenden Varianten wiederholen.

Um Mobbing zu unterbinden bzw. präventiv zu verhindern, sind Maßnahmen auf vier Ebenen vonnöten:

- Mobbing wird unterstützt (nicht erzeugt!) durch ein unfreundliches, unsoziales Schulklima. Mobbing findet oft in wenig einsehbaren Räumen, Gängen, Fluren und Ecken statt, wo Aufsicht fehlt oder keine Verhaltensregeln festgemacht sind.
- Soziale und kommunikative Fähigkeiten der Schüler und Schülerinnen vermögen Mobbing nicht zu verhindern, aber sie vermögen es zu begrenzen und schlussendlich abzubauen. Je offener das Miteinander, umso weniger gibt es Heimlichkeiten, die eine Voraussetzung für das Mobbing sind. Anders ausgedrückt: Je mehr Geheimnisse in den zwischenmenschlichen Beziehungen an einer Schule existieren, umso eher können sich Gemeinheiten, Lügen, Machtmissbrauch, Erpressung, Nötigung und fehlender Respekt breit machen.
- Mit den Tätern sind Einzelgespräche zu führen, ist auf Wiedergutmachung zu drängen. Die Einbeziehung der Eltern ist dabei unumgänglich – häufig leider auch unmöglich. Die Täter sind mit den Folgen ihres Tuns zu konfrontieren, um Schuldbewusstsein aufzubauen, ein moralisches Gewissen zu entwickeln. Übrigens: Michaela und Daniela kamen in eine Förderklasse. Nach anfänglichem Zögern gingen sie gerne dorthin, hatten eine verhaltenstherapeutische Begleitung. Zwei Jahre nach ihrer Tat machten sie einen Hauptschulabschluss und haben sich zu selbstbewussten jungen Frauen entwickelt, die in der Zwischenzeit nicht mehr verstehen, was sie gemacht haben. Wichtig war allerdings, dass sie sich aus der gewaltbereiten Clique, in der sie eine Zeit lang lebten, entfernten.

- Beim Mobbing, wie bei anderen aggressiven Handlungen, vergisst man häufig die Opfer. Während man sich um die Täter kümmert, übersieht man die Geschädigten. Gerade beim Mobbing kommt es darauf an, dass das Opfer Selbstsicherheit und Selbstbewusstsein entwickelt. Dabei sind nicht nur sprachliche Kompetenzen gefragt, um dem Übergriff zu begegnen. Genauso wichtig ist es, dass sich das Selbstbewusstsein auch körperlich ausdrückt, das Kind bzw. der Jugendliche ein Recht auf körperliche Unversehrtheit ausstrahlt – nach dem Motto: «Fass mich nicht an!» Hilfe zur Selbsthilfe ist notwendiger denn je, um den Opfern das Gefühl zu vermitteln, sich eigenständig gegen Übergriffe behaupten zu können.

### Mythen über Ursachen

Will man Gewalt an Schulen erklären, besteht die Tendenz zur Vereinfachung: Die einen führen das auf ein unhistorisches «Es war immer so» zurück, die anderen auf fehlende Erziehung im Elternhaus, die dritten sind dabei, ein vielschichtiges Thema in vereinfachte Ursache-Wirkung-Modelle zu pressen:

- So führt schulische Überforderung nicht automatisch zur Gewalt in Schulen und gegen Sachen. Die Frage muss gestellt werden, warum sich z. B. bei einigen Heranwachsenden die Aggressionen nach innen richten, bei anderen kognitive Versagensgefühle durch außerschulische Leistungen (z. B. im Sport oder in der Freizeit) kompensiert werden.
- Auch die Größe der Schule oder der Klasse weist nicht notwendigerweise einen kausalen Zusammenhang zur zerstörerischen Gewalt auf. Auch eine schülerorientierte Gestaltung der Pausenhalle oder der Schulhöfe bieten letztlich keinen Schutz vor Zerstörungswut. Dann gibt es wieder Schulen, die haben nur wenig Schüler und Schülerinnen, weisen aber ein hohes Maß an Brutalität und Gewalt auf. Und es gibt Schulen, wo alle Indikatoren zutreffen, die eine Bereitschaft

zum Vandalismus (Zahl der Schüler, enge Flure, unsinnliche Schulhöfe) nahe legen, die sich aber durch ein kooperatives Schulklima positiv auszeichnen. Vor Vereinfachung und Mythenbildung sei ausdrücklich gewarnt, weil sie eine virtuelle Realität entstehen lassen, weil sie Bilder konstruieren, die mit der Wirklichkeit nicht übereinstimmen.

- Dies gilt auch für einen anderen schnell hergestellten Kurzschluss, wonach schlechte Noten Frust aufbauen, der in der Folge in Gewalttaten in der Schule oder im Unterricht, gegen Mitschüler oder Lehrer umschlägt. Man muss sich doch fragen: Warum lernt *ein* Kind in der Folge von ungenügenden Schulleistungen mit einem Mal intensiver? Warum versinkt *ein anderes* Kind in tiefe Resignation? Warum reagiert *ein drittes* mit Gleichgültigkeit? Und warum baut *ein viertes* ein trotziges «Jetzt erst recht!» auf?

Diese Kritik an vereinfachten Erklärungen meint aber nicht, so zu tun, als wisse man noch nichts über Rahmenbedingungen, die für die physische und psychische Gewalt an und in Schulen verantwortlich sind. Wer so argumentiert, der steckt den Kopf in den Sand. Freilich: Populistische Erklärungen gehen in die Irre, weil es nicht *die eine* Ursache für zerstörerisches Handeln gibt. Man kann vier Risikofaktoren, die Gewalt begünstigen, fördern und verstärken, benennen:

- Da sind zunächst problematische Familienverhältnisse: Ein autokratisch-restriktiver Erziehungsstil oder eine Laisserfaire-Haltung der Eltern, eine Erziehung, die von Kindern und Jugendlichen als Gleichgültigkeit empfunden wird. (Ich habe dazu im Abschnitt «Gewalt in der Erziehung» Detaillierteres geschrieben.) Erziehung hat mit Beziehung zu tun. Wenn sich Eltern aus der Erziehung zurückziehen, ziehen sie sich aus der Beziehung zurück. Dann fühlen sich Heranwachsende ohne Bindung und reagieren – mit Destruktion oder Regression, mit Aufmüpfigkeit oder stillem Rückzug.

Diese Anmerkungen darf man nun nicht so verstehen, als ob die Schule keine Gewalt kompensierenden Möglichkeiten habe. Die Schule hat Chancen, nur muss sie sie erkennen und dann auch nutzen.

- Gleichaltrige spielen eine herausragende Rolle, wenn es um die subjektive Bedeutung von zerstörerischer Gewalt innerhalb und außerhalb der Schule geht. (Ausführlichere Anmerkungen stehen im Abschnitt «Seit er diese Freunde hat ...!».) Das Beziehungsgeflecht, in dem Heranwachsende aufwachsen, kann zerstörerische Impulse verstärken – aber eben auch relativieren. Wer den Kontakt zu gewaltbereiten Jugendlichen meidet, der ist wenig anfällig dafür, Gewaltaktionen bzw. -handlungen auszuführen. Die Lebensgeschichten von Michaela und Daniela zeigen das.
- Einen weiteren Faktor stellt der Medienkonsum dar, wie ich ihn noch beschreiben werde. Gewaltverherrlichung und Menschenverachtung, die in Horror- und Pornofilmen vorgeführt werden, haben bei Jugendlichen, die über wenig Selbstbewusstsein verfügen, die körperliche Gewalt als das Mittel zur Konfliktlösung im Alltag kennen gelernt haben, eine ganz spezifische Bedeutung. Sie verstärken vorhandene destruktiv-aggressive Persönlichkeitsanteile. Die Erniedrigung, die diese Heranwachsenden in ihrer Biographie erlebt haben, die fehlende Achtung, die man ihnen entgegengebracht hat, korrespondiert mit der, die man in Filmen gesehen hat, und verleiht ihr eine besondere Bedeutung.
- Da ist schließlich noch die soziale und kulturelle Atmosphäre an einer Schule. Je größer das Machtgefälle zwischen Lehrern und Schülern, je unsensibler, je kälter, je schroffer das Lehrer-Schüler-Verhältnis sich darstellt, umso mehr ist das schulische Betriebsklima gestört, je mehr ist es von Ausgrenzung, Bevormundung, Restriktivität und Konkurrenz gekennzeichnet.

Diese vier Rahmenbedingungen zeigen, dass es sich bei Aggression und Gewalt in der Schule um ein Gemenge aus selbst produzierter wie in die Institution hineinverlagerter Aggression und Gewalt handelt. Dabei darf aber nicht vergessen werden: Die Anzahl der Jugendlichen, die mit psychosomatischen Beschwerden den Unterricht besuchen, ist viermal so groß wie die Anzahl jener Jugendlichen, die sich offen aggressiv gezeigt haben. Gerade jene Heranwachsenden mit «leisen» Aggressionen – Schlafstörungen, Magenbeschwerden, Kopfschmerzen oder Schweißausbrüchen – werden nicht nur häufig übersehen, sie reagieren besonders stark auf das Sozialklima in einer Schule. Je größer die Konkurrenz, je stärker die Vereinzelung, je stärker der Handlungsdruck, je gleichgültiger die Lehrer-Schüler-Beziehungen, umso mehr bilden sich bei ihnen innengeleitete Formen der Aggression heraus. Positiv formuliert: Stimmt das Verhältnis von Lehrern und Schülern, fühlen sich Lehrer wie Schüler an der Institution aufgehoben, wird die Schule getragen von einer partnerschaftlichen Grundhaltung, dann sind drei Faktoren zu benennen, die Gewalt an der Schule begrenzen und eindämmen können.

### Prävention, Intervention und Nachbereitung

Auch wenn die Ursachen für Gewalt an der Schule vielschichtig sind und Faktoren von außen (Familie, Medien) mit hineinspielen, so kann die Institution selbst eine Menge zur Verbesserung des Betriebsklimas und der interpersonellen Beziehungen tun.

Da ist zunächst die strukturelle Ebene. Durch organisatorische Maßnahmen (wie z. B. Gestaltung der räumlichen Umgebung, das Erarbeiten von Verhaltensregeln, personale Präsenz in unbeobachteten Räumen, Schulprojekte, Projektwochen) lässt sich der schulische Bildungs- und Erziehungsauftrag konkretisieren und zugleich die Eigenverantwortung, das Einfühlungsvermögen aller Beteiligten stärken.

Unabdingbar ist die Stärkung der pädagogischen Kompetenz der Lehrkräfte. Zum einen ist es notwendig, den Lehrkräften Hintergründe über das aggressive Verhalten von Heranwachsenden zu geben, um so den Lehrern und Lehrerinnen zu mehr Handlungssicherheit im Umgang mit Kindern und Jugendlichen zu verhelfen. Mit dem Konstanzer Trainingsmodell liegt ein vielfach erprobtes und ausgezeichnetes Programm vor, das Lehrkräften das Bedingungsgefüge für Gewalt aufzeigt, aber zugleich Schritte anbietet, wie soziale und moralische Normen und Werte überzeugend und nachhaltig im Unterricht und im Schulleben vermittelt werden können.

Andererseits geht es um die Schaffung eines sozialen und kommunikativen Miteinanders im Kollegium. Was man aus der Familientherapie längst weiß, dass sich machtorientierte, ungleiche Strukturen auf der Elternebene im Verhalten der Kinder spiegeln, sollte Eingang in die Beratung von Lehrern und Lehrerinnen finden. Ich habe in meiner Arbeit so manches Mal erlebt: Die gestörten zwischenmenschlichen Beziehungen auf der Schüler-Schüler-Ebene stellen ein Abbild des Machtgefälles auf der Lehrer-Lehrer-Ebene dar. Das Kollegium ist Vorbild. Nimmt es diese Aufgabe nicht an, darf man sich nicht wundern, wenn es zwischen den Schülern zu keinem Miteinander kommt, wenn Konkurrenz und Missgunst dominieren. Solange es an vielen Schulen – vor allem an weiterführenden – noch die wichtigen und weniger wichtigen, gar unwichtigen Fächer und eine sich daraus ableitende subjektive Einschätzung des einzelnen Lehrers gibt, solange Missgunst und Neid, aber auch «Wer bekommt den besten Stundenplan?», «Wer hat die beste Klasse?» vorherrschen, werden präventive Maßnahmen unter den Schülern kaum nachhaltige Erfolge zeigen.

«Erziehung ist Vorbild und Liebe», hat Pestalozzi einst formuliert – und damit auf den bedeutsamen Faktor der Selbsterziehung hingewiesen.

Gerade hier hapert es: Die Kluft zwischen jenen Lehrern, die bereit sind, Erziehung als Begleitung der Heranwachsenden ins Leben zu begreifen, die Verständnis für sich, für die Kinder und Jugendlichen entwickeln, eine Erzieherpersönlichkeit darstellen wollen, und denjenigen, die Erziehung als Zurichtung verstehen oder den Erziehungsauftrag der Schule gar leugnen, die die Schüler als Trichter begreifen, denen so viel Stoff wie möglich einzutrichtern ist – unabhängig vom Entwicklungsstand des Kindes oder Jugendlichen, die nur sich und ihr Fach sehen, weil ihnen der Kollege egal ist, diese Kluft zwischen beziehungsfreundlichen und egozentrischen Kollegen und Kolleginnen wächst. Und gerade jene, für die ein Sozialtraining notwendiger denn je wäre, verweigern sich schulinternen Lehrerfortbildungen, erweisen sich über Jahre hinweg als fortbildungsresistent.

Die dritte Ebene stellt gewaltpräventive Maßnahmen mit Schülern und Schülerinnen dar. Hierzu zählen vor allem strukturelle und organisatorische Maßnahmen, die den Rahmen für ein soziales Schulklima abstecken. Neben der Vorbeugung ist aber die intervenierende Begleitung in Krisensituationen (z. B. Streitschlichtung, Aggressionsspiele, um Impulse zu kontrollieren, Konsequenz und Wiedergutmachung bei Regelverstößen) ebenso notwendig wie die Nachbereitung bei konkreten Vorfällen (z. B. Täter-Opfer Ausgleich). Das Projekt «FAUSTLOS» gibt diesbezüglich hervorragende Anregungen und ist eines der wenigen Projekte in der Gewaltprävention, das über Jahre erprobt ist. Für all jene, die in Kindergarten und Schule tätig sind, sei die Beschäftigung mit «FAUSTLOS» wärmstens empfohlen.

Der zentrale Ansatz von Prävention, Intervention und Nachbereitung muss sein, die Schüler und Schülerinnen bei der Lösung der Konflikte zu beteiligen, um durch das eigene Tun soziale Fähigkeiten zu stärken. Wer an den Ressourcen der Schüler und Schülerinnen ansetzt, der nimmt sie nicht nur ernst, der trägt dazu bei, dass Heranwachsende damit Verantwortung übernehmen und ihren Teil zur Verbesserung der Schulkultur beitragen. Hier liegt der Ansatz des Projekts *«Konflikt-Kultur»*, das an vielen Schulen mit großem Erfolg umgesetzt worden ist.

Vergleicht man alle Vorhaben – und es gibt in der Zwischenzeit eine ganze Reihe von präventiven und intervenierenden Vorschlägen, um Gewalt an Schulen vorzubeugen, dann schälen sich zwei Grundgedanken, die ich später noch erläutern möchte, heraus:

- Es geht durch die Förderung sozialer Kompetenzen, z.B. Konfliktfähigkeit, um eine Verbesserung des Schulklimas. Die Aggressionen von Kindern und Jugendlichen werden nicht ausgegrenzt, sie werden als Teil ihrer Entwicklung begriffen. Heranwachsende werden dazu gebracht, zerstörerische Impulse zu begrenzen und nach Konfliktlösungen zu suchen, die gegenseitige Achtung und gegenseitigen Respekt zulassen.
- Es soll in den Projekten Mitgefühl geweckt und Einfühlungsvermögen gestärkt werden. Im Zentrum steht die Kultivierung von Aggression: deren schöpferischen Anteil zu erhalten, die destruktiven Anteile beherrschen zu lernen.

## «Das müsste doch verboten werden!» – Gewalt in den Medien

### Ein Blick zurück in die Gegenwart

Durch das Lesen, schrieb der bekannte Schulreformer Johann Heinrich Campe 1789, gehe der Einfluss reiner sittlicher Grundsätze verloren. Und Campe überlegte, «ob man einem großen Teil von Menschen noch anraten soll, lesen zu lernen». Bücher wurden als «literarische Bordelle», die Buchproduktion als «Sintflut» charakterisiert. Während sich Campes Aufmerksamkeit auf die Buchproduktion trivialer Werke konzentrierte, legte man das Augenmerk im 19. und beginnenden 20. Jahrhundert zunächst auf die Schundliteratur, dann auf den Film, die für gesellschaftliche Fehlentwicklungen und die kriminelle Gefährdung von Heranwachsenden verantwortlich gemacht wurden. Der Soziologe Ernst Schulze erklärte zu Beginn des 20. Jahrhunderts: «Es liegt ja auf der Hand, dass die Schundliteratur schon infolge der Wahl ihrer Worte Wirkungen der schlimmsten Art ausüben muss. Schildert sie doch niemals etwas anderes als Verbrechen aller Art – je blutiger und roher, desto besser, daneben Hinrichtungen und andere Dinge, die den Blutdurst des Lesers und seine Sinnlichkeit anstacheln sollen.» Dass solche Mutmaßungen nicht Spekulationen sind, bewies der Autor «schlüssig» durch folgende Begebenheit: «Der 15-jährige Kochlehrling Wilhelm Rütting in Berlin erschoss seinen Koch, auf den er seinen Zorn geworfen hatte, die beständige Lektüre der Verbrecher- und Detektivhefte und ähnlicher Erzeugnisse der schlechten Literatur hatten seine Phantasie so mit Vorstellung erfüllt, dass er zum Revolver greifen musste, dass er es schließlich tat.» Und Jahrzehnte später sind es Fernsehen, Video und Computerspiele, die als kleinster gemeinsamer Nenner herhalten müssen, wenn es darum geht, brutale Gewalt an und von Jugendlichen, Vandalismus im Alltag, menschenverachtende Ausschreitungen zu erklären. Da heißt es in einer Boulevardzeitung: «In M. hatte die 26-jährige Z. ihren Liebhaber ermordet, dann zerstückelt, gekocht, gebraten und in 41 Dosen tiefgefroren. In ihrer Wohnung fand die Polizei 150 Videokassetten, darunter die schlimmsten Kannibalenfilme.» Seit mehr als 200 Jahren fällt auf: In vielen öffentlichen Diskussionen überwiegen grob vereinfachende Sichtweisen. Man sucht nicht nach vielfältigen Rahmenbedingungen, um gefährliche Auswüchse zerstörerischer und brutaler Gewalt zu ergründen, man sucht nach Sündenböcken. Und die sind fix zur Hand: *die* Gesellschaft, *die* Politik, *die* Medien usw. usw. Jeder und jede schlägt – so scheint es – auf den Sündenbock ein, der am besten passt.

Es geht mir bei diesem kurzen historischen Rückgriff nicht um ein «Es war halt immer schon so» oder gar um eine Verharmlosung der Einflüsse von Massenmedien, sondern darum, die Faszination von Gewalt in den Medien, die manche Kinder und Jugendliche regelrecht in den Bann schlägt, genauer zu deuten und zu bestimmen. Um nicht missverstanden zu werden: Mich schaudert, wenn ich die manchmal grässlichen wie gewaltverherrlichenden Medienangebote betrachte. Doch zugleich bin ich besorgt über die populistischen Töne, mit denen man darüber diskutiert. Wenn man aus den abgezählten Fernsehleichen eine Zunahme zerstörerischer Gewalt im Alltag ableitet, dann ist das nicht allein kurzschlüssig, sondern vor allem verharmlosend. Aber leichtfertig ist zugleich, jeglichen Einfluss von medial dargestellter Gewalt zu leugnen, denn Gewalt in den Medien macht eben nicht friedlich. Es gibt keine einflusslosen Bilderwelten. Und borniert ist es darüber hinaus, wenn ständig behauptet wird, über die Einflüsse medialer Gewalt wisse man nichts Genaues. Meiner Forderung nach einer genauen Betrachtung darüber, wie sich Gewalt in den Medien auswirkt und was daran fasziniert, geht es nicht darum zu bagatellisieren. Es kommt vielmehr darauf an, jene sozialen wie individuellen Bedingungen von Heranwachsenden zu benennen, unter denen sich Gewaltdarstellungen problematisch auswirken dürften. Und dann wird schnell deutlich: Gewalt in den Medien und die Darstellung des Bösen stellt keine Ursache für zerstörerische Gewalt oder den Einzug des Bösen in das Alltagsleben dar – aber Gewalt in den Medien kann problematische Lebenseinstellungen durchaus verstärken. Um die Bedeutung und den Einfluss der Gewaltsymbolik in den Medien zu verstehen, muss man sich auf die Heranwachsenden einlassen, stellt die Faszination des Bösen und die Flucht in die Gewalt der Bilderwelten doch nicht selten den Versuch von Jugendlichen dar, Aufmerksamkeit zu erlangen oder um Hilfe zu rufen.

## Bruno – «Beim Spielen mit dem Computer, da kann man was vergessen oder phantasieren.»

Bruno ist 17, Malerlehrling und regelmäßiger Besucher einer Spielhalle mit Spielautomaten. Bruno ist allein: «Ich bestell 'n Bier und geh dann an meinen Apparat, fast immer an den gleichen. Einige Leute kenne ich schon vom Sehen, weiß, an welchen Apparat die gehen, aber gesprochen, geredet haben wir noch nicht, höchstens darüber, dass es mal überhaupt nicht läuft.» Er erklärt mir «sein» Spiel: «Ich hab hier vier Kanonen und hier vier Bomben. Die müssen für das ganze Spiel reichen. Du musst also sparsam damit umgehen, sonst hast du gleich verloren. Wenn's da mal gefährlich wird, schieß ich oder lass 'ne Bombe fallen. Alles, was dann vorher auf dem Bildschirm war (…), pass auf, jetzt gleich (…).» Er drückt ab. «Jetzt ist es dann weg. Siehst du? (…) Was einen aufhält, musst du eben wegmachen.» Es ist nicht einfach, sich mit ihm während seines «Kampfes» gegen die Invasoren aus dem Weltraum zu unterhalten. «Wenn ich rede, verliere ich. Ich muss aufpassen.» Er ist konzentriert, angespannt, beißt die Zähne aufeinander. Sein Blick ist starr auf den Bildschirm gerichtet, sein rechter Fuß zuckt nervös, nonverbale Reaktionen überwiegen. In seine Feuerstöße legt er mehr Kraft, als die elektronischen Knöpfe es erfordern, ein Kopfschütteln selbst dann, als er ein Freispiel gewonnen hat. «Das war knapp. Heute läuft's nicht.» Bruno kommt nicht jeden Tag in die Spielhalle, «aber doch regelmäßig. Und wenn ich dann zehn, zwölf Euro eingesetzt habe, gehe ich.» Über Computerspiele hat er sich nicht informiert, «die sind mir zu teuer, wenn ich sie zu Hause habe.» Außerdem will er gar nicht zu Hause spielen. «Ich bin froh, wenn ich weg bin (...). Die Eltern glotzen doch nur rund um die Uhr.» Brunos Vater ist Frührentner («Der kommt mit der Technik sowieso nicht mehr klar!»). Seine Mutter arbeitet als Verkäuferin. («Die ist abends so kaputt, die will sich nur noch berieseln lassen.») «Ich glotz auch fern, aber nicht zu Hause, nur bei meinem Freund. (...) am liebsten bin ich aber in der Disco oder in der Kneipe, da ist was los.» Bruno besucht auch das Kino («Horror- und Actionfilme») oder liest Comics: «Ich mach das, um mich abzulenken. Ich will, dass was los ist. Beim Spielen mit dem Computer, da kann man was vergessen oder phantasieren. Die Musik, die lauten Töne, die Bilder, alles um dich herum. Das ist geil. Ich weiß auch, du kannst den Alltag nicht wegschicken, mit solchen Spielen nicht, sonst machst du dir selber was vor. Aber das Kribbeln, wenn ich spiele. Wenn ich drin bin im Spiel, vergess ich alles, die tausend Geräusche vom Gerät, der Disco-Sound, das Gemurmel. Du bist wie eingehüllt, fast wie schwebend. Wenn ich dann manchmal rausgeh, merk ich, wie ich das behalten will.»

### Arthur – «Ich bin ganz kurz vorm Untergehen. Die Blasen steigen schon auf.»

Arthur, 17 Jahre, Berufsschüler, lebt auf dem Lande, gilt als Schrecken des Dorfes. Freitags und samstags fährt er mit seinem Moped in die nächste Stadt, holt sich Videos, «meist so Rambo-Dinger oder so, da wo einer kämpft, ganz alleine ist, der wo sich beweisen muss. Den zieh ich mir rein, mal zwei-, dreimal hintereinander.» In einem anderen Gespräch erzählt er mir: «Von diesen Dingern, von diesen Filmen eben, kann ich voll was lernen, mehr als in der Schule. Da geht's zur Sache. Entweder du überlebst oder gehst unter. Ist doch ganz einfach!» Er macht eine kurze Pause: «Ich bin ganz kurz vorm Untergehen. Die Blasen steigen schon auf.» Arthur haut mit der Faust auf den Tisch: «Aber bevor ich abgeh, mach ich noch was auf. Die sollen merken, was sie für 'n Scheiß gebaut haben.» «Wer sind ‹sie›?», frage ich. «Alle!», schreit er laut: «Alle!» Arthur ist für seine Gefühlsausbrüche gefürchtet. «Mal», so erzählt seine Mutter, «schläft er nach diesen brutalen Filmen gleich ein, wie ein Baby liegt er dann da. Aber dann», sie zögert, «wenn ich sein Moped hör, wie er nach solchen Filmen wegfährt, dann weiß ich, jetzt gibt's Ärger. Ich kann ihn wieder bei der Polizei oder bei der Feuerwehr abholen.» Immer wenn Arthur getrunken hat, wird er Rambo, «so als ob er bei mir steht und sagt: ‹Komm, komm, Arthur, du musst kämpfen›». Arthur fährt dann außerhalb des Dorfes, klettert auf einen Starkstrommast, hat seinen «Bluster» mitgebracht und spielt Kassetten, meist Songs von Peter Maffay. Bekommt er keine Aufmerksamkeit, kann es passieren, dass er wieder herunterklettert. Kommen Dorfbewohner, fängt er an, diese zu beschimpfen, zu beleidigen, verbunden mit der Drohung, hinunterzuspringen. Erst wenn sein Lehrer, der auch Leiter der örtlichen Feuerwehr ist, kommt, entspinnt sich ein Gespräch, ist Arthur bereit, herabzusteigen. Das Ritual wiederholt sich in regelmäßigen Abständen. Arthur stellt sich als Außenseiter dar, «und das ist gut so. Nur als Außenseiter bist du wer. Da nehmen sie dich endlich ernst.»

### Mirko – «Ich gehe immer bis an die Grenze.»

Bevor Mirko Autos knackt, sieht er sich Western mit John Wayne oder alte amerikanische Krimis an. «Die beruhigen mich, sind wie 'ne Droge. Tja», überlegt er, «in den Filmen geht es immer gut aus.» Manchmal heult Mirko am Ende. «Wie ein kleiner Hund, so richtig fertig bin ich davon. Und dann denk ich, wer heult um mich, wenn ich tot bin?» Er sieht mich fragend an: «Ehrlich, wer weint um mich?»

«Wer?»

«Ich weiß es nicht. Ich möchte auch mal im Film sein, wenigstens einmal.»

Mirko ist 14 Jahre und bei der Polizei als «Autokid und Crashspezialist» bekannt.

«Ich knacke Autos, damit ich lebe.» Wie er das meine, will ich wissen. Er wolle was spüren, was ganz Starkes spüren. «Nicht das Knacken ist wichtig, aber der Rausch beim Fahren. Ich gehe immer bis an die Grenze, die absolute Grenze, und manchmal, wenn so 'n Brückenpfeiler kommt, möcht ich draufhalten, aber ich tu's nicht.» Er wird leise. «Noch nicht.» Seine Eltern kümmern sich nicht um ihn, sagt er: Der Vater fahre zur See («Der kommt jedes Jahr einmal!»), die Mutter beschäftigt sich mit der kleinen Schwester. «Ich laufe nebenher. Ob ich nun lebe oder nicht (...). Was macht das schon.» Und an einer anderen Stelle des Interviews sagt er: «Wenn ich so rase und dann kommen die Lieder von Bruce Springsteen, die dreh ich laut. Dann denke ich, ich bin im Film. Absolut wahnsinnig, absolut ist das. Und dann denk ich, jetzt gibt's doch noch ein Happy End.»

Meine Gespräche über den Umgang mit Gewaltsymbolik lassen eine Schlussfolgerung zu: Wer die Relevanz medial dargestellter Gewalt genauer bestimmen will, muss auf das eingehen, was der Jugendliche in den Prozess der Aneignung mit einbringt. Dazu zählen entwicklungsbedingte Wahrnehmungsbesonderheiten ebenso wie sozialpsychologische Aspekte, dazu gehören individuelle Befindlichkeiten ebenso wie der Rückhalt in sozialen Netzwerken, darunter fallen die Verschiedenheiten familiärer Erziehungsstile ebenso wie das Verhaftetsein in spezifischen (z. B. jugend-)kulturellen Zusammenhängen.

Wenn ich die Interviews Revue passieren lasse, dann wird mir die Oberflächlichkeit und Abstraktheit klar, mit der an kausalen Wirkungsketten (z. B. medial inszenierte Gewalt *erzeuge* Gewalt) festgehalten wird.

Jugendsoziologische und -psychologische Untersuchungen haben die Bereitschaft zur Gewaltanwendung mit existenziellen sozialen Ängsten der Heranwachsenden erklärt, die zerstörerische Aggression und Brutalität als verzweifelten Hilfeschrei gedeutet. Auf der Basis meiner Gespräche lassen sich – ergänzt durch andere Studien aus dem Kontext der Jugend- und Medienforschung – einige Trends zusammenfassen:

1. Ängstliche und verunsicherte Jugendliche und Jugendliche mit wenig Selbstwertgefühl haben eine Vorliebe für «Action»-Filme, in denen sich der einzelne Held bzw. eine Gruppe im Kampf bewähren muss. Solche Medienangebote werden zu einer Art von «psychischer Prothese», die «man» braucht, um sich zu stabilisieren. Es kann zu starken emotionalen Bindungen an den Film kommen.
2. Gefühlsmäßig leere Jugendliche nutzen ihre Medienangebote eskapistisch: Die Angebote dienen der Flucht in Traumwelten, sie kompensieren Niederlagen, oder sie werden benutzt, um Konflikten und Auseinandersetzungen auszuweichen. Nur über die Welt der medialen Symbole setzt man sich mit der Realität auseinander. Man braucht und gebraucht Medien, weil man sich in ihnen wiederfindet. Nur sie geben Verlässlichkeit, Orientierung, Vertrauen, nur sie stiften Sinn in einer Nahwelt, die keinen Sinn mehr vermittelt. Solche Mediennutzung hat etwas Zwanghaftes an sich.
3. Eine Identitätsbildung, die über die Auseinandersetzung mit zerstörerischer Gewalt der Medienhelden läuft, bleibt häufig eine negative. Identität wird nur über Abwertung und Ausgrenzung aufgebaut. So lässt sich aber Selbstwertgefühl und Verlässlichkeit nicht herstellen.
4. Folgende Einflusskette medial inszenierter Gewalt scheint nicht ausgeschlossen, bei bestimmten Jugendlichen durchaus denkbar: Ängste und emotionale Verunsicherung, die ökologisch, sozial, psychisch, ökonomisch oder lebensgeschichtlich geprägt sind, können einen hohen, weil ritualisiert-zwanghaften Medienkonsum jener Filme und Computerspiele nach sich ziehen, die der unbefriedigenden Lebenssituation einen Ausdruck verleihen. Bevorzugte Medienhelden sind in solchen Situationen nicht austauschbar,

in ihrer Faszination spiegelt sich vielmehr eine krisenhafte Lebenssituation wider. Da das Abtauchen in die Medienwelt nichts an der realen Situation ändert, können weitere Verunsicherungen und erhöhte Angst, können Panik und starke Minderwertigkeitsgefühle die Folge sein. Der damit verbundene Gefühls- und Angststau – die Beispiele Arthur und Mirko zeigen es – kann sich in destruktiven Aktionen ebenso entladen wie in zerstörerischer Selbstaggression.

5. Einflüsse medial inszenierter Symbolik sind nicht zwangsläufig. Zentral für die mögliche Einschätzung medienbezogener Gewaltmuster sind die Erfahrungen, die die Heranwachsenden im Elternhaus machen: Sei es die Akzeptanz der Eltern hinsichtlich der Gewalt oder ein Laisser-faire-Erziehungsstil, der den Heranwachsenden Gleichgültigkeit (auch bezüglich gewaltförmiger Ausdrucksweisen) signalisiert. So ist die familiäre Einstellung zu Aggression und Gewalt eine zu wenig beachtete Kategorie bei der Folgenabschätzung medialer Gewalt. Als äußerst problematisch erweisen sich zwei Erziehungsstile: Kinder, die einen offenen, antisozialen Umgang mit Aggression erfahren, identifizieren sich eher mit machtorientierten Formen von Autorität (z. B. Autorität, die im Namen «des guten Endes» handelt), nicht allein im realen Alltag, sondern auch in den Medien. Polar entgegengesetzt sind Heranwachsende, die mit scharfer Aggressionskontrolle aufwachsen, in einer Atmosphäre, in der Aggressionen streng unterdrückt und unter Strafe gestellt sind. Medial inszenierte Gewalt wird für Heranwachsende, die mit diesem Erziehungsstil aufwachsen, zum Symbol, um Verdrängtes, um tabuisierte Persönlichkeitsanteile auszuleben. Beide Erziehungsstile dokumentieren einen hilflosen, weil wenig selbstbestimmten Umgang mit Aggressionen. Denn: Je weniger Aggressionen angenommen sind und kultiviert werden, umso stärker müssen sie außengeleitet, eben auch über Medien ausgelebt werden.

Die Situation: ein Klassenraum in einer Realschule. Peter, Mike und Jan, drei 15-jährige Realschüler, haben nach Beendigung des Unterrichts den 14-jährigen Torsten zu sich eingeladen. Torsten gilt als Außenseiter in der Schule. Er fühlt sich ob des Treffs geschmeichelt. Auf Wunsch der drei Jungen hat er eine Gitarre mitgebracht, um ihnen etwas vorzuspielen. Peter, Mike und Jan wollen Torsten, «diesen Arsch», «aufziehen», «ihm einen beipulen». Torsten nimmt Platz. Er sitzt auf einem Stuhl, hat den dreien den Rücken zugewandt. Peter hat ein Würgeseil mitgebracht, um «ihn zu ärgern, ein bisschen fertig zu machen». Peter fordert Torsten auf, «spiel uns das Lied vom Tod». Als dieser die ersten Akkorde beginnt, steht Peter auf, legt Torsten blitzschnell das Seil um den Hals, zieht dieses zu. Torsten ist völlig überrascht, beginnt, sich reflexartig zu wehren, fällt zu Boden, schlägt mit dem Kopf an ein Tischbein, wird ohnmächtig. Peter hat das Seil weiter in der Hand, während Mike Torsten mit voller Wucht in den Bauch tritt. Jan verliert die Nerven, rennt weg, läuft zum Hausmeister, der herbeieilt, eingreift, schließlich Hilfe holt und die Polizei alarmiert. Torsten kommt mit einem Schädelbruch und Prellungen ins Krankenhaus. Am nächsten Tag steht in der Lokalzeitung: «Spiel uns das Lied vom Tod. Western und grausame Realität.» Der Untertitel der Schlagzeile lautet: «Westernhelden waren ihre Lieblinge.» Die Berichterstattung legt – implizit – zwei Theorien über die Wirkung medialer Gewalt nahe:

- Die Stimulationsthese, wonach die Rezeption von Mediengewalt die Bereitschaft fördere, selbst aggressiv wie zerstörerisch zu handeln bzw. Gewalt zur Durchsetzung eigener Ziele einzusetzen.
- Die Habitualisierungsthese, wonach das wiederholte Ansehen von Medienbrutalität zur gefühlsmäßigen Abstumpfung und zur Gewöhnung an alltägliche Gewalt führe, letztlich die Fähigkeit fördere, mit Gewalt zu agieren, um eigene Interessen zu verfolgen.

Beide Theorien haben ein reduktionistisches Menschenbild, lassen die Komplexität menschlichen Handelns außer Acht, interessieren sich nicht für die Relevanz subjektiv konstruierter Medienwelten. Die beiden Theorien interessieren sich nicht für Hintergründe, für individuelle wie gesellschaftliche Rahmenbedingungen. Wie wichtig es ist, diese zu erfassen und verstehend zu deuten (was ja nicht mit Akzeptanz zu verwechseln ist!), zeigen Gesprächsausschnitte mit den drei Jugendlichen.

- Zunächst zu Peter: Er ist der Klassenbeste, gilt als intelligent und «cooler Typ». Peter erzählt u.a.: «Torsten ist ein Arsch. Der stört, dieser Fettsack. Ein Nichtsnutz, der gehört ausgetreten. (…) Sagt mein Vater auch immer, wenn ich nichts leiste. Du taugst nichts. Dich zerstört die Geschichte. (…) Mein Leben war Schlägerei vom Alten. Wenn's ihm nicht passte, hat er geschlagen, auch meine Mutter, und wir haben pariert. (…) ‹Spiel mir das Lied vom Tod› haben wir nicht gesehen, diesen Film haben wir nicht gesehen, aber es war doch eine geile Idee. (…) Als mein Vater davon hörte, hat er gesagt: ‹Ich mach dich fertig›, aber dann hat er dem Anwalt gesagt: ‹Pauk ihn raus.› (…) Mein Alter ist ein Arsch.»
- Mike gilt als Mitläufer. Seine schulischen Leistungen sind befriedigend. Ansonsten fällt er nicht besonders auf. Im Interview erklärt er u.a.: «Ich bewundere Peter. Der ließ die Sau raus. Das durfte ich nie. Ich musste immer brav sein. Nicht mal 'ne Pistole hab ich gehabt. Ich war nicht mehr ganz bei mir, als ich das machte. (…) Das war wie im Kintopp. Wie neulich im Kino dieser Film ‹Die Brücke›, wo die so sterben müssen und sich wehren. Ich hab da 'n Hass gekriegt im Kino und auf alles im Film. Und so war's auch bei Torsten, der da lag, irgendwie dachte ich, ich bin im Film. Alles hat sich gedreht. Und Torsten war irgendwie mein Feind.»
- Jan hätte man das, so sein Lehrer, «nicht zugetraut». Er erscheint ruhig, ausgeglichen und angepasst. Über den

Anschlag auf Torsten gibt er unter anderem zu Protokoll: «Plötzlich bin ich zu mir gekommen. Das ist kein Krimi, hab ich gedacht. Das ist ja wirklich. Ja, und da bin ich zum Hausmeister. ‹Spiel uns das Lied vom Tod› ist ein Western, hab ich schon was von gehört, aber noch nie gesehen. War ja auch nur 'ne gute Idee. Mehr nicht.»

Nimmt man diese Äußerungen, die hier nur sehr knapp und auf Kernaussagen reduziert wiedergegeben werden können, ohne dass darüber hinaus weitere psychosoziale und familiäre Rahmenbedingungen der drei Jugendlichen angesprochen werden, so kommen zwei andere Theorien ins Blickfeld, die schon eher geeignet sind, Einflüsse medial inszenierter Gewalt zu beschreiben und zu erklären: a) die *Erregungsthese* und b) das Modell des sozialen Lernens *(Lerntheorie)*.

Die *Erregungsthese* geht von gefühlsmäßigen Einflüssen medialer Produkte aus. Sie konstatiert empathische Beziehungen zwischen Angebot und Rezipient. Solche Empathie kann sich darin äußern, dass der Zuschauer die Gefühle des Filmprotagonisten mitvollzieht, sich in die Filmdramaturgien einfühlt und hineinversetzt. Empathische Beziehungen werden umso intensiver erlebt, je näher sich das im Medienprodukt vorgestellte Milieu an den aktuellen wie biographisch geprägten Erfahrungen des Rezipienten orientiert, je mehr der Film für den Zuschauer nicht ein «So könnte es sein», sondern ein «So ist es» darstellt.

Mediale Dramaturgien – darauf haben Forschungen abgehoben – werden vom Rezipienten auf der Basis persönlicher Erfahrungen angeeignet und gedeutet, das heißt, für Untersuchungen zur Erregungsthese ist es unabdingbar, jene Voraussetzungen zu untersuchen, die ein Rezipient mit in die medienbezogenen Handlungen einbringt. Bezogen auf Peter und Mike bedeutet das beispielsweise: Beide haben höchst unterschiedliche Gewalterfahrungen in der Ursprungsfamilie kennen gelernt. Peter hat nicht gelernt, seine aggressiven Persönlichkeitsanteile gekonnt zu beherrschen. Gleichzeitig wurde ihm vorgelebt, dass Aggressionen zur Durchsetzung eigener Interessen sehr wohl zu verwenden sind. Mike stellt demgegenüber einen «aggressiven Dampfkessel» dar. Auch er hat Schläge am eigenen Leib verspürt, durfte selbst aber nicht auffällig reagieren. So staute sich über Jahre hinweg eine «unheimliche Wut» an, die sich im Gewaltakt zerstörerisch entlud. Mikes Filmlieblinge sind Rambotypen, die auf sich allein gestellt sind und die mit zerstörerischen Aktivitäten reagieren, wenn ihr persönlicher Narzissmus angetastet wird.

Nimmt man die Voraussetzungen der Erregungsthese ernst, dann verbietet es sich, leichtfertig von «der» Gewalt oder «dem» Horror in Medien zu sprechen. Auffällig ist vielmehr, dass es für den einzelnen Heranwachsenden spezifische Medienhelden gibt. Sie symbolisieren und verkörpern das aktuelle Thema des Jugendlichen. Wer also Aufschlüsse über Medieneinflüsse erhalten will, muss daran ansetzen, wie Heranwachsende die mediale Gewalt deuten. Dies gilt insbesondere für Kinder. So fällt in meinen Untersuchungen auf, dass Kinder die Musik und Geräusche in Zeichentrickserien als brutaler und verunsichernder erleben als die visuelle Komponente (also die Bilder) dieser Filme. Sichtbare Zeichen dieser Einflüsse zeigen sich darin, dass sich jüngere Kinder beim Fernsehen zunächst die Ohren und dann erst die Augen zuhalten, oder in der Tatsache, dass Geräusche in medienbezogenen Nachspielen von Kindern eine wesentlich signifikantere Rolle spielen als die visuell gezeigten Gewaltelemente.

Die *Lerntheorie* – wie sie der amerikanische Sozialpsychologe Bandura entwickelt hat – unterscheidet zwischen dem Erwerb und der Ausführung eines bestimmten Verhaltens. Deshalb verbietet es die Lerntheorie, von medialen Inhalten auf deren kausale Wirkung zu schließen. Ob beispielsweise das Verhalten eines Filmprotagonisten – und hier liegt eine Entsprechung zur Suggestions- und Erregungsthese – als aggressiv und subjektiv bedeutsam eingeschätzt wird, hängt vom Alter, dem Geschlecht, den biographischen Prägungen, den aktuellen Erfahrungen oder dem verinnerlichten Normen- und Wertesystem ab. Für das Erlernen zerstörerischer Aggressionen, so die Lerntheorie, sind u. a. entscheidend:

- die familiären Sozialisationsbedingungen,
- die spezifischen Gewalterfahrungen in der Familie oder
- die Möglichkeiten zur Kultivierung von Aggression.

Lerntheoretiker haben nachdrücklich darauf verwiesen, dass zerstörerische Handlungen einer «vorausschauenden Kontrolle» unterworfen seien. Solche Kontrollen können die Furcht vor Bestrafung, die Angst vor Vergeltung, ein verinnerlichtes Wertesystem oder Schuldgefühle sein. Allerdings ist auch ein Abbau von Hemmschwellen möglich.

Die Lerntheorie zeigt vier Bedingungszusammenhänge auf, die eine Erklärung für die Gewalttaten von Peter, Mike und Jan anbieten. Ein Abbau von Hemmungen kann dann möglich sein,

- wenn zerstörerisches Verhalten belohnt wird bzw. zerstörerische Aggression zum Handlungsinventar gehört;
- wenn vor der Beobachtung des angebotenen Modells (also: *vor* der Rezeption medial inszenierter Gewalt) ein Jugendlicher in seinen destruktiven Persönlichkeitsanteilen Bekräftigung und Verstärkung erfahren hat. Dies ist umso wahrscheinlicher, je häufiger persönliche Vorbilder entsprechende Handlungsmuster an den Tag legen;
- wenn mögliche Schuldgefühle durch Rationalisierung verhindert werden. So behindert bzw. reduziert eine Dehumanisierung des Opfers die persönliche Verantwortung;
- wenn Jugendliche keine realen Möglichkeiten haben, existenzielle soziale Ängste abzubauen. Verunsicherte Jugendliche fliehen in die Welt der Medien, um sich durch die

Aneignung aggressiver Inhalte zu stabilisieren. Solche sich selbst verordnete «Eigentherapie» bindet Jugendliche aber nur noch stärker an mediale Gewaltszenarien.

Die Lerntheorie bietet sich mithin nicht an, einfach positive kausale Beziehungen zwischen dem Konsum von Fernsehgewalt und einer Bereitschaft zu zerstörerischer Aggressivität beim Rezipienten festzustellen. Gleichwohl hält sie Erklärungsmuster bereit, unter welchen individuellen wie gesellschaftlichen Bindungen die Kultivierung von Aggressionen behindert bzw. die Anwendung von destruktiver Aggression verwirklicht wird.

Die Erregungsthese beschreibt und deutet wie die Lerntheorie mögliche mediale Einflüsse sehr differenziert. Entscheidend sind dabei die Ausgangspunkte der Ansätze: Es sind nicht die Filme, sondern die Menschen und ihre Art und Weise, mit den Medien umzugehen, ihnen eine Bedeutung zu geben. Ob Gewalt in den Medien Handlungsrelevanz erhält, hängt dann zentral davon ab, welchen Umgang ein Heranwachsender mit Aggressionen erfährt und erlebt. Entscheidend ist mithin das, was der Einzelne in den Prozess der Rezeption mit einbringt: Je gekonnter ein Jugendlicher mit seinen aggressiven Persönlichkeitsanteilen umgehen kann, umso weniger bedeutsam wird die medial inszenierte Gewalt sein.

### Nachrichten, Gewalt und Aggression

Juliane, 10 Jahre, hat von einer Seuche gelesen, einem Virus, gegen den es kein Gegenmittel gibt. Die Eltern hatten ihr erklärt, dass dieser Virus nicht nach Europa kommen könne.

«Aber es kann doch sein», beharrt Juliane. Das Gespräch über die Seuche und die Krankheit zieht sich über Wochen hin.

«Sie fing immer wieder davon an», so die Eltern. «Und dann hatte sie von irgendwelchen Symptomen gelesen, die den Ausbruch der Krankheit anzeigen sollten. Da war von Hautflecken die Rede, von irgendwelchen braunen Flecken auf der Haut.» Die Mutter rollt mit den Augen.

«Die saß beim Essen und schaute nur noch auf die Hände und Finger. Fürchterlich! Ich hab die Krise gekriegt. ‹Jetzt reicht es, verdammt›, hab ich einmal geschrien. ‹Du willst wohl, dass ich sterbe›, hat daraufhin meine Tochter mit gequälter Stimme hervorgepresst. Da war ich völlig fertig.»

Eines Tages kam sie freudestrahlend zu uns an den Abendbrottisch. «Was hast du?», fragt die Mutter.

«Ich krieg den Virus nicht», antwortet Juliane, um selbstbewusst hinzuzufügen: «Und wenn ich ihn krieg oder ihr, hab ich 'ne Adresse, wo's ein Gegenmittel gibt!»

«Und woher hast du die?»

«Aus dem Internet. Da habe ich jemanden gefunden, der das herstellt. Und die Telefonnummer habe ich an die Pinnwand in der Küche geheftet.»

Das ist nur ein sehr kurzer Ausschnitt aus Beratungsgesprächen, die ich in den letzten zwanzig Jahren mit Kindern geführt habe.

Nachrichten- und Informationssendungen, die sich mit Katastrophen oder problematischen Ereignissen beschäftigen, berühren Kinder, verunsichern oder verängstigen sie. Sie beleben – unbewusst oder bewusst – Trennungs- oder Verlassensängste. Damit ist nichts über die Schädlichkeit oder Gefährlichkeit solcher Sendungen gesagt oder darüber, dass es sinnvoll ist, Kindern den Zugang grundsätzlich zu untersagen. Zu bedenken ist allerdings, dass die Begegnung mit den Sendungen häufig zufällig oder nebenbei geschieht – und Kinder im Übrigen auch durch andere Medien mit Tod und Zerstörung konfrontiert werden. Vermeidung, Verdrängung von Ängsten helfen weder Eltern noch Kindern. Notwendiger denn je erscheint es mir, Kinder bei der Ver- und Bearbeitung von Trennungs- und Vernichtungsängsten zu unterstützen, ihnen Vertrauen zu geben, sich mit ihren meist sehr anschaulichen Mitteln auf die durch Bilder- und Hörwelten belebten Ängste einzulassen.

Klaus, 6 Jahre, hat in seinem Zimmer ein unbeschreibliches Chaos angerichtet. Viele Sachen liegen durcheinander. Er selber kauert unter seinem Bett, als der Vater das Zimmer betritt.

Vater: «Sag mal, Klaus, was ist denn hier los?»

Klaus: «Hier war ein Erdbeben, und ich hab überlebt.»

Vater: «Sag mal, spinnst du?»

Klaus: «Nein.»

Vater: «Räum das sofort auf!»

Klaus: «Ich hab Angst.»

Vater: «Wovor?»

Klaus: «Vorm Erdbeben. Das siehst du doch.»

Vater: «Das gibt es bei uns nicht.»

Klaus: «Wieso?»

Der Vater gibt umständliche Erklärungen, warum es in der Gegend kein Erdbeben geben kann. Klaus hört aufmerksam zu, schüttelt den Kopf.

Klaus: «Aber es kann doch sein!»

Vater: «Nein! Die gibt's bei uns nicht. Hab ich dir eben doch ausführlich erklärt.»

Klaus: «Aber wenn's eins gibt, sind wir dann alle tot?»

Vater: «Klaus, es gibt kein Erdbeben bei uns. Es kann keins geben, verdammt nochmal!»

Klaus: «Kann aber doch sein, dass wir tot sind.»

Vater: «Oh, Klaus!»

Klaus: «Rettest du mich, wenn ich verletzt bin?»

Vater: «Mein Gott! Musst du denn immer zuhören, wenn wir uns unterhalten! Du schnappst dabei etwas auf, und dann bekommst du das in den falschen Hals.»

Die Mutter betritt den Raum.

Mutter: «Was ist denn hier los?»

Vater: «Erzähl ich dir gleich. Wir müssen aufpassen bei den Gesprächen und was er sich ansieht. Auch in der Zeitung. Wir können das nicht immer rumliegen lassen. Der kann manches doch nicht verarbeiten.»

Mutter: «Klaus, räum das auf! In einer halben Stunde bin ich wieder da.»

Klaus: «Mutti hat ja auch Angst. Wenn du nicht da bist, sagt sie immer, hoffentlich ist da nichts passiert! Und dann macht sie sich Sorgen.»

Die Eltern verlassen den Raum.

Klaus hatte in der Tagesschau Bilder von einem Erdbeben gesehen und von vielen toten Kindern gehört. Er war nach dem Fernsehbericht sehr verstört.

Klaus hat das für ihn Unbegreifliche eines Erdbebens in seinem Zimmer inszeniert. Hat Chaos im wahrsten Sinne des Wortes hergestellt, um einen sinnlichen Eindruck der Katastrophe zu gewinnen. Er drückt seine Angst aus, um mit ihr umgehen zu können. Die Eltern missverstehen seine Symbolik, nehmen vor allem Klaus' Betroffenheit, seinen Wunsch nach Nähe nicht an. Der Versuch des Vaters, der Verunsicherung seines Sohnes durch Erklärungen zu begegnen, muss scheitern. Er spricht Klaus auf eine Weise an, die ihn momentan nicht erreicht. Klaus geht es vor allem um die Bearbeitung seiner Trennungs- und Vernichtungsängste, die das Erdbeben wachgerüttelt hat. Dazu braucht er Vertrauen und Nähe. Wissenschaftliche Erklärungen über Erdbeben mögen notwendig sein, helfen in dieser Situation aber nicht.

Svenja, knapp sechs Jahre, hatte von einem Flugzeugunglück gehört. Eine Maschine der Swissair war vor der amerikanischen Küste abgestürzt. Svenja muss mit ihrer Mutter nach New York fliegen, weigert sich nun aber strikt, weil sie Angst hat abzustürzen. Die Mutter versucht, ihr die Ängste auszureden. Ihr Hauptargument, man fliege mit der Lufthansa und deren Flugzeuge würden nicht abstürzen, hat bei Svenja keine Chance. Sie lässt sich von keinem noch so rationalen Argument überzeugen. Im Gegenteil, je ungeduldiger die Mutter auf Svenja einredet, umso sturer wird diese. Sie hält sich die Ohren zu und ruft: «Ich fliege nicht! Ich fliege nicht!» Zwei Tage vor dem Abflug – die Situation zwischen Mutter und Tochter eskaliert – kommen beide in die Beratung. Svenja fragt als Erstes, ob ich mit Lufthansa-Flugzeugen reisen würde.

«Klar, fast jede Woche!», antworte ich.

«Glaubst du, dass sie abstürzen können?» Sie blickt mich ernst an.

Ich zucke mit den Schultern: «Ich hoffe nicht!»

«Aber abstürzen könnten die auch?» Sie legt die Stirn in Falten. Sie schaut mich genau an.

«Das kann schon passieren!», meine ich.

«Siehste!», sagt sie, zu ihrer Mutter gewandt. «Siehste!» Dann grinst sie mich an: «Aber das passiert nicht so schnell, nicht?»

«Denk ich auch nicht!», sage ich.

«Ja, fliegst du denn jetzt?», will die Mutter wissen. Svenja schüttelt den Kopf.

«Was müsste Mama tun, damit du fliegst?», frage ich sie.

Sie überlegt.

«Na, nun komm schon!», drängt die Mutter.

«Nun lass mich doch mal!»

Nach kurzer Zeit kommt Svenjas Antwort: «Mama muss die ganze Zeit neben mir sitzen und mich anfassen!»

«Sitz ich doch sowieso!»

«Die ganze Zeit?» Svenja sieht zur Mutter hoch.

«Aber warum denn?», fragt die Mutter.

«Wenn wir abstürzen, dann bin ich nicht allein. Und wir fliegen zusammen in den Himmel. Sonst bin ich da so ganz allein!» Ihre Antwort klingt ernst und kommt völlig selbstverständlich.

Beide versprechen, sich beim Flug nicht aus den Augen zu lassen. Svenja besteigt das Flugzeug, ist beim Start kein bisschen aufgeregter als sonst, spielt, isst, sieht Filme. Irgendwann

– nach einigen Stunden – fragt Svenja unvermittelt: «War das hier?»

Ihre Mutter denkt an etwas ganz anderes. «Was?»

«Du weißt schon, Mama. Das Unglück!»

Während einige Passagiere entsetzt schauen, lächelt Svenja: «So, Mama, jetzt festhalten!» Nach einigen Minuten entzieht sich Svenja dem Griff der Mutter und blättert weiter in ihrem Comic.

Svenja war durch den Halt, den die Mutter bot, stark genug, die Situation auszuhalten, weil sie einen eigenen Weg gefunden hatte. Erwachsene haben ihr sicherlich dabei geholfen. Aber diese sind nicht immer zur Stelle. Dann versuchen Kinder, Wege zu entwerfen, zu eigenen Lösungen zu kommen, und diese enthalten nicht selten eine Menge an Kreativität und Phantasie.

### «Computersucht»

Es gibt keine einflusslosen Computer- und Videospiele. In welcher Weise sich diese auf Heranwachsende auswirken, hängt entscheidend davon ab, mit welchen intellektuellen, gefühlsmäßigen und sozialen Vorerfahrungen Heranwachsende in den Prozess des Computerns gehen.

So kann die intensive Zuwendung zum Computer, die über viele, viele Monate hin sich erstreckende zeitintensive Nutzung, ja die Selbstisolierung durch die Computernutzung dann als Hilfeschrei des Kindes verstanden werden, mit dem sich der Heranwachsende Aufmerksamkeit verschaffen will, um auf unbewältigte Probleme und auf unbefriedigende Situationen in der Nahwelt hinzuweisen. Wenn Heranwachsende keine Chance für andere Freizeitaktivitäten, insbesondere außerhäusliche Tätigkeiten besitzen, wenn sie sich von Eltern, Geschwistern und Freunden isolieren, wenn sie entmutigt sind, über wenig Selbstwertgefühl und -vertrauen verfügen, wenn der Computer zum Fluchtpunkt wird, dann ist es

Aufgabe der Eltern, die Rahmenbedingungen der Nah- und Umwelt des Kindes zu überprüfen. Nachstehende Checkliste kann dabei behilflich sein. Eine übermäßige und zeitintensive Nutzung des Computers, die sich über einen längeren Zeitraum hinzieht, kann als Reaktion des Heranwachsenden gedeutet werden, um auf

a) schulische Schwierigkeiten (Überlastung, Überforderung, Versagensängste etc.),
b) Probleme mit Freunden,
c) fehlendes Urvertrauen, Minderwertigkeitsgefühle und Entmutigung,
d) starke Spannungszustände bei gleichzeitig fehlendem Stressabbau,
e) ein gefühlsmäßig «leeres» Familienklima, unbefriedigende Eltern-Kind-Beziehungen, Gleichgültigkeit in zwischenmenschlichen Beziehungen,
f) Eltern, die selbst zeitintensive Computernutzer sind,
g) auf nicht vorhandene alternative Freizeitangebote

hinzuweisen.

Ein Computerverbot hilft bei einer solchen starken Bindung an die elektronischen Spiele kaum. Ein Verbot führt schnell zu Machtkämpfen und Beziehungsstress, an dessen Ende gegenseitige Hilflosigkeit und Ohnmacht stehen. Wichtiger ist es, gemeinsam mit dem Heranwachsenden den Ursachen für die intensive Computernutzung auf die Spur zu kommen und nach Auswegen zu suchen. Lösungen, die sich dabei gegen das Kind richten, werden nicht akzeptiert und verschärfen die Situation.

### Tipps zum Umgang

1. Machen Sie sich bewusst, aus welchen Motiven Ihr Kind mit dem Computer spielt. Unterscheiden Sie die intensive anfängliche Faszinationsphase von der großen Bedeutung in späteren Phasen. «Zu viel computern» – das Maß ist schwer

zu bestimmen, entscheidend ist die Motivation, mit der ein Kind an das Spiel herangeht. Wenn der Computergebrauch zur Flucht, zur Selbstisolation gebraucht wird, dann ist selbst die kürzeste Zeit zu viel.

2. Kinder brauchen Spiele, Unmittelbarkeit, Anschaulichkeit, Bewegung, den Kontakt zu Gleichaltrigen. Deshalb muss sich der Computergebrauch dem normalen Tagesablauf des Kindes unterordnen und nicht umgekehrt: Der Tagesablauf darf nicht auf den Computer hin ausgerichtet sein. Nach der anfänglichen Faszination ist der kindliche Computergebrauch im Hinblick auf andere Freizeitaktivitäten – wie bei anderen Medien auch – zeitlich zu begrenzen. Das Bedürfnis der Kinder nach Computer- und Videospielen wird umso geringer, je intensiver sie andere Freizeitmöglichkeiten nutzen können. Ein zeitweise auftretender heftiger Computergebrauch – bedingt durch die Jahreszeit, die Entdeckung eines «neuen» Spiels – ist kein Grund zur Beunruhigung.
3. Wenn sich ein Heranwachsender *dauerhaft* wünscht, sehr intensiv mit dem Computer zu spielen, deuten Sie dies durchaus als Hilferuf. Flucht vor den Computer, Isolation mittels Medien ist meist Hinweis auf eine unbefriedigende Lebenssituation des Kindes.
4. Computerverbote helfen wenig, sie führen zu einem Machtkampf zwischen Eltern und Kindern, fördern kindlichen Widerstand und einen Trend zur Heimlichkeit. Der Computergebrauch sollte weder als Belohnung noch zur Bestrafung verwendet werden. Dadurch gewinnt das Computer- und Videospiel an zusätzlicher Bedeutung.
5. Kinder brauchen, um in ein Computerspiel hineinzufinden, Zeit. Diese Zeit sollten Sie dem Kind lassen! Aber Kinder brauchen auch Erwachsene, die Maßlosigkeiten beim Computerspielen zeitliche Grenzen setzen. Das bringt Reibereien und Streit mit sich! Und lassen Sie sich nicht durch das

Argument verunsichern, alle anderen Kinder dürften länger mit dem Computer spielen! Bleiben Sie konsequent!

6. Computererziehung sollte sich am Alter des Kindes orientieren: Ein 6-jähriges Kind braucht engere zeitliche Grenzen als ein 13-jähriger Heranwachsender. Deshalb ist Computererziehung niemals abgeschlossen, sondern sie verändert sich mit der Entwicklung des Kindes. Je älter die Kinder sind, umso mehr Mitspracherecht haben sie, desto größer ist jedoch auch die Verantwortung, die die Kinder damit für sich übernehmen.
7. Wenn Ihnen Spielinhalte nicht gefallen, sagen Sie dies dem Kind. Formulieren Sie Ihre Kritik in Ich-Botschaften (z.B. «Ich mag nicht ...», aber nicht: «Das Spiel ist ein Mist!»). Vermeiden Sie Moralpredigten und besserwisserische Belehrungen. Vermeiden Sie Verbote, wecken Sie Einsicht! Verbote führen zu Heimlichkeiten, Einsicht dazu, Verantwortung für das eigene Handeln zu übernehmen.
8. Kinder brauchen Zeit zur Verarbeitung, zum Abbau der Spannungen, die das Computerspiel aufgebaut hat. Die Dauer der Nachbereitung hängt entscheidend davon ab, wie stark das Kind vom Spiel emotional berührt wurde. Wenn ein Kind längere Zeit spielt, bieten Sie ihm kurze Entspannungsmöglichkeiten an, dies kann die Phase der Nachbereitung verkürzen.

Es gibt keine ideale, widerspruchsfreie, vor allem reibungslose Computererziehung. Dies ist genauso normal wie in anderen Erziehungsfragen. Versuchen Sie aber, Widersprüche nicht zu verdecken, sondern im Gespräch mit den Kindern und Jugendlichen offen zu diskutieren und auszuhandeln. Dadurch wird allen Beteiligten deutlich, dass Computererziehung ein gegenseitiger und gemeinsamer Lernprozess ist. Je dynamischer und offener solch ein Prozess abläuft, umso eher nähert man sich.

## «Lasst mich doch mal in Ruhe!» – Über enge Räume und knappe Zeiten

### Sabrina begehrt auf

Sabrina, knapp sechs Jahre, zieht sich im Kindergarten häufig zurück. Sie sitzt dann in der Kuschelecke, spielt mit Puppen, ist in ihr Rollenspiel vertieft. Sabrina wirkt nicht unglücklich, scheint mit sich und ihrer Umgebung zufrieden. Sie kommt jeden Tag in den Kindergarten und «dies gerne», wie ihre Erzieherinnen finden.

Die Zeit dort scheint sie mehr als zu genießen: Endlich nicht ständig einen Rahmen vorgesetzt zu bekommen, so wie sie es von zu Hause aus gewohnt ist. Sabrina hat einen «richtigen Terminkalender», so Rita Schneider, eine ihrer Erzieherinnen. Spontanes Handeln ist kaum möglich: Der Montag ist dem Ballett vorbehalten, dienstags geht es zum therapeutischen Reiten, mittwochs übt Sabrina Klavier, und am Donnerstag nimmt sie Englischunterricht, weil, so meinen ihre Eltern, «unsere Tochter sehr sprachbegabt ist und man eine fremde Sprache in jungen Jahren einfacher erlernt als später!»

Die Erzieherinnen lassen Sabrina ihren individuellen Rückzug: Nur an den Begrüßungs- und Abschiedsritualen und am Frühstück *muss* sie teilnehmen. Ansonsten beschäftigt sie sich gedankenverloren, wirkt verträumt, taucht ganz in ihre Welt ab. «Sie kann sich», so Rita Schneider, «völlig mit sich beschäftigen, fast wirkt es so, als ob sie meditiere. Manchmal habe ich den Eindruck», so die Erzieherin weiter, «als ob sie den Kindergarten zur Entspannung nimmt, fast wie eine Art Urlaub. Aber das passt der Mutter überhaupt nicht.» Sie erzählt von zwei Situationen, die sie nachdenklich gemacht haben. «Die mir aber auch zeigten, welche Kraft in Sabrina steckt.»

Sabrinas Mutter will ihre Tochter abholen. «Was hast du denn heute gemacht?», fragt sie. Ohne eine Antwort abzuwarten, fügt sie hinzu: «Oder hast du mal wieder nur geträumt?»

Da zeigt Sabrina ihr eine kleine Figur, die sie vormittags aus Knetmasse geformt hat.

«Was ist denn das?» Die Mutter ist irritiert. «Was soll denn das sein?» Sie schüttelt den Kopf. «Soll das etwa eine Figur sein? Gib mal her!» Sie schaut streng: «Das hast du aber schon mal besser gemacht! Das kann ja in der Zwischenzeit deine kleine Schwester schon besser!»

Urplötzlich drückt Sabrina die Figur mit der Kraft ihrer Hände zusammen. Es entsteht ein unansehnlicher Brei. «Was soll denn das nun schon wieder?», ruft die Mutter ärgerlich. Sabrina zuckt mit den Schultern, wirft die zerstörte Figur ihrer Mutter vor die Füße und rennt weg. «Die ist ja richtig aggressiv», wundert sich die Mutter und zur Erzieherin gewandt: «Wahrscheinlich ist sie hier im Kindergarten unterfordert. Der ist es zu langweilig! Deshalb flippt sie aus!»

Ein paar Tage später. Die Mutter will Sabrina abholen. Sie findet ihre Tochter nicht sofort, weil Sabrina im Freigelände – versteckt hinter Büschen – spielt. Sie sitzt auf dem nassen Boden, hatte es doch kurz zuvor heftig geregnet. Sabrina beobachtet Regenwürmer, die sich über den feuchten Sand schlängeln. Die Mutter ruft, sie erhält keine Antwort. Versonnen sieht Sabrina den Würmern zu, wie diese sich elegant vorwärts bewegen. Dann entdeckt die Mutter ihre Tochter: «Sabrina, steh auf! Der Boden ist nass! Und dann bekommst du eine Erkältung!»

Sabrina steht nicht auf, bleibt wie festgewurzelt hocken. Die Mutter tritt auf Sabrina zu, packt sie an einem Arm, will sie hochziehen. Doch Sabrina macht sich schwer. «Wenn du jetzt nicht mitkommst, fahre ich allein. Dann kannst du sehen, wie du nach Hause kommst», schimpft die Mutter ungehalten.

«Kannst fahren!», antwortet Sabrina, so als gehe sie der Auftritt der Mutter nichts an.

«Aber wir müssen zum Klavierunterricht!», beharrt die Mutter.

«Hab keine Lust!», mault Sabrina.

«Was heißt hier Lust. Du wolltest Klavier spielen!» Die Stimme der Mutter hat einen lauten Klang.

«Nein! Ich musste!»

«Quatsch!», bürstet die Mutter ihre Tochter ab. «So, nun reicht es!» Sie zieht ihre Tochter ruckartig hoch. Sabrina scheint ebenso gelangweilt wie aufmüpfig, als sie mit der Mutter davongeht. Als beide an einer Pfütze vorbeikommen, springt Sabrina mit beiden Füßen und mit voller Kraft hinein. Das schmutzige Wasser spritzt nach allen Seiten und verdreckt die Hose der Mutter. Sabrina fängt laut an zu lachen, während die Mutter faucht: «Sag mal, spinnst du?»

«Sorry!», lächelt Sabrina. «Hab ich schon in Englisch gelernt. Sorry, sagt man!»

### Mario wird verplant

Mario, fünfeinhalb Jahre, besucht den Kindergarten, er ist ein – wie die Erzieherinnen sagen – «pflegeleichtes Kind». Er weiß um seine Wirkung auf Erwachsene, kokettiert ein wenig mit seiner einnehmenden Persönlichkeit. Marios Eltern kümmern sich intensiv um ihren Sohn. Er wird vielseitig gefördert. Regelmäßigkeit und klare Abläufe zeichnen seinen Alltag aus. Mario spielt viel, ist fleißig, umsichtig, aber er gestattet sich kaum Pausen, geht ständig bis an seine körperlichen und intellektuellen Grenzen. So ist es nicht verwunderlich, wenn er häufig «gestresst» wirkt. Spontanes Handeln sieht man selten bei ihm. Stattdessen plant er sehr genau und im Voraus. Frustrationen vermag Mario nur schwer auszuhalten: Er will «alles richtig machen».

Abends «schlafft Mario», wie seine Mutter sagt, «völlig ab». Er verweigert sich Gesprächen, zieht sich stattdessen schnell in sein Zimmer zurück. Er ist «bockig» und geht auf Spielangebote seitens der Eltern nicht ein. Beim Abendessen spielt er mit den gereichten Speisen, «mosert daran herum oder mischt die

Situation richtig auf», so erinnert sich der Vater. «Dabei bemühen wir uns doch so sehr um ihn», sagen die Eltern.

Diese Bemühungen werden im Tagesablauf sichtbar: Morgens besucht Mario den Kindergarten – «Wir haben den besten am Ort ausgesucht!» – und auch am Montag- und Mittwochnachmittag. An diesen Tagen arbeitet die Mutter. Der Kindergarten bietet zu dieser Zeit ein sportlich anspruchsvolles Bewegungsprogramm an. Dienstags geht Mario mit seinem Freund Robert in den Blockflötenkurs einer Musikschule; donnerstags fährt man mit einer Gruppe von Kindern – begleitet von den Müttern – auf einen nahen Abenteuerspielplatz. Der Freitag ist dem Einkaufsbummel mit der Mutter vorbehalten. Für die Wochenendgestaltung ist Marios Vater zuständig: «Früher wurde ich allein gelassen. Mario soll es da besser haben.»

In Sabrinas und Marios Alltag sind Tendenzen enthalten, die auch für manch andere Kinder zutreffen dürften:

Viele Kinder machen in ihrer Um- und Nahwelt ganz spezifische Raum- und Zeiterfahrungen. So sind sie häufig in einen engen Terminkalender eingezwängt. Dies bedeutet: Es dominiert eine funktionale Zeitorganisation, die sich an objektiven Gegebenheiten orientiert und eine genaue Planung nach sich zieht. Freizeitangebote machen genau abgestimmte Tagesabläufe notwendig, um die verschiedensten Interessen – vor allem, wenn es mehrere Kinder in einer Familie gibt – in Übereinstimmung zu bringen. Manche Mütter managen die Zeit ihrer Kinder, arbeiten als «Taxi-Chauffeure», die die Heranwachsenden von einem Ort zum nächsten oder von Termin zu Termin transportieren. Und immer weniger können Kinder ihre Freizeit selbst gestalten. Langeweile, Nichtstun oder Müßiggang wird skeptisch betrachtet und deshalb häufig unterbunden.

Die Kinder gehen häufig mit Funktionsräumen um – mit

Räumen zum Spielen, Toben, zum Lautsein, zum Malen, zum Matschen, zum Kneten ... Spontane und unmittelbare Raumaneignung gestaltet sich schwierig: Die Straße ist viel befahren, meist gepflastert oder geteert, und selbst ein Tempolimit – sofern es eingehalten wird – setzt den Kindern enge Grenzen. Die ungestaltete Wiese, der Park, der Wald sind für viele Kinder weit entfernt und häufig schwer zu erreichen.

Wenn Kindern die spontane Raumaneignung schwer gemacht wird, hat das Auswirkungen auf das Körpergefühl und das Orientierungsvermögen der Kinder. Wenn man es Kindern schwer macht, sich – in Räumen – so zu bewegen, wie sie es gerne haben – eben nicht nur geplant und vorausschauend, sondern ziellos herumstromernd, bummelnd, laufend, mal leise, mal laut, mal die Regeln einhaltend, mal sie verletzend –, hat das Folgen für das Bewegungsgefühl von Kindern. In dem Maße, wie man Motorik einschränkt, in dem Maße will man sie durch pädagogisch überformte Bewegungsprogramme ausgleichen: Wenn das Toben im Park nicht möglich oder zugelassen ist, bleibt ja der Ballettunterricht; wenn die körperlichen Rangeleien am Nachmittag zwischen Kindergruppen unterbunden sind, dann bleiben Judo und Karate im Sportverein. Um keine Missverständnisse aufkommen zu lassen: Ich habe nichts gegen dieserart Betätigungen, wenn diese sich an kindlichen Bedürfnissen und ihrem Entwicklungsstand orientieren.

In diesem Zusammenhang wird ein weiterer Gesichtspunkt wichtig: Wenn Eltern ihre Kinder von einem Ort – zum Beispiel dem Kindergarten – zum nächsten – zum Beispiel dem Flötenunterricht – transportieren, so hat das Auswirkungen auf die Zeit- und Bewegungsempfindungen von Kindern. Aneinander gereihte Termine drücken, bestimmen das Tempo und die Abläufe. Zwischenräume, die notwendig sind, um sich zu entspannen, abzuschalten oder sich einzustimmen, verlieren an Bedeutung. Wenn man von Veranstaltungsort zu Veranstaltungsort gefahren wird, verlieren Zwischenräume an Erlebnisqualität, sie huschen – durch das Autofenster betrachtet – im wahrsten Sinne des Wortes vorüber.

Wenn Wege nicht mehr gegangen, also *er*fahren, sondern vor allem *ge*fahren werden, so wirkt sich dies auf das Zeit- und Raumerleben von Kindern aus. Solche Einflüsse zeigen sich nicht immer spektakulär, sie fallen nicht sofort ins Auge – gleichwohl prägen sie den Alltag von Kindern.

Mark bestand, als er fast sechs Jahre alt war, darauf, *allein* in den Kindergarten und von dort nach Hause zu gehen. Die Mutter erlaubte es ihm schließlich, weil ihn zwei gleichaltrige Freunde begleiteten. Mark erzählt: «Morgens ging es ganz schnell. Wir wollten zum Frühstück da sein. Das ist so gemütlich bei uns im Kindergarten. Nach Hause haben wir immer gebummelt. Erzählt haben wir uns was. Die ganzen Streiche und so. Bei Regen war's am schönsten. Da konnten wir in den Pfützen planschen. Oder im Sommer, da waren da Mauerritzen an so 'ner alten Mauer. Da waren immer kleine Echsen drin. Oder wenn wir ein bisschen Geld hatten, sind wir zu Tante Clara, um uns Kaugummi zu kaufen.»

Ein Jahr später besucht Mark die Grundschule in der nächsten Stadt: Morgens nehmen ihn Nachbarn im Auto mit, mittags holt ihn die Mutter ab: «Das ist überhaupt nicht mehr gemütlich. Wir müssen leise sein. Und erzählen können wir uns auch nichts mehr. Mama hört ja mit. Und bei so gefährlichen Sachen, da hört sie immer genau hin. Und dann fragt sie immer. Ja, sie fragt immer: ‹Wie war's? Was für Hausaufgaben habt ihr?› Das nervt! Ehrlich! Aber bald darf ich mit dem Fahrrad in die Schule. Da freue ich mich schon drauf. Endlich wieder einmal alleine sein!»

Es geht nicht darum, dass immer mehr Kinder mit Schulbussen zum Unterricht oder zum Kindergarten gebracht werden. Mir ist bewusst: Viele Kinder brauchen Schulbusse, um überhaupt zum Unterricht zu kommen. Aber vielfach bringen «mütterliche Taxifahrer» ihre Kinder morgens zum Unterricht und holen sie mittags wieder ab. Dasselbe gilt für den Kindergarten. Durch das Fahren mit Auto und Schulbus läuft der Weg in die bzw. von der Schule in immer gleichen Zeiträumen ab. Vor allem die – aus kindlicher Sicht – manchmal durchaus überflüssigen Autofahrten bedeuten einen Eingriff in die Wirklichkeitsaneignung und Raumerfahrung von Kindern:

- Der selbst gestaltete Weg in die Schule wird in der Regel konzentrierter und schneller bewältigt, um den Beginn nicht zu verpassen. Man geht rascher, durchschreitet Räume zielstrebiger. Die Wahrnehmung ist meist flüchtiger, man lässt sich weniger ablenken. Pünktlichkeit zieht nach sich, Zeit zu organisieren, Zeit zu erleben, die sich an objektiven Gegebenheiten und Sachzwängen orientiert. Man spricht von einer funktionalen Zeitorganisation. Sie ist manchmal unverzichtbar. Und Pünktlichkeit kann eine wichtige Erfahrung sein, die nützlich und hilfreich ist. Die Fahrt mit dem Auto ist – in der Regel – erlebnisärmer, reglementierter, bequemer. Hinzu kommt: Die häusliche Erziehung verlängert sich in den Schulweg hinein.
- Auf dem Weg von der Schule nach Hause kann gebummelt oder getrödelt werden. Man bleibt stehen, schaut, sieht vieles, was man am Morgen übersehen hat. Man macht Umwege, entdeckt Neues oder Vertrautes, verarbeitet schulische Erfahrungen, schimpft auf Lehrer oder Mitschüler, heckt Streiche aus, geht Beziehungen ein oder erlebt Freundschaften. Rangeleien oder körperliche Auseinandersetzungen gehören ebenso zum Schulweg wie – vor allem in der letzten Zeit – brutale körperliche Gewalt, die manchmal bedrohliche Ausmaße annimmt. Ist vom Kind auf dem Hinweg Zeitdisziplin gefordert, so kann die Zeit auf dem Rückweg subjektiv, orientiert an eigenen Zeitbedürfnissen,

gestaltet werden. Dominierte auf dem Hinweg ein funktionaler Zeitbegriff, so kann nun eine ganz persönliche Zeiterfahrung umgesetzt werden. Schulwege – ob nun zu Fuß oder mit dem Fahrrad – haben zu tun mit selbstbestimmter und selbst gestalteter Eroberung der Nah- und Umwelt.

- Die technische Überbrückung von Distanzen zieht Rationalisierung nach sich: je kürzer, je schneller, desto effektiver und besser. Aber auch zeitliche Strukturen – Terminpläne und -abstimmungen – werden immer wichtiger. Deshalb stehen Zeitabsprachen in vielen Familien als Gesprächsinhalt obenan.

Wer Wege einschränkt, begrenzt das Gehen und Laufen, das Toben und Springen, das Klettern und Balancieren. Sich bewegen und wahrnehmen, fühlen und denken gehören eng zusammen. Wer geht, läuft oder rennt, nimmt Sinneseindrücke mit dem ganzen Körper wahr. Durch Bewegung lernen Kinder sich, ihren Körper und ihre Umwelt kennen. Der Schulweg bei Regen ist ein anderer als bei praller Sonne. Der Weg allein lässt andere Erfahrungen zu als der mit Freunden, eine Steinmauer lädt zum Balancieren ein, ein Busch, einen Zweig abzubrechen, um daraus eine Pistole zu basteln, die geschlossene Bahnschranke fordert zu einem Wettlauf, das Davorstehen zum Verschnaufen und zum Rätseln, wohin der Zug wohl fahren mag, die rote Ampel fordert auf, über sinnvolle Regeln nachzudenken. Wege zu beschreiten heißt, Grenzen zu erleben, Widerstand zu spüren, sich abzusetzen, sich zu distanzieren. Sich bewegen und die Entwicklung des Ichs hängen zusammen. Wo Entfernungen gefahren und nicht mehr er-laufen, er-fahren werden können, prägt das die psycho-motorische Befindlichkeit von Kindern. Natürlich: Die großräumige Organisation des Schulbetriebs erfordert Schulbusse, erfordert auch Terminabstimmung oder die mobile Überwindung von Räumen. Und natürlich gibt es Schulwege, die gefährlich sind, deren Bewältigung der elterlichen Unterstützung und ermutigenden Anleitung durchaus bedürfen.

Im Rahmen eines Projektes «Gewaltprophylaxe» war ich vor einiger Zeit an einer Grundschule tätig. Der Schulleiter hatte mich eingeladen, weil er mit Sorge beobachtete, wie seine Schülerinnen und Schüler in der Pause, wie er es ausdrückte, «regelmäßig ausflippen. Die laufen wahl- und ziellos herum, sind kaum zu bremsen. Gut», meinte er, «die brauchen das wohl. Ich akzeptiere das auch. Aber», er sieht mich fragend an, «warum rennen die eigentlich alles über den Haufen? Regeln einhalten, ein klein bisschen Ordnung wenigstens, nichts davon!» In den letzten Wochen, so fährt er kopfschüttelnd fort, habe es schon Verletzungen gegeben. «Dabei will ich nicht behaupten, dass sie das mit Absicht machen oder gar rücksichtslos sind.» Ihr Verhalten sei, so seine Überzeugung, Ausdruck purer Bewegungsfreude. Und die ließen sie «nun einmal in der Schule raus, weil es woanders wohl nicht geht!»

Ob er eine Idee habe, warum die Schülerinnen und Schüler so heftig agieren würden, will ich wissen. Er zuckt ratlos mit den Schultern: Er habe die Ursachen zunächst in der Schule, beim Kollegium, bei sich gesucht. «Aber das kann es nicht sein», meinte er. «Wir achten schon darauf, dass Bewegung, dass Sport, dass Musik und Kunst nicht zu kurz kommen.» Also das könne nicht sein, «das nicht! Man macht es sich zu einfach, die Schuld nur bei sich zu suchen!» Aber er habe eine Idee, fährt er dann fort. «Und wie sieht die aus?», will ich wissen. «Die Kinder sind doch von vorne bis hinten verplant. Natürlich nicht alle. Natürlich», er lächelt sarkastisch, «nur anspruchsvoll verplant: Ballett, Gymnastik, Leichtathletik, Judo!» Er sieht mich an: «Ich mache selber Judo! Tut mir gut!» Aber es sei doch ein Unterschied, ob man spontan rangele und raufe oder das in einer wöchentlichen Einheit von zwei Stunden unter Anleitung mache! Er schüttelt den Kopf: «Und dann das morgendliche Fiasko vor der Schule, dieser Stau von Autos. Jeder bringt sein Kind bis direkt vor die Tür, damit es bloß nicht nass wird.» Seine Augen blitzen giftig: «Oder was weiß ich, wie die Argumente und Rationalisierungen der Eltern lauten!»

Er habe den Eltern einmal den Vorschlag gemacht, den Parkplatz vor der Schule morgens für Autos zu sperren, nur noch für Fahrräder zu öffnen, da habe es heftige Proteste der Eltern gegeben.

Als er mit seiner Schilderung zu Ende war, bat ich ihn, einmal zu ermitteln, wie lange ein Schüler durchschnittlich brauche, um die Schule zu Fuß oder mit dem Fahrrad zu erreichen, bzw. wie lange ein Auto benötigt, um das Kind «in die Schule zu kutschieren». Das Ergebnis der Befragung: Der Fußweg dauerte etwa 20 Minuten, mit dem Fahrrad brauchte es etwa zehn Minuten, um zur Schule zu kommen. Die Zeit für die Fahrt mit der «Benzinkutsche» nahm durchschnittlich fünf Minuten in Anspruch. Allein für die letzten 200 Meter benötigte man häufig mehr als drei Minuten, weil die Schule an einer Sackgasse lag und der Wendekreis morgens kurz vor acht chronisch verstopft war.

Als ich dies erfuhr, schlug ich dem Direktor vor, probeweise den Eltern vier Wochen lang zu untersagen, die Kinder mit dem Privat-Pkw in die Schule zu bringen, es sei denn, der Fußweg dauere länger als eine Stunde hin und eine Stunde zurück. Er lächelte mich an: «Grandiose Idee! Aber wenn ich das vorschlage, dann killen die mich!» Wenn er nur an die Sache mit dem Parkplatz denke.

«Gut», nahm ich den Faden auf, «ich übernehme das.» Gesagt, getan. Ich wollte einen Vortrag vor den Eltern halten: «Über die Bedeutung der Bewegung für Kinder von Aristoteles bis heute.» – «Warum Aristoteles?», wollte der Schulleiter wissen. «Macht sich immer gut», antwortete ich. «Erstens spricht das für die Belesenheit des Referenten, zweitens hat Aristoteles tatsächlich etwas dazu gesagt, und drittens holt solch ein Vortragsthema manche Eltern dort ab, wo sie sind!» Er brach in schallendes Gelächter aus: «Abgemacht!»

Der Vortrag fand statt. Eine große Zuhörerschaft hatte sich eingefunden, die meine theoretischen und praktischen Ausführungen richtig und wichtig fand. Zustimmendes Kopfnicken, Zwischenbeifall zeigte das. In der anschließenden Pause diskutierte man lebhaft, Widerspruch regte sich kaum. Als die Eltern wieder zusammenkamen, eröffnete ich den zweiten Teil der Veranstaltung mit den Worten: «Ich fand Ihre Zustimmung toll, und damit es nicht nur bei der Theorie bleibt, schlage ich vor, dass ab Montag kein Kind mehr mit dem Auto in die Schule gebracht wird, es sei denn, der Schulweg dauert länger als eine Stunde hin und eine Stunde zurück.»

Ich machte eine Pause. Es war mucksmäuschenstill im Saal, man hätte eine Stecknadel fallen hören. Ich wiederholte meinen Vorschlag lächelnd, aber im Stimmklang eine Nuance schärfer, um Reaktionen zu provozieren. Und die kamen. Kaum hatte ich den Satz ein zweites Mal formuliert, brach ein Durcheinander los. So musste es in Pompeji gewesen sein, dachte ich mir, als der Vesuv ausbrach. Der Schulleiter, der neben mir stand, duckte sich unmerklich und flüsterte mir zu: «Ich hab's gesagt, die bringen uns um!»

So schlimm wurde es natürlich nicht, aber die Argumente, die gegen meinen Vorschlag geäußert wurden, entbehrten nicht einer gewissen Tragikomik. Man konnte den Eindruck gewinnen, als führten nur mehrspurige Schnellstraßen durch das Wohnquartier, sodass die Kinder durch rasende Autos gefährdet wären, als säßen alle Sittlichkeitsverbrecher Europas in den Büschen dieses Stadtteils und würden nur auf die Kinder warten.

«Haben Sie denn noch nie etwas von Entführungen gehört, von Terroranschlägen?», war noch eines der vernünftigeren Argumente. Und eine Mutter ereiferte sich: «Und überhaupt! Wo sind wir denn? Wenn man jetzt schon seine Kinder nicht mehr mit dem Auto in die Schule bringen kann! Das ist doch Diktatur!» Und eine dritte meinte: «Sie denken überhaupt nicht an die schweren Schulranzen.»

Irgendwann – auch auf Initiative des Elternbeirates, der Mitveranstalter war und in das Vorhaben eingeweiht – beruhigte sich die Atmosphäre allmählich. Es wurde ein Kompromiss gefunden: Das Projekt solle zwei Wochen dauern, die maximale Gehzeit eine halbe Stunde hin und eine halbe zurück betragen.

Das Ergebnis: Schon nach kurzer Zeit nahmen die bewegungsorientierten Aggressionen in der Pause erheblich ab. Natürlich gab es immer noch Kinder, die Regeln verletzten. Aber diese Grenzüberschreitungen hatten andere Ursachen. Insgesamt waren die Eltern erstaunt, wie leicht es den Kindern fiel, ihren Weg zu Fuß oder per Fahrrad zu machen, wie entspannt sich die Situation vor allem zu Hause darstellte: Sie kamen meist fröhlich an, hatten ihren Frust auf dem Fußweg gelassen. «Sie moserten nicht mehr herum, sie hatten sich richtig entladen.» Als die zwei Wochen herum waren, gab es eine Befragung unter Kindern. Sie plädierten dafür, das Projekt fortzusetzen.

Parallel dazu fand eine Umgestaltung des Schulhofes statt, der nun viele Freiflächen zum Ausleben des Bewegungsdranges aufwies, aber Rückzugsmöglichkeiten enthielt. Der Teerboden wurde entfernt und durch Sand- und Kiesunterlage ersetzt.

Man beteiligte die Kinder an den Planungen, sodass sie zu ihrem Schulhof ein ganz eigenes Verhältnis aufbauen konnten. Die veränderte Gestaltung berücksichtigte elementare Bedürfnisse der Kinder: den Körper durch Bewegung zu erfahren, das Bedürfnis nach Nähe, mit anderen Kindern zusammen zu sein, mit ihnen Kontakt aufzunehmen, aber zugleich das Bedürfnis nach Distanz, nach Abgrenzung, nach Rückzug, um sich ständiger Beobachtung und Kontrolle durch Erwachsene zu entziehen. Die Schüler und Schülerinnen stellten zugleich Verhaltensregeln für den Schulhof auf. Das Resultat: Weil sich die Schüler zunehmend mit «ihrem» Schulhof identifizierten, gingen die Sachbeschädigungen im Pausengelände und am Schulgebäude zurück, nahmen die Pausenunfälle rapide ab. Die naturnahe Gestalt schärfte zudem das Umweltbewusstsein der Schüler und Schülerinnen.

Ich beobachte gegenwärtig eine problematische Entwicklung: Wenn Kinder in die Schule kommen, werden Spiele, Sport, werden körperliche Aktivitäten von den Eltern schnell hintangestellt. Kognitives, intellektuelles Lernen dominiert in der Hierarchie. Eltern ist es wichtig, dass ein Kind Lesen, Schreiben und Rechnen lernt. Und so bilden sich, schneller, als man denkt, die wichtigen und die weniger wichtigen Schulfächer heraus: Deutsch und Mathematik stehen obenan, Musik, Sport und Kunst sind Fächer zweiter Wahl.

Da mögen Lehrer und Lehrerinnen noch so sehr eine ganzheitliche Förderung praktizieren. Wenn die Kinder in der dritten und vierten Klasse mit einem Zeugnis nach Hause kommen, dann fällt der elterliche Blick zuerst auf die Noten der – aus väterlicher und mütterlicher Sicht – bedeutsameren Fächer. Und hat ein Kind in Deutsch oder Mathe eine «Vier», in Kunst und Sport dagegen eine «Eins», dann hat manch ein Neun- oder Zehnjähriger schon den Satz gehört: «Könnte es nicht mal ein bisschen umgekehrt sein?»

Hier ist ein Dilemma angedeutet, das mit der ersten Schulklasse beginnt. «Nun fängt der Ernst des Lebens an!» Diesen Satz haben Erwachsene schnell zur Hand. Bewegung und Spiel werden nicht selten zugunsten abstrakterer Lernvorgänge eingeschränkt.

Dabei stellt das sechste Lebensjahr – der Zeitpunkt der Einschulung – einen willkürlich gewählten Einschnitt dar. Angemessener wäre es, die Zeit zwischen dem fünften und achten Lebensjahr als einen allmählichen Übergang zu begreifen. Das

Kind muss in diesen ungewohnten Lebensabschnitt hineinwachsen. Und dazu braucht es Zeit. Ein sechsjähriges Kind, das in die Schule kommt und mit dem Unterricht beginnt, ist ja nicht automatisch hinausgewachsen über jene anschaulichen Lernvorgänge, die es im Kindergarten erfahren hat. Das spielerisch-konkrete Erkunden von Wirklichkeit, wonach das Begreifen über das Greifen, das Erfassen vom Fassen kommt, bleibt nach dem Schuleintritt so wichtig wie zuvor.

Das gilt gleichermaßen für die körperbezogenen Entwicklungsaufgaben. Nur ein Kind, das seinen Körper akzeptiert, kann sich auf abstrakte Lernvorgänge einlassen. Das Verstehen setze das Stehen voraus, so hat es Pestalozzi einmal formuliert. Nur ein Kind, das in der Welt steht, mit beiden Beinen auf der Erde verhaftet ist, das einen Standpunkt hat, kann irgendwann abstrakte Standpunkte einnehmen.

Raum und Zeit sind zwei häufig übersehene Kategorien, wenn es um «Gewaltprävention» geht. Natürlich erzeugen Raum und Zeit nicht zerstörerische Gewalt, aber sie können destruktive Dispositionen bei Kindern und Jugendlichen genauso verstärken, wie sie physisches und psychisches Wohlbefinden mit sich bringen können. Enge Räume, die kein Ausleben des kindlichen Bewegungsdranges ermöglichen, bringen einen Dichtestress mit sich, knappe Zeiten verursachen Hektik und Unausgeglichenheit.

Wenn Kinder ständig im Blickfeld anderer sind, wenn Nischen zum Verstecken und Rückzug fehlen, dann fühlen sie sich nicht nur beobachtet, sondern zugleich reglementiert. Dies fördert dann Verdruss auf beiden Seiten. Kinder brauchen Mischräume, die das Gemenge aus Nähe und Distanz ermöglichen. Dies mag ein Grund sein, warum Kinder Wohnküchen und Wohnzimmer mit ihrem Spielzeug erobern, doch zugleich brauchen sie die Kinderzimmer, um für sich zu sein – mit ihren Gedanken, ihren Träumen und Phantasien.

Ähnliches gilt für die Zeit: Eng kalkulierte, vorstrukturierte Zeiten verplanen Kinder, lassen ihnen kaum Luft zum Atmen. Aber Kinder, denen man alle Zeit der Welt lässt, bilden keine innere Uhr aus, sie verlieren sich in der Zeit, werden ungeduldig, fragen ständig nach der Uhrzeit. Wie beim Raum kommt es bei der Zeit auf die Mischung an: darauf, dass die Balance aus vorstrukturierter und selbstbestimmter Zeit stimmt.

Wer Erfahrungen im Raum und in der Zeit stilllegt, der kann Entwicklungsprozesse behindern. Im Schaukeln, im Laufen, im Springen, im Balancieren erfahren Kinder das Gefühl des Abhebens und der Schwerelosigkeit, des Rausches von Geschwindigkeit, der Geschicklichkeit und der Kraft. Das Kind erprobt und zeigt, was es kann. Nur über die praktische Bewältigung kommt das Kind zur gedanklichen Beherrschung. Und dazu gehören auch Misserfolge. Sie zeigen Grenzen auf, können zugleich ermutigen – oder auch entmutigen. Sicherheit in der Bewegung und ein wachsendes Selbstwertgefühl hängen eng zusammen, eingeschränkte Bewegungsmöglichkeiten und wenig Zu- und Selbstvertrauen aber auch. Über Bewegung wird Identität ausgebildet, werden soziale Beziehungen hergestellt. Und so kommt es nicht von ungefähr, wenn bewegungsgestörte, ungeschickte Kinder in der Gruppe manchmal isoliert sind. Als ich dieses Thema auf einer Veranstaltung erarbeite, fragt Frau Daniels, Mutter zweier Kinder, genervt: «Ich sehe das schon ein. Aber sagen Sie mir, was ich machen soll. Ich achte doch schon auf vieles, und nun ...» Sie kann ihren Satz nicht zu Ende bringen, eine andere Mutter fällt ihr ins Wort: «Ich flöhe jedes Jahr gemeinsam mit meiner Tochter deren Terminkalender durch.» Sie macht eine kurze Pause. «Vor allem frage ich mich immer, welche Termine möchtest du, dass sie von den Kindern wahrgenommen werden? Und welche Termine möchten sie wohl selber wahrnehmen? Nur so gewährleiste ich, dass ich nicht meine Vorstellungen den Kindern überstülpe.»

Die regelmäßige Überprüfung des kindlichen Terminkalenders kann *eine* Möglichkeit darstellen, übermäßige zeitliche Belastungen der Kinder zu kontrollieren. Zudem: Freizeit soll freie Zeit bleiben. Kinder brauchen Entspannung, das Gefühl, sich einmal fallen zu lassen. Und dazu zählt – so schwer es Eltern auch aushalten können –, mal in die Luft zu schauen, nur so dazusitzen, Langeweile zu genießen …

«Ich habe anfangs Schwierigkeiten gehabt», erinnert sich Frau Hubert, «meinem Sohn die Fahrt zur Schule mit dem Fahrrad zu gestatten. Ich dachte, er wäre noch viel zu klein. Er ist doch eben erst sieben Jahre. Ich hab mir da schon meine Gedanken gemacht.» Sie schaut mich sorgenvoll an. «Aber er hat keine Ruhe gegeben. Da hab ich mir schließlich einen Ruck gegeben. Nun geht es. Vor allem, weil er mit Freunden zur Schule fährt.» Sie überlegt: «Irgendwie ist er seitdem selbständiger geworden. Und bei uns kommen nicht diese ständigen Terminabsprachen dazwischen. Das hat zum Schluss wirklich genervt.»

KAPITEL 4:

# Mit Aggressionen leben – Vorbeugung und Eingriffsmöglichkeiten

## «Denen gehört was hinter die Ohren!» – Über Strafen, Konsequenzen und Wiedergutmachung

«Ich verstehe schon», erzählt mir Roland Färber, Vater zweier Söhne, «dass man Aggressionen nur in den Griff bekommt, wenn man klare, harte Grenzen setzt. Die Kinder müssen wissen, woran sie sind. Man muss ihnen zeigen: Bis hierher und nicht weiter!»

«Genau», fällt ihm Stefan Hubert ins Wort. «Bis hierher und nicht weiter! Und wer eine Grenze übertritt, der muss die Folgen spüren. Ohne Bestrafung kriegt man das nicht in den Griff. Ich denke, wir sind zu lasch geworden. Oder warum tanzen uns die Kinder sonst auf der Nase herum, sodass wir nicht mehr weiterwissen?»

Mario Schulz wiegt seinen Kopf bedächtig hin und her: «Tja, da haben wir wirklich ein Problem. Ich finde Strafe nicht gut. Aber ohne Strafe geht's eben doch nicht. Meine Söhne folgen nur oder räumen nur auf, wenn ich ihnen mit irgendetwas drohe, kein Fernsehen, kein Computer und so. Ich komme mir dann absolut blöde vor. Aber anscheinend geht es nicht anders.»

Grenzen setzen hat nichts mit Bestrafung zu tun. Strafen heben meist auf eine abstrakte Moral ab – «Man tut das nicht!» –, mit der ein Vorschul- und Grundschulkind nicht viel anzufangen weiß. Strafen bedeuten Vergeltung, Herrschaft und Besserwisserei, wollen Willen brechen, Zwang ausüben und dienen nicht

– und dies scheint mir wichtig zu sein – der Verbesserung und Veränderung des störenden Verhaltens oder der Grenzenüberschreitung. Strafen mögen zwar kurzfristig Erfolg zeigen, letztlich verschärfen sie negative Haltungen oder Einstellungen.

Andererseits: Wer Grenzen setzt, der muss zugleich darüber nachdenken, wie er bei Grenzverletzungen und nicht eingehaltenen Absprachen reagiert. Dabei kann es nicht um Strafe oder Verbote gehen, vielmehr um logische Konsequenzen und um natürliche Folgen.

Diese beziehen sich auf das Hier und Jetzt, sind nicht rückwärts gewandt, indem sie den Ursachen für das Fehlverhalten auf der Spur sind. Sie zielen vielmehr auf eine konstruktive Konfliktlösung. Natürliche Konsequenzen zeigen dem Kind: Ich kann mehr als nur Grenzen verletzen oder Regeln nicht einhalten, ich kann auch verantwortlich für mein Tun sein. Strafen verstärken Minderwertigkeitsgefühle – das, was *man* alles nicht kann! Logische Folgen verstärken das Selbstwertgefühl – das, was *ich* alles kann! Deshalb geschehen natürliche Folgen freundlich, fest und auf der Basis gegenseitiger Achtung.

Natürliche Folgen enthalten keine Drohung – «Wenn du dein Zimmer nicht aufräumst, dann siehst du nicht fern» –, sie sind zugleich darauf ausgerichtet, nicht jeder ungebührlichen Forderung des Kindes nachzugeben. Zugleich ermutigen sie das Kind, bei der Veränderung des störenden Handelns mitzuhelfen. Absprachen sind keine Kompromisse, sondern der Versuch aller Beteiligten, durch gemeinsame Überlegungen eine als unangemessen und störend empfundene Situation zu lösen. Während Strafen entmündigen und entmutigen, bauen natürliche Folgen auf. Natürliche Folgen geben die Verantwortung für das Tun und Lassen an das Kind zurück: Sie lassen Kinder die Folgen unangemessenen Tuns spüren, zeigen ihnen zugleich Wege und Auswege.

### Robert erlebt Drohungen

Michaela Geiger hatte mit ihrem fünfjährigen Robert einen ganzen Nachmittag lang gespielt, hatte sich intensiv um ihn gekümmert. Die Zeit verlief sehr harmonisch. Man vereinbarte, noch fünf Minuten zu spielen. Robert war einverstanden: Als Michaela Geiger das Spiel beenden wollte, bettelte Robert weiter, zögerte mit Weinerlichkeit und Traurigkeit das Ende immer aufs Neue hinaus. Die Mutter wurde ungeduldiger, die bisher ausgeglichene Stimmung drohte umzuschlagen. Als Robert sie wieder mit den Worten nötigte: «Du hast mich nicht lieb», flippte sie, wie sie sich später erinnert, «völlig aus!»

«Was hast du gesagt?», schrie sie mit sich überschlagender Stimme. Robert streckte die Zunge heraus, murmelte einige Worte, die Michaela Geiger nicht genau verstand. Dann schaute Robert seine Mutter an: «Du spielst nie mit mir! Du magst mich nicht!»

Sie springt auf, reißt ihren Sohn vom Stuhl hoch. «Gut, dann such dir 'ne andere Mutter!» Sie ist außer sich. «Und ich will dich hier nicht mehr sehen. Hau ab! Hau ab! Zieh doch aus!» Sie zieht ihn ins Kinderzimmer.

«Los, pack deine Sachen!» Michaela Geiger sieht Roberts kleinen Rucksack in der Ecke liegen, reißt ihn hoch. Robert steht die ganze Zeit wie versteinert herum, unfähig, ein Wort zu sagen. Er ist starr vor Schreck, schockiert über seine Mutter, die die Kommode aufzieht, Pullover, Hosen, Strümpfe, T-Shirts, alles mehr oder minder wahllos herauszieht, um sie in den kleinen Kinderrucksack zu stopfen.

«Mama!» Roberts Stimme klingt zaghaft.

«Halt die Klappe!» Der Satz kracht wie ein Hieb auf Robert nieder. Er schweigt.

«So, nun komm!» Sie zieht ihn am Arm.

«Ich bring dich jetzt zur Bushaltestelle und dann fährst du in ein Kinderheim!»

«Nein! Nein! Nein!» Robert erstarrt, setzt sich auf den Boden, legt sich hin. Mit beiden Beinen klammert er sich am Bettgeländer fest. Seine Mutter zieht und zerrt, schreit: «Kommst du endlich! Ich schmeiß dich raus!»

«Ich will doch lieb sein! Nicht ins Heim! Ich will immer lieb sein! Nicht ins Heim! Bitte, Mami, nicht ins Heim!» Roberts Stimme hat einen flehenden Klang, aber die Mutter lässt ihm keine Chance. Je mehr er sich anklammert, umso heftiger zieht sie – bis er laut vor Schmerzen aufschreit. Sein linker Arm hängt ungelenk herunter, er ist – wie sich später herausstellt – ausgekugelt.

«Da bin ich wieder zur Besinnung gekommen. Als ich Robert da hab liegen sehen, bin ich zusammengebrochen und hab nur noch geheult!»

Diese Situation verdeutlicht das Strafprinzip:

- Viele Erwachsene warten mit dem Grenzensetzen sehr lange, obgleich sie spüren, Klarheit und Festigkeit sind für eine weitere Klärung der Situation mehr als überfällig.
- «Gute» Worte setzen keine Grenzen – vielmehr ist ein Handeln notwendig, das sich am Kind und seinen Möglichkeiten orientiert. Wird nicht gehandelt, so erzwingt das Kind dies, indem es seine Störungen fortsetzt. Wird nicht rechtzeitig eingegriffen, kann sich aus der langen Leine, dem Langmut, der stillschweigenden Duldung eine impulsive Strafaktion entwickeln, die durchaus physische und psychische Verletzungen nach sich zieht.
- Strafen ändern nichts am störenden Verhalten des Kindes. Vielmehr verstärken Strafen Zerstörung, Brutalität und Gewalt, wird doch den Kindern machtorientierte Aggression als praktisches Modell angeboten, Konflikte zu beenden. Dabei hat die Lernpsychologie immer wieder darauf aufmerksam gemacht, dass nur elterliche Zuneigung und Selbstkontrolle, gepaart mit Mitgefühl und moralischem Handeln, Aggressionshemmungen bewirken können.

Strafen mögen zwar *kurzfristig* eine Situation beenden. Das bedeutet aber nur ein kurzzeitiges Erfolgserlebnis, denn durch Strafen werden Kindern keine Möglichkeiten aufgezeigt, das störende Verhalten zukünftig anders, vor allem selbständiger zu lösen.

Elterliche Strafaktionen, die ein Kind als Erniedrigung empfindet, führen entweder zu dem Wunsch, sich durch weitere Störungen an den Eltern zu rächen, oder aber zu überangepasstem Verhalten, um sich vor impulsiven elterlichen Strafaktionen zu schützen.

### Florian und Klaus bummeln

Florian und Klaus, zwei Brüder, sechs und neun Jahre alt, bummeln auf dem Weg aus der Schule nach Hause. Sie unterhalten sich mit Freunden, trödeln, spielen, machen Umwege. Derweil wartet die Mutter, Frau Klauser, zu Hause mit dem Essen. Sie ist unter Druck, muss sie doch am frühen Nachmittag zur Arbeit. «Das ist Stress», sagt sie. «Ich habe alles fertig, und die beiden kommen nicht.» Die Folge ist, dass schnell gegessen wird, «eine richtig ungemütliche Situation, absoluter Stress.» Frau Klauser bittet ihre Söhne darum, rechtzeitig zu kommen. Ohne Erfolg – dafür nehmen die mittäglichen Reibungen an Lautstärke und Heftigkeit zu.

Der Stress am Nachmittag beginnt sich auf die abendliche Essenssituation auszuwirken. Auch sie wird zusehends angespannter. Nach einiger Zeit *droht* Frau Klauser: «Ich fange jetzt um Viertel vor eins mit dem Essen an, egal, ob ihr da seid.» Die Kinder protestieren. Ihnen ist das gemeinsame Mittagessen wichtig. Aber die Drohung bleibt ohne Folgen: Die Kinder kommen nach wie vor zu spät, Frau Klauser setzt ihre Worte nicht um: «Dann säßen die ja dann ganz allein hier. Das bringe ich nicht übers Herz.»

Die Klausers stellen diese Situation auf einem Familienseminar vor. Alle sind sich einig darüber, wie wichtig das gemeinsame Mittagessen für alle ist. Den Kleinen wird klar, dass sie mithelfen müssen. Sie versprechen, sich zu beeilen, sich gegenseitig daran zu erinnern, zügiger nach Hause zu gehen.

«Und wenn es nicht klappt?»

«Dann darf Mama anfangen, und wir essen allein.»

In den folgenden vier Tagen klappt die Absprache vorzüglich. Gemeinsam freut man sich über das Ergebnis – bis Florian und Klaus wieder die Zeit vergessen. Frau Klauser beginnt mit dem Essen, erst zögerlich, dann zunehmend säuerlich – aber am Ende ganz selbstbewusst: «Ich hätte nicht gedacht, dass ich so stark bin, mich an die Absprache zu halten.»

Sie deckt den Tisch ab, stellt das Essen warm. Als sie das Haus verlässt, kommen Florian und Klaus. Die Mutter, schon im Mantel, bereit, aus dem Haus zu gehen, meint ganz freundlich: «Ich gehe jetzt. Das Essen steht auf dem Herd.» Sie umarmt beide und geht. Die Kinder fangen an zu streiten, warum wer wen nicht an die Absprache erinnert hat. Sie wärmen sich ihr Essen, setzen sich und fangen bald mit dem Essen an. In einem späteren Gespräch meint Florian anerkennend: «Hätt ich nicht von Mama gedacht.» Klaus meint ganz direkt: «Ich schon. Mal musste sie ja was lernen.»

Vergleicht man einmal die mütterlichen Reaktionen in den beiden vorgestellten Fällen, dann wird der Unterschied zwischen Strafe und Konsequenz deutlich.

Die *Strafe*

- baut auf Anpassung und Gefallen,
- macht veränderte Handlungsmuster von der Anwesenheit der Bezugspersonen abhängig,
- erzeugt Schuldgefühle, beim Kind das Gefühl «Ich bin böse!» und bei den Eltern «Ich erziehe schlecht!»,
- führt zu einer Rationalisierung der elterlichen pädagogischen Aggression: «Wenn mein Kind brav wäre, könnte auch ich gut sein!»,

- hat jedoch nicht selten Rache- und Vergeltungsphantasien der Kinder zur Folge.

*Konsequenzen* stehen in grundsätzlichem Zusammenhang mit dem Tun des Kindes. Sie stellen natürliche Folgen dar, die beim Kind Einsicht wecken sollen.

- Konsequenzen müssen dem Kind *vor* der Grenzüberschreitung klar sein. Das Kind hat die Freiheit: Es kann Grenzen respektieren, Absprachen einhalten, dann treten die Konsequenzen nicht in Kraft. Überschreitet ein Kind Grenzen, missachtet es Absprachen, dann weiß es um die Konsequenzen.
- Auch die Konsequenzen argumentieren mit einer «Wenn-dann»-Formulierung. Ähnlichkeiten zur Strafandrohung sind *sprachlich* unverkennbar. Gleichwohl hat die «Wenn-dann»-Verknüpfung bei der Konsequenz einen anderen Zusammenhang. Konsequenz baut darauf auf, dass Kinder an der Beseitigung von Störungen mitarbeiten *wollen.* Bei Konsequenzen geht es nicht um Schuld und Sühne, sie bauen auf einer partnerschaftlichen Erwachsenen-Kind-Beziehung auf, einer Partnerschaft, die Freiheit und Gleichwertigkeit nicht mit Grenzenlosigkeit und «Gleichmacherei» verwechselt.
- Konsequenzen bauen auf gegenseitigem Respekt auf, sie wollen Lösungen durch Einsicht. Konsequenzen haben ein positives Bild vom Kind: Sie gründen darauf, dass Kinder nur dann stören, wenn sie über konstruktive Aktionen *keine* Aufmerksamkeit bekommen.
- Konsequenzen werden in ruhigem Ton formuliert. Dies ist möglich, weil sie im Vorhinein abgesprochen werden. Wichtig ist: Das Kind sollte die natürlichen Folgen fühlen, sie nicht als Drohung empfinden: «Wenn du nicht isst, wirst du bestimmt hungrig sein!» stellt eine Drohung dar. «Du brauchst nicht zu essen!» bedeutet für das Kind eine Wahl:

Es ist meine Sache zu essen. Tue ich das nicht, entscheide ich mich, hinterher möglicherweise hungrig zu sein. Kinder lernen aus Erfahrung – nicht aus drohenden oder «guten» Worten. Bestrafungen fördern in der Regel Widerstände, verlangen gleichzeitig vom Kind keine konstruktive Mitarbeit bei der Lösung des anstehenden Problems.

- Bei Grenzüberschreitungen und Regelverletzungen wird zu häufig mit Worten gekämpft. Formulierungen wie «Das habe ich dir schon hundertmal gesagt!» machen Kinder taub. Grenzen zu setzen und natürliche Folgen zu erfahren, legt das Schwergewicht auf jenen Dreh, der das Alltagsproblem *löst*. Die natürliche Folge bleibt nicht bei der Ursachenforschung stecken – fragt nicht ständig nach dem «Warum», sondern ist auf das Hier und Jetzt, auf die pragmatische Lösung orientiert. «Warum»-Fragen bringen Kinder schnell in die Opfer- und Verteidiger-Haltung, Eltern in die des Besserwissers. Natürliche Folgen fordern das Kind, arbeiten mit den konstruktiven Anteilen des Kindes, setzen Vertrauen in seine Kräfte und tragen so zur Stärkung des Selbstwertgefühls bei.

### Julia, Eike und Wolf und die Wiedergutmachungen

Nicht immer kann man Konflikte durch konsequentes Verhalten oder Gespräche lösen. Schwierig wird es vor allem, wenn Pubertierende etwa vorsätzlich fremdes Eigentum zerstören und beschädigen, wenn sie andere Personen psychisch oder physisch verletzt haben. Jugendliche brauchen dann unmittelbare Reaktion und Beachtung, sonst weitet sich ihr zerstörerisches Handeln aus. Hier bietet sich die Methode der Wiedergutmachung an, ein pädagogisches Handlungsmuster, das man nur wenig anwendet. Die Wiedergutmachung ermöglicht es, sowohl die Perspektive des Opfers bzw. des Geschädigten als auch des Täters einzunehmen und beide Blickwinkel zum Ausgleich zu bringen.

Julia, Eike und Wolf, alle vierzehn Jahre alt, werden erwischt, als sie ihre Schule mit Graffiti besprühen. Was sie für künstlerische Selbstverwirklichung halten, stellt sich bei näherem Betrachten als vorsätzliche Sachbeschädigung dar. Alle drei sehen zwar ein, dass sie «Mist gemacht haben», wollen den Schaden aber über die Haftpflichtversicherung ihrer Eltern regulieren. Eike zum Schulleiter: «Ich bringe Ihnen morgen die Versicherungsnummer mit.» Doch der lässt sich darauf nicht ein. Er fragt: «Wie könnt ihr den Schaden rückgängig machen?»

Die drei zucken mit den Schultern.

Der Schulleiter wiederholt: «Ihr habt euch ja auf frischer Tat erwischen lassen!»

Eike überlegt.

«Vielleicht dem Hausmeister helfen?», fragt er vorsichtig.

Der Schulleiter nickt und fährt gelassen fort: «Nun habt ihr die Gelegenheit, eure Malerarbeiten rückgängig zu machen. Ihr helft dem Hausmeister bei der Reinigungsarbeit an der Mauer.»

Die drei maulen zwar, verbringen dann aber den Nachmittag mit der Beseitigung der Graffiti. Hier zeigen sich einige produktive Aspekte der Wiedergutmachung:

1. Wenn man Schäden bargeldlos begleicht, bedeutet das keine aktive Schadensbeseitigung. Durch eine konkrete Handlung wie die Reparatur oder Reinigung wird Jugendlichen die Möglichkeit gegeben, ihre Grenzverletzungen *zu begreifen* – und dies im wahrsten Sinne des Wortes. Dadurch gibt man ihnen auch die Chance, Verantwortung für ihr zerstörerisches Tun zu übernehmen. Sie können Schuldgefühle bearbeiten, die möglicherweise mit dem Handeln einhergehen.
2. Die Wiedergutmachung muss man durch Gespräche begleiten und Jugendlichen zeigen: «Ich nehme dich an. Aber nicht dein Verhalten!» Die Art der Wiedergutmachung ist gemeinsam zu entwickeln.

3. Die Wiedergutmachung muss zumutbar sein, sie muss die gefühlsmäßigen und intellektuellen Fähigkeiten berücksichtigen. Die Jugendlichen sollten die Gelegenheit erhalten, Verantwortung für ihr Tun zu übernehmen und entstandenen Schaden zu beheben.

Die Wiedergutmachung stellt eine Variante der Konsequenz dar und bietet eine weitere Alternative zur Strafe. Sie stärkt die Selbstverantwortung, ist auf die Lösung orientiert, weist in die Zukunft und nimmt die Opfer bzw. Geschädigten und den Täter ernst. Die Wiedergutmachung setzt Grenzen und bietet damit Orientierung.

## «Fürchterlich! Diese Brutalität!» – Über die Notwendigkeit von Aggressionsritualen

### Einschätzungen

«Ich beobachte», so erklärt mir Sonja Schneider, Grundschullehrerin, «eine wirklich wachsende Brutalität. Kinder, insbesondere Jungen, haben vor nichts mehr Respekt. Die hauen einfach drauflos. Das macht mir Angst, wenn ich so etwas sehe.»

Ihm ergehe es ähnlich, fährt Thomas Müller, Trainer in einem Fußballverein, fort, «wie die sich im Spiel beharken, auf die Knochen des Gegners gehen.» Das sei manchmal kein Kampf mehr, das grenze an Vernichtung. «Und wie die Zehnjährigen schon den Schiedsrichter angreifen, das hat's bei uns nicht gegeben. Wir waren wirklich keine Chorknaben, aber vor dem Schiedsrichter, da haben wir gekuscht.» Klar wäre auch Angst dabei gewesen, aber eben auch eine gehörige Portion Respekt, die Regeln einzuhalten. «Wo kommen wir denn sonst hin?» Er schüttelt seinen Kopf und gibt sich selber die Antwort: «In die menschliche Barbarei!»

«Da haben Sie mir das Stichwort gegeben», greift Ronald Mattusek in das Gespräch ein. «Ich beobachte im Schulalltag eine richtige Verrohung der Sitten. Die gibt es, da führt kein Weg dran vorbei. Natürlich gab's bei uns auch was auf die Nase. Zweimal war mein Nasenbein gebrochen, aber das passierte im Eifer des Geschehens. Der das gemacht hat, hat sich sofort entschuldigt. Dem tat das wirklich Leid!» Sorgenfalten treten auf seine Stirn. «Heute schlagen sie blind auf einen, der am Boden liegt. Wenn ich neulich nicht eingeschritten wäre, ich weiß nicht, wie das geendet hätte. Da kauerte einer auf dem Schulhof, hatte ganz offensichtlich keine Kraft mehr, war fertig, und zwei Burschen schlagen und treten weiter auf ihn ein. Unmöglich! Einfach unfassbar!»

«Ich sehe etwas Ähnliches», ergänzt Anton Schäfer, Rektor einer Grund- und Hauptschule. «Die Kämpfe vor allem zwischen den Jungen nehmen zahlenmäßig ab. Da ging's doch früher wesentlich häufiger zur Sache. Aber man musste weniger einschreiten: Die wussten irgendwie, wann Schluss mit dem Kämpfen war. Heute kämpfen die zwar weniger, aber die Verletzungen nehmen zu. Natürlich gab's früher auch Schrammen, flogen die Fetzen, der Schulhof war ja kein Ort der Idylle. Aber in den letzten Jahren musste ich das eine oder andere Kind schon mal zum Arzt bringen oder den Krankenwagen holen, so brutal haben da einige zugeschlagen. Und das macht mir wirklich Sorgen: Häufig steckt hinter den Verletzungen nicht unbedingt böse Absicht. Die wissen oft nicht, was sie mit ihren Schlägen und Tritten anrichten.»

Der Rektor formuliert hier eine Einschätzung, die sich durchaus verallgemeinern lässt: Es findet eine Entkörperlichung der Erziehung statt. Viele Heranwachsende fühlen sich nicht in ihrem Körper zu Hause, haben das Gefühl für ihren Körper mehr oder minder verloren.

Dies ist ein schleichender Prozess, der in den letzten Jahrzehnten zu beobachten ist.

Um das an einem Beispiel zu veranschaulichen: Ich habe vor knapp dreißig Jahren, als ich anfing, mich mit dem Thema «Aggressionen im Kindes- und Jugendalter» zu befassen, Befragungen bei Eltern gemacht, wie oft Rangel- und Raufrituale in der eigenen Familie stattfinden. In etwa drei Viertel der Familien wurde dies regelmäßig gemacht. Es fanden Kissenschlachten statt, man kämpfte so, wie es abgesprochen war. In den letzten beiden Jahrzehnten haben häusliche Rauf- und Rangelrituale kontinuierlich abgenommen. Die bisher letzte – natürlich nicht repräsentative – Befragung habe ich im Jahre 2002 bei 600 Eltern durchgeführt. Nicht einmal 40 % der befragten Väter und Mütter gaben an, mit ihren Kindern *regelmäßig* zu rangeln, zu raufen oder zu toben. Als Hauptgrund nannten sie, dass aus solchen Kämpfen schnell Ernst werde und die Kinder kein Ende finden könnten.

Wer Kindern aber die Möglichkeit entzieht, den Körper zu erfahren und auszuprobieren, der darf sich nicht wundern, wenn sie dann ungestüm, ungelenk, ja brutal und gemein auf andere einschlagen. Kinder müssen lernen, dass man boxen darf – aber nicht ins Gesicht oder in den Magen, sondern auf den Oberarm, und dies nicht mit voller Wucht, sondern abgestuft und geschmeidig, um niemandem wehzutun. Kinder können erfahren, dass man fest zupacken kann – aber nicht an den Kehlkopf, sondern an Hand- und Fußgelenk –, so lange, bis der Mitkämpfer Zeichen gibt, loszulassen oder aufzuhören. Kinder können begreifen, dass zum Toben nicht Kratzen, Beißen, Treten oder Kopfstoßen gehört, sondern dass zu einem Kampf das Einhalten von ausgemachten Regeln und Ritualen gehört. Wer sich nicht daran hält, der wird vom Kampf ausgeschlossen und disqualifiziert. Der Box- und Judosport kann hier als Vorbild dienen. In diesen Sportarten dient der Kampf nicht der Vernichtung des Gegners, hier geht es um ein faires Kräftemessen – eingebunden in verlässliche Regeln und Rituale.

Diese fehlen heute vielen Heranwachsenden, weil man sie allein gelassen hat und manche nicht mehr wissen, wohin sie mit ihren überschüssigen Kräften sollen. Und wenn die Heranwachsenden dann im wahrsten Sinne des Wortes «ausflippen», kommt schnell die Feststellung, sie würden brutaler, würden anderen bewusst Schaden zufügen. Solche Zuschreibungen gehen am Kern der Sache vorbei.

Stattdessen wäre es besser, sich mit den Gründen zu beschäftigen, die es Kindern so schwer machen, Regeln beim Umgang mit Aggressionen zu akzeptieren.

Wenn Kinder also nicht durch Tun erfahren, dass z.B. Streicheln andere Empfindungsqualitäten nach sich zieht als kräftiges Zupacken, dann sind sie nicht in der Lage, Muskelkraft situationsangemessen zu gebrauchen: Sie *wollen* angemessenen körperlichen Kontakt aufnehmen, *können* aber nicht – so wird aus dem beabsichtigten zärtlichen Knuff ein schmerzhafter Schlag.

Um nun nicht missverstanden zu werden: Körperbetontes «Dampfablassen» bringt Aggressionen nicht zum Verschwinden, es hat keine kathartische, also reinigende Wirkung. Manchmal kann das Beobachten heftiger körperorientierter Aktivitäten – z.B. beim Boxen oder bei Karate – bei nicht gefestigten Persönlichkeiten durchaus dazu führen, dass sie das, was sie zuvor erlebt haben, in der unmittelbaren Folge nachahmen. Gleichwohl haben Sportarten, die Körpererlebnisse wachhalten, ihren Sinn: Man erlernt Rituale, man wird zur Beachtung von Regeln gezwungen, will man nicht vom Kampf und dem Wettbewerb ausgeschlossen werden.

Aber eine Entritualisierung lässt sich nicht allein bei körperlichen Kämpfen beobachten, sie hat in anderen Situationen des Alltags längst Einzug gehalten.

Gibt man Rituale jedoch auf, dann fallen Halt gebende Momente weg, die die zwischenmenschlichen Beziehungen fest und stabil, verlässlich und einschätzbar werden lassen. Man weist Ritualen gegenwärtig eine untergeordnete Bedeutung zu, ohne zu bedenken, welche Stabilität sie für Kinder und Jugendliche mit sich bringen. Löst man Rituale auf, unterschätzt man damit ihren herausragenden Stellenwert, um dem Chaos in den zwischenmenschlichen Beziehungen Einhalt zu gebieten.

Niklas, fünf Jahre, ist frühmorgens im Kindergarten gefürchtet: Er kennt keine Regeln, schreit, schlägt um sich, lässt keinen an sich heran. Erst im Laufe des Vormittags beruhigt er sich, geht auf seine Erzieherinnen und die anderen Kinder zu, wird zugänglicher, hält sich an Vereinbarungen und trägt Konsequenzen mit, falls er Grenzen überschreitet. Wenn seine Eltern ihn nachmittags abholen, «fängt», so seine Erzieherin, Maike Soltau, «das Theater wieder an. Wenn er seine Mutter oder seinen Vater nur aus der Ferne sieht, geht er auf sie los, lässt sich nicht anziehen, schlägt sie, tritt sie. Die Eltern reagieren völlig hilflos, wissen nicht, was sie tun sollen. Mal schimpfen sie, mal geben sie nach, dann versuchen sie, ihn mit irgendetwas zu bestechen, damit er nachgibt, oder sie drohen an, er dürfe nicht fernsehen, wenn er so weitermache.» Die Erzieherin schüttelt den Kopf: «Das ist ein ewiges Hin und Her. Und am anderen Morgen fangen wir von vorne an!»

Niklas, so die Meinung seiner Erzieherin, erfährt im Elternhaus eine äußerst inkonsequente und darüber hinaus noch uneinige elterliche Erziehung: Während die Mutter ihren Sohn ständig umsorgt, geplagt ist von einem schlechten Gewissen, weil sie berufstätig ist und ihn deshalb tagsüber allein lassen muss, erzieht der Vater eher mit Zuckerbrot und Peitsche. Er reagiert zunächst nachgiebig und verkennt damit die Wünsche seines Sohnes nach Orientierung. Findet er irgendwann kein Gehör, brüllt er laut los, sodass sich Niklas die Ohren zuhält, anfängt zu weinen. Oder aber er packt Niklas und schleift ihn, wenn er nicht will, aus dem Kindergarten hinter sich her.

Ein paar Tage später werde ich Zeuge, wie Niklas im Kindergarten abgegeben wird: Die Mutter schiebt ihn in die Garderobe, stellt ihn dort mehr oder minder ab, gibt ihm einen flüchtigen Kuss und verschwindet. «Wenn ich ihm einen richtigen Kuss gebe, will er noch einen und noch einen», sagt sie später in einem Beratungsgespräch, «also mache ich es ganz schnell. Ich hab zwar ein schlechtes Gewissen, aber sonst komme ich nie zur Arbeit.» Der Vater nickt zustimmend: «Niklas versaut sich alles selbst. Wenn der morgens schneller wäre, hätte ich mehr Zeit für ihn. Aber der trödelt und trödelt und trödelt! Und dann werde ich auch hektisch, alles muss dann schnell, schneller, am schnellsten gehen.» Der Vater sieht mich ratlos an: «Dann lasse ich ihn eben in der Garderobe allein. Natürlich tut mir das Leid! Aber anders lernt er es wohl nicht!»

Niklas' Verhalten kann man einfach erklären: Er *kommt* nicht wirklich im Kindergarten an. Ihm fehlt ein Ritual des Übergangs, das ihm zeigt: Jetzt bin ich nicht mehr zu Hause, erlebe nicht den Erziehungsstil meiner Eltern, sondern habe den Kindergarten mit den dort gültigen Regeln zu akzeptieren.

Im Beratungsgespräch, an dem die Eltern und die Erzieherin teilnehmen, vereinbaren wir:

- Niklas bekommt ein Übergangsritual: Die Mutter gibt ihrem Sohn drei Küsse. Das hat Niklas in einem Vorabgespräch, das ich mit ihm führte, eingefordert. Der Vater soll seinen Sohn in der Garderobe kurz auf den Schoß nehmen, ihn streicheln und über die Schulter spucken: «Nicht richtig», wie Niklas meint, «aber das bringt Glück!»
- Von seiner Erzieherin will Niklas kurz in den Arm genommen und über den Kopf gestreichelt werden.
- Zusätzlich vereinbaren wir, dass Niklas in der ersten Viertelstunde nur in der Kuschelecke bleiben soll. Auch das hatte er sich gewünscht. In dieser Zeit kann er – im wahrsten Sinne des Wortes – ankommen. Die Ecke bietet Niklas einen festen, verlässlichen Rahmen. Danach wird er von seiner

Erzieherin abgeholt, nochmals an die Regeln des Kindergartens erinnert.

«Nach ein paar Wochen», so die Erzieherin, «war er wie ausgewechselt. Zu Hause war nach wie vor das Chaos. Doch morgens hielten sich die Eltern an die Absprachen. Und auch die Abholsituationen gestalteten sich zunehmend ruhiger. Was danach kam», lächelte die Erzieherin in sich hinein, «war mir egal.»

Rituale haben eine strukturierende Funktion. Sie zeigen Kindern an, wo sie sind, was sie dürfen, was sie können. Sie geben Klarheit und Verlässlichkeit, sie geben Orientierung. Fehlen Rituale, dann treten Spannungen auf, ohne dass man manchmal weiß, welche Ursachen sie haben.

«Ole», so erzählt seine Mutter, «nervt in letzter Zeit fürchterlich. Der reagiert bei jeder Kleinigkeit sofort weinerlich», klebe wie eine Klette an ihr. Sie könne das nicht immer aushalten. Vor allem, weil «Michael, unser Jüngster, mit seiner juckenden Allergie meine ganze Aufmerksamkeit erfordert.» Sie sieht mich hilflos an: «Wenn ich Ole dann mal sag: ‹Nun ist's aber genug›, dann kriegt er 'nen Tobsuchtsanfall, rennt weg und schreit, du hast mich ja sowieso nicht mehr lieb!» Danach wäre er völlig unzugänglich.

«Besonders schlimm ist es aber seit ein paar Wochen nachts. Er kommt ständig zu uns, ganz still kommt er angeschlichen, legt sich zu uns. Ich finde dann keinen Schlaf mehr, weil er ständig in Bewegung ist, strampelt, um sich tritt.» Sie schüttelt ihren Kopf: «Und wegschicken mag ich ihn auch nicht, weil, dann denkt er vielleicht wirklich, ich mag ihn nicht mehr!»

«Seit wann macht er das?», will ich wissen.

«Na, seit Michael diese Allergie hat und ich mich mehr um ihn kümmern muss. Der muss jeden Tag gebadet und eingerieben werden.»

«Kommt Ole denn jede Nacht?», hake ich nach.

Sie überlegt: «Nicht jede! Aber fast jede!»

«Wenn er nachts nicht kommt, was ist am Tag davor anders gewesen?»

«Tja, wenn ich das wüsste?»

«Überlegen Sie doch mal!», gebe ich nicht nach.

«Ob das damit zusammenhängt?» Sie schüttelt den Kopf. «Wenn ich ihn nach dem Mittagessen massiere, ich glaube, dann kommt er nachts nicht.» Sie hat einen skeptischen Blick. «Aber ob das damit zusammenhängt? Ich weiß es nicht.»

«Gab es dieses Ritual, bevor Michael krank wurde?», bin ich neugierig.

Sie nickt heftig: «Klar, wenn Michael früher mittags schlief, war das unsere Zeit, die Zeit von Ole und mir!»

«Und die Zeit ist jetzt weggefallen?»

«Es ging nicht anders. Ich musste die Küche fertig machen, danach war Michael mit dem Einreiben dran.» Ihre Augen fixieren einen imaginären Punkt. «Und Sie meinen, dass das damit zusammenhängt?»

«Könnte sein! Ole fehlt tagsüber etwas, und das holt er sich jetzt durch seine Weinerlichkeit und seine nächtlichen Besuche!»

«Aber ich reagiere doch dann gereizt, bin sauer auf ihn!», antwortet sie mit zusammengekniffenen Augen. «Ich verstehe das nicht!»

«Ole ist's egal. Auch störende Rituale sind Rituale, die ihm Aufmerksamkeit geben!»

«Also muss ich das alte Ritual wieder einführen?»

«Wenn es geht und es in Ihren Tagesablauf passt!»

«Wie soll das denn aussehen?»

«Sie nehmen sich vielleicht am Nachmittag Zeit, massieren ihn und geben ihm so ungeteilte Aufmerksamkeit!»

«Und dann hört das Generve auf?», fragt sie mit unsicherer Stimme.

«Ich denke schon!», versuche ich sie zu beruhigen.

Sie führte in den folgenden Tagen ein Massageritual ein, das nach dem Essen stattfand, in jener Zeit, in der Michael schlief. Vorher half Ole noch bei den Reinigungsarbeiten in der Küche. Das Massageritual begann Oles Mutter mit den Worten: «So, jetzt haben wir Zeit nur für uns!»

Immer wenn Ole diesen Satz hörte, lächelte er und legte seinen Kopf an ihre Schulter, während sie begann, seinen Kopf behutsam zu kraulen und seine Schultern langsam zu massieren.

Oles Quengeligkeit hörte bald auf, seine nächtlichen Besuche fanden zwar noch manchmal statt, hatten aber nicht mehr das Ausmaß wie vor dem Massageritual.

### Merkmale der Rituale

Kinder mögen Märchen, weil sie ganz eigene Rituale enthalten, die dem Helden helfen, Abenteuer zu bestehen, um dadurch zu einer eigenen Persönlichkeit zu reifen: Der Held zieht aus, durchlebt kritische Situationen, die ihn in Lebensgefahr bringen. Der Held kämpft mit einem Antagonisten, um zu überleben, und er siegt.

Kinder können sich auf den Ablauf des Märchens verlassen: Sollte die Gefahr noch so groß sein, die Lage fast aussichtslos, am Ende hat sich der Held doch bewährt. «Und wenn er nicht gestorben ist, dann lebt er noch heute!»

So wie der Märchenheld Gefahren mit Zaubersprüchen und -formeln bannt, genauso vermag das Ritual in unsicheren Situationen des Alltags den Kindern und Jugendlichen Stabilität und Vertrauen in die eigenen Kräfte zu geben. Dabei muss das Ritual vier Merkmale aufweisen:

- Es hebt sich vom Alltag ab und muss zugleich alltäglich sein. Oles Mutter hat Zeit für ihren Sohn, wendet sich ihm zu. Er kann sich auf die Absprachen und Vereinbarungen einlassen.

- Das Ritual wiederholt sich. Es ist gebunden an Raum und Zeit. Oles Ritual findet im Wohnzimmer statt, und zwar dann, wenn sein Bruder schläft. Ole ist sich sicher, dass das Ritual wirklich stattfindet. Es ist fraglos normal, er muss es nicht ständig und ununterbrochen einfordern. Regelmäßigkeit ist somit eine wesentliche Voraussetzung dafür, dass aus einer Gewohnheit ein Ritual wird.
- Das Ritual hat etwas von einer Inszenierung an sich. Es wird mit einer Formel – «Ole, jetzt habe ich Zeit für dich!» – eröffnet, und diese zeigt Ole an, dass das Ritual beginnt.
- Schließlich hat das Ritual auch ein Ende. Auf dies kann Ole sich einlassen, weil er weiß, dass sich das Ritual am nächsten Tag wiederholen wird.

Rituale bieten jene Verlässlichkeit, die dazu führt, dass Kinder sich auf unsichere Situationen, auf Situationen des Übergangs einlassen können, weil sie Mittel zur Hand haben, die ihnen Gewissheit versprechen.

Wie wichtig Kindern Rituale sind, zeigt sich auch darin, dass sie Spiele lieben, die stark ritualisiert sind. Sie mögen besonders jene Aktivitäten, in denen sie selber Vereinbarungen treffen und auf ihre Einhaltung drängen.

Kinder finden ritualisierte und geregelte Spiele deshalb so faszinierend, weil sie starke Gefühle – wie zum Beispiel Aggressionen – zulassen, aber zugleich Brutalität und Zerstörung – wenn schon nicht komplett ausschließen, so doch begrenzen und mindern können. Die Wirkung ritualisierter Spiele lässt sich nicht wirklich voraussagen. Die Wirkung von Aggressionsverboten aber eben auch nicht.

Aggressionsspiele – so der Pädagoge Hans Herbert Deißler – sind «ernst, ohne ‹Ernstfall› zu sein». Wenn Aggressionsspiele in Ernst umschlagen, wenn Absprachen vergessen werden, wenn Fairness verloren geht, dann haben solche Spiele ihre Zielsetzung eingebüßt, zerstörerische Aggressionen unter Kontrolle zu halten. Der Erziehungswissenschaftler Hans Zulliger hat von heilenden Kräften im kindlichen Spiel gesprochen und damit umschrieben, wie Kinder in Rollen- und Freispielen starke Gefühle zum Ausdruck bringen, wie sie lernen können, Aggressionen umzulenken. Spiele können Aggressionen beherrschbar machen, man kann in ihnen zerstörerische Phantasien ausleben, ohne dass sie anderen gefährlich werden.

Hier haben körperbetonte Aktivitäten wie Judo, Karate, aber auch Ballsportarten ihren Stellenwert. Selbstverständlich gilt dies gleichermaßen für andere Sportarten, die festgelegten Regeln unterliegen, an die sich der Einzelne, will er nicht ausgeschlossen werden, halten muss. Nachteilig wirken sich sportliche Aktivitäten dann aus, wenn man den Sieg über das Ausleben körperlicher Bedürfnisse stellt. Judo oder Karate haben gerade für das Körpergefühl Heranwachsender erkennbare Vorteile: Kinder und Jugendliche spüren ihren Körper, gehen bis an die eigene Leistungsgrenze, sie erleben Rituale und Regeln, die darauf ausgerichtet sind, das Gegenüber nicht zu verletzen und zu zerstören, vielmehr mit ihm in einen fairen Wettstreit zu treten.

Nicht zu vergessen sind schließlich Räume und Zeiten, in denen Kinder körperliche Bedürfnisse ritualisiert ausleben dürfen. In einer Grundschule waren die Pausenaktivitäten der sechs- bis elfjährigen Kinder durch ungekonnte zerstörerische Aggressionen gekennzeichnet. Verletzungen und Sachbeschädigungen waren die Folge. Selbst mit dem Einsatz von mehr Aufsichtspersonal konnte man auffällige Gewalttätigkeiten nicht stoppen. Als man schließlich jegliches Toben, Herumlaufen, ja sogar die Lautstärke durch eine Schulordnung untersagte, verlagerten sich die destruktiven Aggressionen auf Sachen – zum Beispiel durch die Beschädigung des Schulgebäudes oder der Klassenräume – und den Schulweg. Hier lebten die Kinder ungehindert, ungestüm und chaotisch das aus, was man ihnen regelrecht verwehrte.

Im Rahmen meines Projekts über «Gewalt in der Schule», das sich mit Maßnahmen zur Gewaltprävention im schulischen Alltag befasste, riet ich der Schulleitung und dem Kollegium dazu, «Rauf-Zonen» auf dem Schulhof einzurichten. Die Reaktionen des Kollegiums wie der Eltern waren äußerst negativ: Man befürchtete eine weitere Eskalation der Gewalt, man kritisierte den Begriff «Rauf-Zone» als Gewaltverherrlichung, man sah Chaos und Anarchie voraus.

Die Schüler und Schülerinnen fühlten sich dagegen angesprochen, als man sie um Mithilfe bei der Umsetzung der Idee bat. Schließlich waren sie es, die unter der zerstörerischen Gewalt am heftigsten litten. Man einigte sich mit allen Beteiligten zunächst für ein halbes Jahr darauf, auf dem Schulhof zwei abgegrenzte Räume, eben «Rauf-Zonen» einzurichten. Hier durfte gerangelt, hier durfte gekämpft werden. Man richtete die Zonen auf den Rasenecken des Schulhofs ein, um die Verletzungsgefahr so gering wie möglich zu halten. Die Zonen waren durch Markierungen vom übrigen Gelände abgetrennt. Für die genannte Fläche galten Regeln, an deren Ausarbeitung die Schüler und Schülerinnen beteiligt waren.

Mit der Einrichtung der «Rauf-Zone» wurden entsprechende Aktivitäten auf dem übrigen Schulgelände untersagt. Wer seine körperlichen Bedürfnisse ausleben wollte, musste dies in den «Rauf-Zonen» tun. Dort galten einige feste Regeln: Es durfte kein Kind gezwungen werden, diesen Raum zu betreten. Die Teilnahme an den Rangeleien war freiwillig. Das Anfassen des Kopfes, Treten, Beißen, Spucken waren ebenso untersagt wie der Versuch, ein anderes Kind vorsätzlich zu schädigen. Zudem führte man ein «Code-Wort» ein. Auf Zuruf dieses Wortes durch die Aufsicht kamen alle Aktivitäten innerhalb der «Rauf-Zone» zum Stillstand. Mit dem «Code-

Wort» konnten alle Kinder, die aufhören wollten, das Ende signalisieren.

Und über das «Code-Wort» war es somit möglich, den Kampfverlauf zu steuern. Verloren Kinder die Kontrolle, weil sie im Kampfeseifer Regeln vergaßen, war es mit dem «Code-Wort» möglich, sie zur Ruhe zu bringen und an die getroffenen Abmachungen zu erinnern.

Nach anfänglichen Schwierigkeiten, die sich eher als Problem des Kollegiums und der Eltern zeigten, vertrauten diese doch nicht darauf, dass die Kinder sich an die Abmachungen hielten, spielten sich die vereinbarten Rituale und Regeln schnell ein. Dies galt insbesondere für jene Kinder, die man als «die größten Rabauken» kannte. Sie tobten sich in der Pause aus, gingen völlig aus sich heraus.

Die Pausenaktivitäten hatten zudem positive Auswirkungen auf das Unterrichtsgeschehen. Störungen, die sich im Unterricht aus angestauten körperlichen Spannungen ergaben, ließen erheblich nach. Der Wechsel aus intellektueller Anspannung während des Unterrichts und körperbetonter Entspannung in der Pause wirkte sich produktiv auf das Lehrer-Schüler-Verhältnis aus. Die zerstörerischen Aggressionen nahmen ab. Der Pausenbetrieb gestaltete sich nicht wesentlich leiser, nicht weniger motorisch – dafür aber ritualisiert, und er war von weniger vorsätzlich zerstörerischer Aggression gekennzeichnet. Die Kinder verinnerlichten schnell die vereinbarten Regeln, so sehr, dass einige ältere Schüler bereit waren, die Aufsicht in den «Rauf-Zonen» zu übernehmen.

Indem man diese an die Schülerinnen und Schüler abtrat, gab man ihnen die Verantwortung dafür, eigenes Tun selbstbewusst und eigenständig zu gestalten. Durch die «Rauf-Zonen» fühlten die Kinder sich als ganze Persönlichkeiten angenommen.

Grenzüberschreitungen sind normal – auch Verstöße gegen die vereinbarten Regeln und Rituale. Als Konsequenz durfte die «Rauf-Zone» am folgenden Tag nicht aufgesucht werden.

Wer über die Stränge schlug, musste den raufenden Kindern von außen zusehen, war Begleitung der Aufsicht führenden Person. Diese erklärte dem Kind nochmals die Regeln.

Das Projekt verlief nicht frei von Widersprüchen. Viele Schwierigkeiten, die sich im Verlauf des Projekts in der Schule ergaben, wurden auf die Einführung der «Rauf-Zonen» zurückgeführt. Sie erwiesen sich als Projektionsfläche. Die Kinder empfanden das Projekt dagegen als äußerst konstruktiv, sie setzten sich dafür ein, dass man es über den vereinbarten Zeitraum hinaus verlängerte.

Wohlgemerkt: «Rauf-Zonen» sind kein Patentrezept. Aber sie sind *ein* Dietrich, um sich zerstörerischen Aggressionen nicht hilflos auszusetzen. Sie geben Handlungsfähigkeit zurück. Es gibt andere Dietriche – zum Beispiel die Einführung von «Ruhe- und Entspannungszonen» auf Schulhöfen –, die mit anderen Mitteln als den eben genannten erfolgreich umzusetzen sind. Aggressionen fordern heraus – man sollte diese Herausforderung mit Phantasie und Kreativität annehmen.

Aber auch der Traum, die Magie, die Musik, alle künstlerischen Ausdrucksformen vermögen dem Kind physische und psychische Erleichterung zu verschaffen. Um Kinder und Jugendliche in diesem Prozess zu begleiten und zu unterstützen, ist es für Erwachsene wichtig, sich in Kinder hineinzuversetzen, jene Welten zu erreichen, in denen das Kind lebt und denkt, phantasiert und träumt. Wenn man sich der Sprache der Kinder bedient, tun sich Räume für pädagogische Erlebnisreisen auf, die Heranwachsende ernst nehmen und für den Pädagogen selber eine ungeheure Bereicherung darstellen.

### Problematische Rituale

Rituale haben positive Kräfte, können Chaos und Unsicherheit beherrschbar machen. Aber sie können zugleich einen zwanghaften, wenig befreienden Charakter haben.

Heinz Schade, Hauptschullehrer, berichtet von einem dreizehnjährigen Schüler.

«Horst macht so ziemlich jeden Scheiß. Er fällt immer auf. Wenn's bei mir in der Klasse mal ruhig ist, dann fehlt er bestimmt!»

Heinz Schade mag den Jungen, weil er kreativ ist, auch sehr sensibel und sozial engagiert.

«Aber wenn der seinen Durchdreher bekommt, dann ist es schlimm, dann erreichst du ihn kaum.» Er verletzt zwar niemanden, aber er knallt dann Türen so, dass sie kaputtgehen, er schreit laut um sich, spuckt in den Flur, sprüht Graffiti. «Diese Ausraster kommen wirklich regelmäßig!» In der Schule hat man schon vieles versucht – «mit klaren Konsequenzen und so, die hält er auch ein. Horst musste Türen reparieren, Graffiti abwaschen – aber am nächsten Tag geht alles von vorne los. Er wird allmählich ein Fall für das Jugendamt. Und das möchte ich nicht!» Ich frage, ob er eine Idee habe, warum Horst so handelt. Heinz Schade meint: «Vielleicht hat es mit der Trennung der Eltern zu tun!» Aber dann überlegt er nochmals und verwirft diesen Erklärungsversuch gleich wieder: «Aber die haben sich in aller Freundschaft getrennt. Der Horst hat's eigentlich gut, weil, mal ist er bei der Mutter, dann beim Vater. Er kann sich das richtig aussuchen! Ich verstehe das nicht, warum er so ist!»

«Wann stört Horst nicht?», will ich wissen. «Gibt es Ausnahmen?»

Der Lehrer überlegt: «Eigentlich stört er immer!» Er bekräftigt diese Einschätzung nach einer kurzen Pause: «Immer!»

Ich bitte ihn zu überlegen, wann Horst das letzte Mal nicht auffällig war.

«Lassen Sie mich nachdenken … Vorletzte Woche ging's drei Tage gut! Aber davor war es besonders schlimm. Die Eltern mussten sogar kommen. Da musste eine Grenze her!»

«Die Eltern? Ich denke, die leben getrennt?», frage ich nach.

«Ja, schon!», meint der Lehrer. «Wenn's besonders schlimm ist, dann kommen beide!»

Heinz Schade ist der Meinung, dass die Eltern mit Horst zu einem Beratungsgespräch zu mir kommen sollten. Er teilt dies allen Beteiligten mit, die einverstanden sind. Nach zehn Tagen ruft er mich an, die Beratung sei fast überflüssig, Horst störe überhaupt nicht mehr. Er sei wie verwandelt, allein die Ankündigung habe schon eine Veränderung bewirkt. «Der meint wohl, Sie lesen ihm dann die Leviten!» Ich bestehe weiterhin auf dem Gespräch, auch weil die Eltern und Horst dieses unbedingt wünschen.

Als die drei kommen, setzen sich die Eltern auf ein Sofa, Horst sitzt ihnen gegenüber.

Ich eröffne das Gespräch: «Glückwunsch, Horst, du bist sehr stark!»

Er ist etwas irritiert: «Wieso?»

«Du schaffst es immer wieder, deine Eltern zusammenzuführen!» Horst lächelt, als ob er sich verstanden fühlt. «Du möchtest, dass sie wieder zusammenleben?» Er nickt: «Die verstehen sich doch so gut.» Er schaut seine Eltern an, die sich ihrerseits irritiert anblicken.

«Warum muss Papa denn kilometerweit weg wohnen, wenn die sich so gut verstehen?», fragt er mich.

Ich breche hier die Schilderung ab. In der Ehe der Schuberts habe es «schon bald nach der Geburt gekriselt. Wir verstanden uns nicht. Waren einfach zu unterschiedlich», erzählt Horsts Mutter. «Aber wir wollten so lange wie möglich zusammenbleiben, wegen Horst. Wir waren der Meinung, dass er später, wenn er erst einmal in der Pubertät ist, unsere Trennung besser verkraften könnte.»

Der Vater ergänzt: «Dann haben wir uns geschworen, uns freundschaftlich zu trennen, kein böses Wort übereinander zu verlieren!»

Als Horst das hört, meint er ganz selbstbewusst: «Ich hab

doch gesehen, dass ihr nie miteinander geschmust habt. Deshalb musste ich dafür sorgen!» Seine Mutter erinnert sich daran, wie schon der kleine Horst Kuschelrituale inszeniert habe, um seine Eltern zusammenzuführen. «Wir haben's mit uns machen lassen!» Sie sieht mich an. «Jetzt fange ich an zu begreifen: Später war's nicht mehr das Kuscheln, da war's dann wohl die Wut!»

Ich wende mich an Horst: «Du sorgst gut für dich!»

«Und wie!», ruft er selbstbewusst.

«Und was sollen wir tun?», fragt die Mutter.

Ich schaue sie an: «Ihm sagen, ihm zeigen, dass Ihr gemeinsamer Weg endgültig zu Ende ist, Ihre Partnerschaft keine Zukunft hat!»

Wir vereinbaren Beratungsgespräche, die Horst zeigen sollen, dass es nicht seine Aufgabe ist, die Ehe der Eltern zu reparieren. Wir erarbeiten Rituale, die Horst die Trennung seiner Eltern begreiflicher machen. Dazu gehört vor allem eine klare Besuchsregelung. Horst wirkt zunehmend erleichtert, ja es scheint, als sei eine Last von seinen Schultern genommen. Er fühlte sich, wie er erzählt, für das Scheitern der Ehe seiner Eltern schon als kleines Kind verantwortlich. Daher startete er vergebliche Versuche, die Partnerschaft seiner Eltern zu retten.

Die schulischen Störungen ließen allmählich nach, dieses Verhalten hatte seinen Sinn für Horst verloren. Als die Beratung zu Ende ging und wir über den eingeschlagenen Weg nachdachten, meinte Horst: «Meine Eltern hätten es einfacher haben können. Warum haben sie mich nicht für voll genommen und mich wie ein kleines Kind behandelt?» Dann lächelt er mich an: «Aber wenn alle richtig handeln, verdienen Sie ja auch kein Geld!»

Diese Geschichte lässt sich mit ihrer spezifischen Problematik nicht verallgemeinern, aber sie verdeutlicht einen durchaus symptomatischen Aspekt: Wenn Heranwachsende Interesse daran haben, fortdauernd Grenzen zu überschreiten, dann geht es ihnen um Aufmerksamkeit. Unter solchen Bedingungen wirkt sich konsequentes Handeln kontraproduktiv aus. Dann gilt es, danach zu schauen, welche Bedeutung das auffallende Verhalten hat. Oder anders formuliert: Es geht den Kindern und Jugendlichen darum, angemessene Aufmerksamkeit zu erhalten. Und finden Jugendliche in ihrer Nahwelt keine gültige Antwort, dann fallen sie durch negatives Verhalten so lange auf, bis Geheimnisse gelüftet sind.

Nun werden einige vielleicht meinen, sie kämen in ihrem Alltag mit zwanghaften Ritualen nicht in Berührung. Doch existiert in vielen Familien ein problematisches Ritual, ohne dass es als solches erkannt wird. Viele Väter und Mütter versuchen, in der Erziehung Frustrationen zu vermeiden, weil sie der Auffassung sind, dadurch würden sie zu einer Aggressionsminderung beitragen.

Doch erreichen sie damit das Gegenteil: Eine frustrationslose Erziehung gibt Heranwachsenden das Gefühl von Omnipotenz und unrealistischer Größe, die keine Toleranz für andere oder Geduld mit sich selbst aufkommen lässt. Dabei hält das Leben ständig Situationen bereit, die mit Frust, Versagung und Enttäuschung verbunden sind. Kinder müssen lernen, mit diesen Phasen umzugehen. Frustrationsvermeidung macht lebensuntüchtig, verstärkt Aggressionen oder erzeugt umgekehrt den Rückzug und die Resignation. Wenn Kinder nicht lernen, mit Versagung umzugehen, deuten sie jedes «Nein!» als persönliche Ablehnung.

Man muss allerdings zwischen materieller und emotionaler Frustration unterscheiden: Gefühlsmäßige Frustration gilt es unbedingt zu vermeiden. Kinder brauchen das Gefühl der bedingungslosen Annahme, die ihnen Halt und Orientierung, Nähe und Geborgenheit vermittelt. Auf dieser Grundlage können sie dann den materiellen Frust aushalten.

Es gibt kein gültiges Patentrezept für Zufriedenheit. Kinder und Jugendliche müssen erleben, sich zu beschränken, müssen erfahren, Enttäuschungen und sachbezogene Kritik zu ertragen. Dies gelingt nur, wenn sie sich von ihren Eltern mit all ihren Persönlichkeitsanteilen, eben auch der Wut darüber, dass Eltern nicht jeder materiellen Forderung nachkommen, angenommen fühlen.

Kinder können, wenn sie in einem emotional ausgeglichenen Klima aufwachsen, materielle Frustrationen aushalten. Kinder lernen dadurch nicht nur Frustrationstoleranz, sie werden angehalten, nach neuen Wegen und Möglichkeiten Ausschau zu halten, sich ihre materiellen Wünsche zu erfüllen.

Benjamin kommt aus der Schule nach Hause. Als die Mutter ihn nach dem Ablauf des Vormittags fragt, bleibt er wortkarg. Jeder Versuch von Frau Peters, mit ihrem Sohn ins Gespräch zu kommen, scheitert an seinen kurzen, meist mürrischen Antworten. Beim Mittagessen fängt er an: «Ich weiß, du magst Batman nicht!» Er zieht das «a» des Wortes ganz lang, sodass es wie «Bäääätmään» klingt.

«Wie bitte?»

«Eben Bäääätmään aus dem Fernsehen. Da, wo du gleich meckerst.»

«Ich mag den auch nicht.»

«Sag ich doch!» Benjamins Stimme bekommt einen spitzen Klang.

«Und? Was ist mit Batman?» Ihr «Batman» hört sich wie «Bettmann» an.

«Batman», verbessert Benjamin.

«Also!» Die Mutter quält ein lang gezogenes «Batman» heraus. «Was ist mit Batman?»

«Ich möchte so ’n Umhang haben. Hab ich im Supermarkt gesehen.»

«Von wem?»

«Von dir.» Benjamins Antwort kommt zögernd.

Frau Peters überlegt: «Ich denke nicht, dass ich dir so einen kaufe.»

«Bitte! Bitte!»

«Ich muss noch darüber nachdenken.»

*Szenenwechsel* – Der Nachmittag desselben Tages. Frau Peters sitzt mit ihrem Sohn zusammen. «Ich kauf den Umhang nicht!», eröffnet sie das Gespräch.

«Hab ich mir ja gedacht, du hasst Batman!» Benjamin wirkt beleidigt.

«Wir nähen gemeinsam einen.»

«Ich will nicht. Ich will einen gekauft haben.»

«Mein Angebot steht.»

Beim Abendessen lenkt Benjamin ein: «Gut, nähen wir einen.»

«Das freut mich.»

«Willst du nicht wissen, warum?», fragt Benjamin. Frau Peters zuckt mit den Schultern. «Ich hab mit Oma telefoniert. Oma kauft mir 'nen richtigen, also, die gibt mir die Hälfte dazu. Und dann hab ich ja noch mein Taschengeld.»

«Ist in Ordnung!»

Am nächsten Tag beginnt man mit dem Nähen. Benjamin kauft die Materialien, ist an der Fertigstellung stark beteiligt. Frau Peters unterstützt ihn, leitet an. Er versucht, das Original zu imitieren, was ihm nicht gelingt. «Also», stellt er nach der Fertigstellung zufrieden fest, «jetzt hab ich meinen. Aber irgendwann besorg ich mir den ‹richtigen›.»

Am folgenden Tag trägt er seinen selbst genähten Umhang beim Spielen, umringt von seinen Freunden. Die «finden das Ding geil». Der original Batman-Umhang liegt in seinem Zimmer – ein Geschenk der Oma. Benjamin zieht ihn ein paar Tage an, dann wird er zur Wanddekoration in seinem Zimmer.

Frau Peters hat Grenzen gesetzt. Sie hat sich den Wünschen

ihres Sohnes verweigert, ihm gezeigt, dass sie nicht bereit ist, alle seine Wünsche sofort und rückhaltlos zu erfüllen. Sie mutet ihrem Sohn materielle Frustration zu, gibt ihm aber zugleich die Gewissheit, die Sache und nicht seine Person abzulehnen. Ihr Angebot, den Umhang herzustellen, weist auf dreierlei hin:

- Sie erkennt Benjamins Wunsch an, will diesen aber nicht durch Kauf und Konsum erfüllen, vielmehr durch eine gemeinsame Tätigkeit. So hat man zugleich Zeit füreinander, kann Beziehung herstellen.
- Die aufgezeigten Grenzen haben Benjamin den Anstoß gegeben, nach Wegen zu suchen, um doch noch den «richtigen» Umhang zu bekommen.
- Benjamins Frustration ist umgeschlagen in Nachdenklichkeit und Kreativität. Das «Nein» der Mutter hat zu einem sozialen Miteinander und zu Kooperation in der Sache geführt. Das «Nein» hat Benjamin gezeigt, dass er materielle Frustration aushalten und diese Grenze als Herausforderung annehmen kann.

«Weniger ist manchmal mehr» – so hat es der Psychoanalytiker Wolfgang Schmidbauer bezüglich des Konsums ausgedrückt. Dieses «Mehr» ist Beziehung, ist Spannung, ist Auseinandersetzung. Grenzenlos verwöhnte Kinder haben demgegenüber weniger – weniger an Erfahrung, Handlungssicherheit, Vertrauen in eigene Fähigkeiten und an Mut, sich Neuem zu stellen.

Das Gefühl der Zugehörigkeit entwickelt sich über das aktive Mitwirken. Wer Kinder unablässig materiell verwöhnt, lässt sie ohne eigenständige Erfahrung. Das eigene Zimmer aufzuräumen, den Tisch abzudecken, selbstbestimmte Leistungen in der Schule zu erbringen – dafür verdienen Kinder Ermutigung und – weil Ausnahmen die Regel bestätigen – als Überraschung mal eine materielle Bestätigung. Wer verwöhnt, erzeugt beim Kind Stillstand, motiviert nicht dazu, sich neuen

Herausforderungen zu stellen, lässt Kinder orientierungs- und beziehungslos.

## Regeln regeln

Zerstörerische Aggressionen, genauer: die Ermutigung, grenzverletzend zu handeln, haben ihre Ursache manchmal in der Uneindeutigkeit, mit der sich manche Situationen für Heranwachsende darstellen. Wenn Kinder und Jugendliche Absprachen ignorieren oder missachten, brauchen sie ein klares «Nein!», ein «Nein!» begleitet von Mimik, Gestik und Stimmklang, ein «Nein!» frei von Zorn und Respektlosigkeit, aber gekennzeichnet von gegenseitiger Achtung. Ein «Nein!» beendet das Problem nicht, aber es kann eine verfahrene Situation zunächst unterbrechen, damit diese später – in Ruhe – besprochen und geklärt werden kann. Ich komme im Zusammenhang mit der Auszeit hierauf zurück. In komplexen Situationen – zum Beispiel in Kindergartengruppen oder in Schulklassen – herrscht häufig die irrationale Überzeugung seitens des Erziehers oder Lehrers vor, Heranwachsende würden die Regeln schon kennen und sie deshalb einhalten. Aber für Heranwachsende gilt meistens der Grundsatz, wonach das Gehörte nicht verstanden ist. Selbst wenn es verstanden wurde, wird es in der Folge nicht umgesetzt.

Man muss Kindern und Jugendlichen Regeln vor Augen führen – und dies im wörtlichen Sinne. Manchmal beobachte ich: Kinder merken nicht, wann die Schulpause zu Ende ist und der Unterricht anfängt. Da steht der Lehrer vor seiner Schulklasse und spricht mit leisen Worten: «Wir wollen anfangen!» Man sieht es den Kindern an: «Du möchtest anfangen, aber wir nicht! Ist die Pause denn schon zu Ende?»

Hier wären Regeln wichtig, die auf ein Plakat geschrieben an der Wand hängen, zum Beispiel:

«Wenn der Gong ertönt, laufe ich nicht mehr im Klassenraum herum!

Wenn der Lehrer den Klassenraum betritt, dann bleibe ich an meinem Platz und schaue ihn an!

Der Unterricht beginnt, indem wir uns begrüßen!»

Ähnliche Sätze, die das Zusammenarbeiten im Unterricht regeln, können das Zusammenleben im Klassenverband veranschaulichen:

«Wenn ich etwas sagen will, melde ich mich und warte, bis ich drankomme!

Ich störe niemanden (z. B. Schimpfworte sagen, Unsinn machen ...)!

Ich ärgere niemanden (Herumturnen, Anstoßen, Anschreien ...)!»

Es ist wichtig, dass Schüler und Schülerinnen sich an diese Regeln zu Beginn des Unterrichts gemeinsam erinnern.

So zentral es zweifelsohne ist, über Konsequenzen nachzudenken, wenn die Regeln missachtet werden, so bedeutsam ist es zugleich, die Schülerinnen und Schüler zuvor durch kleine Eingriffe und pädagogische Kunstgriffe an die Einhaltung von Regeln zu erinnern. Dabei sollte der Grundsatz gelten: Handeln zählt mehr als «gute» Worte, körperliche Nähe wird intensiver erlebt als Distanz. Allerdings: Gleichgültiges Wegschauen bei klaren Regelüberschreitungen verstärkt die Bereitschaft, sich an Vereinbarungen und Grenzen zu reiben.

Drei Handlungsweisen haben im pädagogischen Prozess befriedigende Ergebnisse hervorgebracht:

- Da sind Eingriffe durch Signale: durch den Augen- und Blickkontakt, das Schütteln des Kopfes als Zeichen von «Nein!» oder ein klares Nennen des Vornamens.
- Da gibt es die körperliche Nähe: z. B. die Hand auf die Schulter des Kindes legen, nahe an es herangehen. Dies sollte man aber nur machen, wenn man innerlich und äußerlich ruhig und ausgeglichen ist.
- Oder man formuliert direkte, klare Appelle: «Ich finde das

nicht o.k. von dir!», «Das ist nicht fair für die anderen!». Dabei muss dem Heranwachsenden klar sein, dass sich das «Nein!» auf missachtete Absprachen bezieht und es nicht um die Abwertung der angesprochenen Person geht.

Sollte ein Kind oder Jugendlicher geschädigt worden sein, gilt es, zwischen Täter und Opfer auszugleichen:

- sowohl hinsichtlich des materiellen wie des immateriellen Schadens. Der Täter-Opfer-Ausgleich ist neben der Wiedergutmachung (z.B. in Form gemeinnütziger Arbeit) eine wichtige Technik, die die Aggressionsbereitschaft hemmen kann.
- Im Täter-Opfer-Ausgleich erfährt der Täter, was er dem Opfer angetan hat. Er wird unmittelbar mit den Folgen seines Tuns konfrontiert.
- Dies setzt allerdings voraus, dass das Opfer auch mitteilt, was ihm an physischem und psychischem Schaden zugefügt wurde.

Diese Gespräche sind, wenn sie ihre Intention erfüllen wollen, zeitnah zum Vorfall durchzuführen. Nur schnelle Aufklärung und Klarheit und Verdeutlichung der Konsequenzen schützen vor Wiederholung und verhindern, durch zerstörerische Gewalt Aufmerksamkeit zu erhalten.

### Auszeit

Der elfjährige Simon macht sich ständig über seinen fünfjährigen Bruder Andreas lustig, dem manches Missgeschick passiert, dem in der Diskussion manches Wort fehlt. Andreas weint dann, ist unglücklich, verzweifelt über die Gehässigkeiten seines älteren Bruders, den er doch so gern bewundern möchte. Wenn Simons Eltern Partei für Andreas ergreifen, beruhigt sich die Situation zwar kurzfristig, um sich danach – wenn die Eltern die Szene verlassen haben – erneut hochzuschaukeln.

Simon empfindet den elterlichen Eingriff als herabsetzend, als gegen sich gerichtet. Und er rächt sich dafür, macht die Eltern rat- und hilflos.

Nach einem Beratungsgespräch verändern die Eltern ihre Strategie. Wenn sie brüderlichen Streit hören, trennen sie die beiden zunächst einmal und greifen nicht weiter mit Wortgetöse ein. Erst wenn Simon sich beruhigt hat, reden sie mit ihm unter vier Augen. Bei der Trennung achten sie darauf, keine Partei zu ergreifen. Vor allem reden sie mit Simon nicht von oben herab, denn damit würde er sich vor seinem Bruder bloßgestellt fühlen. Sind sie mit Simon allein, dann sprechen sie sehr ruhig mit ihm: «Simon, erinnere dich mal daran, als du so alt warst wie Andreas. Da hast du auch so geredet, und wir haben keine Witze über dich gemacht!» oder: «Natürlich hört sich das blöd an, was Andreas manchmal sagt. Aber wenn er die Buchstaben verdreht, dann mach dich nicht lustig. Er kann es noch nicht anders! Für ihn ist es richtig, wie er es ausdrückt!» oder: «Andreas kann das noch nicht. Du konntest das auch nicht, als du sechs Jahre warst. Ich habe dir dann geholfen. Und anstatt sich über ihn zu erheben, könntest du ihm vielleicht helfen, weil du sein größerer Bruder bist!»

Man durfte natürlich nicht erwarten, dass sich Simons Verhalten schlagartig ändert. Aber man konnte beobachten, dass er zunehmend mehr Rücksicht auf seinen Bruder nahm, ihm mit mehr Respekt begegnete, weil Simon sich von seinen Eltern als der «Ältere» angesprochen und ernst genommen fühlte.

Eine andere Situation: Patrick, zehn Jahre, hatte seinen Eltern versprochen, den Fernsehapparat auszuschalten, wenn die Fußballübertragung vorbei war. Und Patrick hatte hoch und heilig gesagt: «Ich mach das. Ihr könnt euch auf mich verlassen!» Die Eltern befanden sich außer Haus, nahmen eine Einladung wahr. Als sie gegen Mitternacht ins Wohnzimmer kamen, saß Patrick vor dem Gerät und schaute sich einen «Gruselkrimi», so die Eltern, an. Patricks Vater geriet außer sich: «Du siehst vier Wochen nicht fern! Schluss! Aus! Vorbei! Keine Diskussion!» Die Mutter ignorierte den Ausbruch ihres Mannes, schickte Patrick mit ruhigen Worten in sein Zimmer. «So ein Blödsinn», kritisierte sie ihren Mann, als Patrick außer Hörweite war: «Wer soll denn das kontrollieren, was du gerade gesagt hast?» Sie warf ihm giftige Blicke zu: «Doch ich! Du bist ja nicht da!» Und dann fügte sie mit fester Stimme hinzu: «Das nimmst du morgen zurück!»

Die Eltern sagten ihrem Sohn noch «Gute Nacht!», ein Ritual, das Patrick in einer Mischung aus Distanz («Lasst mich!») und Nähe («Nächstes Mal mach ich den Fernseher aus!») über sich ergehen ließ.

Der nächste Tag: Patricks Vater nahm seine Androhung zurück: «Patrick, ich war außer mir! Da hab ich Blödsinn gesagt! Aber ich war sauer, weil du unser Vertrauen missbraucht hast!» Dann sieht er seinen Sohn ganz ernst an: «Morgen Abend sind wir nicht zu Hause. Ich gehe davon aus, dass du spätestens um 9.00 Uhr den Fernseher ausmachst. Kann ich mich darauf verlassen?» Patrick nickt. «Versprochen! Ehrenwort!» Als die Eltern am anderen Abend nach Hause kamen, fanden sie einen Zettel vor: «Fernseher um 8.00 Uhr ausgemacht! Scheiß-Sendung! Gute Nacht!»

Beide Situationen veranschaulichen das Prinzip der Auszeit. Wenn man als Vater oder Mutter spürt, dass ein Kind Widerstände zeigt, weil es emotional down ist, man deshalb nicht an das Kind herankommt, hat ein Zweiphasenmodell mehr Erfolg:

- Man geht sich zunächst aus dem Weg (Phase 1), lässt dem Kind die Möglichkeit, negative Emotionen abzubauen, sich zu beruhigen. Das gilt gleichermaßen für die Eltern. Wenn man in Stresssituationen einen Konflikt lösen will, führt das häufig in eine Sackgasse, die von gegenseitigen Schuldvorwürfen gekennzeichnet ist. Am Ende stehen sprachliche Entgleisungen, beleidigtes Schweigen, Hilflosigkeit und nicht selten der Wunsch, sich für erlittene Niederlagen zu rächen.

- Wenn alle Beteiligten zu sich gekommen sind, dann kann man wieder aufeinander zugehen und das aufgetretene Problem, den Konflikt gemeinsam lösen (Phase 2). Kinder müssen dabei das Gefühl haben, von ihren Eltern als Gesprächspartner ernst genommen zu werden, sie müssen spüren, dass Vater und Mutter ihre Ideen und Konzepte bei der Lösung berücksichtigen.

Die Auszeitmethode hat das Ziel, eine sich anbahnende Eskalation zu unterbinden. Sie ist überhaupt nicht geeignet, dem Kind sofort Handlungsalternativen aufzuzeigen. Pausenlos angewandt, wird die Auszeit*technik* vom Kind schnell als Strafe und Herabsetzung empfunden. Darüber hinaus funktioniert sie nur auf der Grundlage einer gefühlsmäßig festen Eltern-Kind-Beziehung.

Man kann das Kind, wenn es in heftige Erregung gerät, aus der Situation herausnehmen, zum Beispiel mit aller Deutlichkeit des Raumes verweisen: «Ich denke, du gehst jetzt. Nachher unterhalte ich mich weiter!» Oder: «In dieser Weise kann ich nicht mit dir reden!»

Man kann allerdings kein Kind zwingen, den Raum zu verlassen. Es darf **nicht** mit körperlicher Gewalt zum Verlassen gebracht werden. Das Herausnehmen aus der Situation darf vor allem nicht zur Bloßstellung führen. Deshalb sperren Sie Ihr Kind niemals in ein Zimmer oder schließen Sie es gar ein! Dies erzeugt neben heftigen Panikgefühlen starke Vernichtungs- und Verlassensängste.

Geht ein Kind auf den Vorschlag nicht ein, dann kann der Erwachsene den Raum verlassen – ohne jede Drohung. Sagen Sie z.B.: «Ich gehe jetzt in die Küche. Ich möchte nachher, wenn ich mich beruhigt habe, mit dir die Situation nochmals besprechen.»

Sätze wie «Es ist zum Davonlaufen!» oder «Du machst mich noch krank mit deinem Trotz!» erzeugen beim Kind Schuldgefühle. Der Erwachsene verlässt den Raum, nicht aber die Wohnung oder das Haus! Er bleibt erreichbar und geht auf sein Gesprächsangebot nach geraumer Zeit *unbedingt* ein.

Damit diese Auszeitmethode funktioniert, sind Vorüberlegungen und gemeinsame Absprachen notwendig:

- Die Auszeit dient dazu, wieder zur Besinnung zu kommen. Sie unterbricht den Streit, verhindert die Eskalation. Gerade bei jüngeren Kindern kann sie dazu führen, ausufernde, dramatische Gefühle beherrschen zu lernen. Die Auszeit bietet eine Chance zur Beruhigung, sie stellt keine Bestrafung dar. *Deshalb darf auch nicht mit der Auszeit gedroht werden.*
- Die Auszeit bietet die Möglichkeit zu einer räumlichen und zeitlichen Lösung. Sie baut Distanz auf, verhindert häufig eine Eskalation. Man setzt sich – ganz konkret – auseinander, um danach erneut zu verhandeln. Die Auszeit gliedert sich also in zwei Phasen: zunächst, Zeit zu gewinnen, um seine Gefühle herunterzufahren, sich voneinander zu lösen; um dann, wenn man wieder zusammenkommt, über Lösungen nachzudenken, einen Konflikt zu beenden.
- Der Ablauf einer Auszeit muss dem Kind vorher klar sein: Es gibt den Auszeitraum (z.B. das Kinderzimmer). Die Dauer sollte geregelt sein: Pro Lebensjahr kann man mit einer Minute rechnen. Aber noch wichtiger sind individuelle Absprachen. Ein introvertiertes Kind trotzt anders als ein extrovertiertes, das eine beruhigt sich schneller als ein anderes, lässt sich früher auf abstrakte Lösungen ein.
- Zur Auszeit gehören klare Rituale: Dem Kind muss diese Technik *vorher* in Ruhe erklärt werden. Man muss ihm klar machen, was sie bedeutet: «Wir schreien uns jetzt nur noch an, und das möchte ich nicht. Damit du dich beruhigst, ich mich beruhige, gehst du in dein Zimmer.» Ein anderes Ritual besteht in der Ankündigung der Auszeit: «Ich werde

dich zweimal an getroffene Absprachen erinnern, wenn du die nicht einhältst und dich weiter aufregst, dann gehst du!» Macht das Kind mit seinem grenzüberschreitenden, trotzenden Verhalten weiter, gibt es keine weitere Ermahnung, keinen weiteren Aufschub.

- Zur Beendigung empfiehlt sich der Wecker. «Wenn der Wecker klingelt, kannst du wiederkommen. Oder du bleibst so lange, bis du meinst, dass du dich beruhigt hast!»
- Das Kind wird während der Auszeit nicht angesprochen, nicht ermahnt oder beschimpft.

Übrigens haben viele Kinder die Auszeitmethode intuitiv verinnerlicht. Wenn eine Situation eskaliert, gehen manche aus dem Raum, entfernen sich, um einer drohenden Bestrafung zu entgehen. Lassen Sie die Kinder dann gehen und bestehen Sie nicht darauf, dass sie bleiben: «Bleib hier! Ich will mit dir jetzt reden!» Aus solchen Auseinandersetzungen entwickeln sich nicht selten erniedrigende Zusammenstöße.

Nochmals: Die Auszeitmethode ist kein Allheilmittel, sie stellt eine *Technik* dar, die nur auf der Grundlage einer stabilen Eltern-Kind-Beziehung angewendet werden kann.

### Von Wüterichen, Schildkröten und Wutecken

Michaela Bauer hat Ärger mit ihrer fünfjährigen Sylvia. Die flippe regelmäßig aus, und danach säße sie wie ein Häuflein Elend da, sage dann völlig resigniert, das täte ihr Leid: «Und ich glaube ihr! Das sieht man ihr an!» Wie man ihr helfen könne, will sie wissen.

«Das Beste ist, Sylvia hilft sich selber», antworte ich.

«Aber sie ist doch noch klein und kann sich nicht beherrschen. Das ist zu viel verlangt!» Die Mutter schüttelt den Kopf.

«Sie kann es lernen. Dann ist sie stolz auf sich, weil sie etwas geschafft hat», mache ich ihr Mut und verabrede mit ihr ein Ritual.

Zu Hause setzt sich die Mutter mit Sylvia nach dem Mittagessen zusammen. «Ich hab mir das mit deiner Wut mal überlegt!», eröffnet sie das Gespräch.

«Diese doofe Wut!», meint Sylvia zerknirscht. «Die ist so blöd!»

«Wo sitzt sie denn?»

Sylvia überlegt, zeigt dann auf ihren Bauch: «Da! Dadrinnen ist sie!» Sie schmunzelt: «Nur jetzt nicht!»

«Und wie sieht sie aus?» Sylvia kneift die Augen zusammen: «Weiß nicht!» Sie zuckt mit den Schultern.

«Welche Farbe hat denn deine Wut?»

Sylvia lächelt: «Ganz rot. Das ist wie Feuer!»

«Toll!», antwortet die Mutter, streichelt ihr über den Kopf, dann über den Bauch.

«Weißt du, wenn es da in deinem Bauch mal wieder ein klein bisschen brennt, wenn es ein klein bisschen rot ist, dann gehst du in dein Zimmer …»

«… und ich schreie ganz laut!», fährt Sylvia spontan fort. «Kann ich auch mit den Füßen trampeln und mit den Bällen schmeißen?»

«Na klar», antwortet die Mutter einigermaßen erleichtert. «Nur nicht mit den Puppen schmeißen! Wie neulich, hörst du?» Sylvia nickt.

Als Sylvia am nächsten Tag mit der Schere unvorsichtig hantiert, sie dabei einen ihrer selbst gebastelten Sterne zerschneidet, springt sie plötzlich auf und rennt in ihr Zimmer. Die Mutter hört sie heftig fluchen, brüllen und trampeln. Nach einiger Zeit kommt sie zurück, lächelt: «Das war knapp. Das war schon ganz schön heiß in meinem Bauch.»

Eine andere Situation: Benjamin ließ, wenn er wütend war, seine Wut an Gegenständen in seinem Zimmer aus. Dadurch waren viele Spielsachen beschädigt, manche gar zerstört, unbrauchbar geworden. Benjamin war darüber traurig, kauften ihm die Eltern doch kein neues Spielzeug, wenn er eines in dieser Art und Weise kaputtgemacht hatte. «Diese doofe Wut!», meinte er dann ziemlich resigniert.

Die Mutter richtete Benjamin eine Wutecke in seinem Zimmer ein, an deren Gestaltung er maßgeblich mitbeteiligt war: Er wollte eine Matratze, auf der er herumspringen konnte, Bälle, mit denen er schmeißen, einen Plastikeimer, in den er seine Wut hineinschreien konnte. Dann wünschte er sich noch gebrauchte Zeitungen, auf die er mit Filzstiften Fratzen malte: «Das ist die Wutfratze, und die mach ich fertig!»

Benjamin versprach, wenn er wütend auf sich und andere war, in die Ecke zu gehen und dort mit Bällen zu werfen, das Zeitungspapier zu zerknüllen und damit herumzuwerfen oder es zu zerreißen, bis nur noch kleine Fetzen übrig blieben. Dies funktionierte. Aber nachdem er ein paar Mal in der Wutecke war, wünschte er sich, dass seine Mutter und sein Vater beim Wutanfall zusahen: «Aber ihr müsst nur zusehen, ihr dürft nichts sagen!»

Manchmal verpasste er den Gang in die Wutecke, weil er zu lange versucht hatte, mit seinen Gefühlen rational fertig zu werden: «Immer wenn ich zu lange warte, wird es ganz schlimm. Dann bin ich ein richtiger Wüterich!»

Benjamins Mutter fragte ihren Sohn, wo denn seine Wut sitzen würde, und nach längeren Überlegungen meinte er: «In den Beinen!»

Die Mutter war überrascht: «In den Beinen?»

Benjamin nickte: «Das kribbelt dann da, und dann muss ich einfach laufen!» Die Mutter lächelte: «Gut, wenn's nur ein wenig kribbelt, dann gehst du schnell in deine Ecke.»

Benjamin schaute skeptisch drein: «Hoffentlich merke ich das auch!»

Sie nahm ihren Sohn in den Arm: «Klar schaffst du das!»

Tatsächlich gewann Benjamin ein Gefühl dafür, wann es an der Zeit war, in seine Wutecke zu rennen. Als er es wieder einmal nicht geschafft hatte, meinte seine Mutter: «Du warst zu langsam!» Und als er sich beruhigt hatte, kam er zu seiner Mutter und lächelte: «So schnell kann nicht mal ein Löwe laufen!»

Bei der siebenjährigen Paula stellte sich die Wut anders dar: Sie wurde ganz starr, ganz steif, kein Trampeln, kein Schreien, kein Ausbruch – nur Stille, absolutes Schweigen.

«Das war fast so, als ob sie meditiere, ganz in ihr Inneres versunken war», so beschreibt es die Mutter. «Und nach fünfzehn Minuten war sie völlig ausgeglichen, war fröhlich, lächelte.» Dann sieht sie mich an: «Man liest immer, Kinder müssen ihre Wut rauslassen. Aber bei Paula ist das nicht sichtbar und auch nicht machbar.» Sie wirkt unsicher. «Ob ich daran schuld bin, bei ihr was unterdrücke?»

«Denke ich nicht. Paula scheint mir eher wie eine Schildkröte …»

«… Genau», unterbricht mich die Mutter spontan. «Sie zieht den Kopf ein und macht dicht, wenn sie wütend ist. Sie lässt nichts mehr an sich heran.»

Ich empfehle ihr ein Ritual, das sie mit Paula einüben solle.

«Erzählen Sie ihr die Geschichte von der Schildkröte Henrietta …», fange ich an.

«Wo finde ich die?», ist sie neugierig.

«Erfinden Sie eine Geschichte, berichten Sie davon, wie Henrietta mit ihrer Wut umgeht. Dass Henrietta sich hinhockt, wenn sie zornig ist, und ganz still wird.» Paulas Mutter lacht.

«Und dann sagen Sie ihr, sie solle sich, wenn sie so dasitzt, den Wutfinger halten …»

«Den Wutfinger?»

«Den linken Mittelfinger mit der rechten Hand halten oder umgekehrt!» Sie schaut irritiert: «Das hilft?»

«Sicherlich. Und vielleicht malt Paula auf das oberste Glied ihres Mittelfingers noch ein Gesicht – große Augen, ein nach oben gezogener Mund, ein Gesicht, das sie anlächelt, so als wolle es Ihrer Tochter sagen: ‹Willkommen im Wutland!›»

Paulas Mutter schaut amüsiert, aber auch ein wenig skeptisch. «Wie kann denn so eine Geschichte aussehen? Ich bin so wenig kreativ! Können Sie mir nicht etwas auf die Sprünge helfen?»

«Gut», gebe ich nach, «dann erzähle ich Ihnen die Geschichte von der Schildkröte Henrietta!»

Karoline war ein nettes, fröhliches Mädchen mit langen Zöpfen, braunen Augen, ein richtig kleiner «Springinsfeld». Man mochte Karoline, weil sie so freundlich, so aufgeschlossen, so hilfsbereit daherkam. Nur wenn ihr eine Laus über die Leber lief, es nicht so war, wie sie es sich wünschte, dann flippte sie aus, dann schrie sie, dann fluchte sie – Rumpelstilzchen war nichts dagegen. Keiner konnte Karoline dann helfen, keinen ließ sie an sich heran. Sie wollte nur mit sich allein sein. Aber hinterher saß sie völlig erschöpft herum, war traurig, war wütend über sich, dass sie am liebsten wieder ausgeflippt wäre. Aber sie konnte sich gerade noch beherrschen, obgleich ihr das sehr schwer fiel. Wenn sie dann von ihrer Mutter hörte, man müsse sich doch nicht über jeden Blödsinn so aufregen, dann wurde sie erst recht traurig, weil sie das Gefühl hatte, keiner würde sie wirklich verstehen.

Johnny, ihr Freund von der anderen Straßenseite, war der Einzige, der mit ihr empfand, ging es ihm doch ähnlich. Eines Tages kam Johnny und erzählte von der Schildkröte Henrietta, die weit weg am anderen Ende des Waldes wohnte und die sich einfach nicht ärgern würde.

«Die weiß gar nicht, wie das geht», meinte Johnny ehrfürchtig.

«Komm, lass uns sie besuchen», schlug Karoline vor. Doch Johnny schüttelte den Kopf.

«Das ist mir zu gefährlich, bei den vielen bösen Ungeheuern im Wald. Die fressen uns!»

«Dann mach ich es alleine», antwortete Karoline.

«Bist du denn verrückt geworden?», entfuhr es Johnny. «Das ist absolut gefährlich. Der dunkle Wald ist voll von bösen Ungeheuern, die nur auf dich warten!»

«Wenn du zu feige bist», sagte Karoline trotzig, «dann gehe ich eben ohne dich!»

«Dir ist nicht zu helfen», resignierte Johnny.

Und Karoline zog los. Nachdem sie die Stadt verlassen hatte, kam sie an einem Bauernhof vorbei. Ein Hahn krähte, ihm schwoll der Kamm.

«Wer bist du?», fragte er neugierig.

«Karoline!», antwortete sie selbstbewusst. «Und wer bist du?»

«Ich bin Coco, der stolze Hahn!» Er blickte sie herausfordernd an: «Wohin willst du?»

«Zur Schildkröte Henrietta!»

«Zu dieser Langweilerin!» Coco schüttelte den Kopf. «Und was willst du da?» Coco klang neugierig.

«Ich will nicht mehr wütend sein!», sagte sie spontan.

Coco zuckte: «Du willst nicht mehr wütend sein?» Er krähte laut: «Wütend sein ist doch toll!» Und dann krähte er nochmals laut, so laut, dass sich Karoline die Ohren zuhalten musste. Und als er wieder zur Ruhe kam, grinste er: «Wütend sein ist toll! Wenn ich wütend bin, hören mich alle. Deshalb nennt man mich auch Coco, der Wüterich aller Wüteriche!»

Er überlegte: «Aber warte! Im Wald ist es gefährlich. Ich komme mit! Das ist nichts für ein kleines Mädchen wie dich!» So schloss er sich Karoline an – bis sie zu Prato, dem Puter, kamen. Auch Prato fand es erstaunlich, dass jemand seine Wut verlieren wollte.

«Ich werde puterrot», erzählte er stolz, richtete sich auf. «Ich zeig's dir mal!» Prato plusterte sich auf, sein Hals zitterte, sein Kopf schien fast zu zerplatzen, so rot wurde er.

«Fass mal an», befahl er. Karoline berührte den Kopf, und

ihr schien es, als wäre sie von einem elektrischen Schlag getroffen, so heiß fühlte es sich an.

«Aber ich komme mal mit euch», meinte er großmütig.

«Ich habe Henrietta noch nie gesehen. Muss 'ne komische Ulknudel sein, weil die immer ruhig bleibt. So was gibt's doch gar nicht!»

So zogen der Hahn Coco, der Puter Prato und Karoline weiter in den tiefen Wald. Es wurde Nacht, sie machten sich ein Lager. Da hörten sie schnaufende, scharrende Geräusche – Coco krähte, Prato plusterte sich auf, Karoline war ängstlich.

«Was ist denn hier los?», hörten sie eine schnarrende Stimme. Es war die Wildsau Kuno.

«Ach, ihr seid's!», meinte er. Enttäuschung klang in seiner Stimme durch. «Hätte ich mir denken können. Dieses aufgeregte Federvieh kann nicht mal nachts ruhig sein!»

«Wer bist du?», fragte er an Karoline gewandt.

«Ich bin Karoline!»

«Und die will ihre Wut verlieren!», fiel Prato ihr ins Wort. «Die Wut, hörst du, Kuno, die Wut! Das kann nicht angehen, aber sie will ihre Wut verlieren!»

«Jetzt hör auf, Prato!», rief Karoline ärgerlich. «Sonst flippe ich aus und drehe dir den Hals um! Dann ist Schluss mit deinem Geschnatter!»

«Ist ja schon gut», beruhigte Prato Karoline. Dann erzählte sie Kuno von der Schildkröte Henrietta, zu der sie wollten.

«Kenn ich!», nickte Kuno. «Komische Alte, ist immer ruhig!» Er sah Karoline an: «Da komme ich mit. Die muss ich unbedingt sehen!»

Nun zogen sie zu viert weiter. Karoline fühlte sich sicher. Als der bissige Bär Jumbo, vor dem alle Angst hatten, weil er so stark und ständig hungrig war, sich ihnen in den Weg stellte, krähte Coco, Prato plusterte sich auf und Kuno schnaubte. Jumbo gab sofort nach, weil er einsah, dass er gegen die geballte Wut keine Chance hatte.

Es sprach sich schnell im Wald herum, welch verrückte Truppe auf dem Weg zu Henrietta war. Keiner konnte sie an diesem Vorhaben hindern – nicht das Waldungeheuer Samsum noch die giftsprühende Baumspinne Rapsom, nicht der grausame Wolf Gräulich noch die Riesenschlange Bora. Wenn Coco krähte und seine Krallen zeigte, wenn Prato sich aufplusterte und funkelnde Blicke versprühte, wenn Kuno schnaubte und gefährlich raunzte, dann verschwanden alle so schnell wie möglich in die tiefsten Tiefen des Waldes. Und Karoline kam mit einem Mal ins Grübeln: «Vielleicht ist die Wut doch nicht so schlecht?»

Endlich kamen sie zu einer Lichtung, wo Henrietta lebte. Sie schaute gutmütig drein: «Habe schon von dir gehört», lachte sie Karoline an. «Was hast du denn da für ein komisches Volk mitgebracht?»

«Meine Freunde!», gab Karoline zur Antwort.

«Bei denen ist doch Hopfen und Malz verloren», zuckte sie mit den Achseln, «die müssen einfach wütend sein! Und finden das noch toll!»

«Blöde Kuh!», schnaufte das Wildschwein Kuno ärgerlich. Und Coco krähte zur Bestätigung, während Prato puterrot wurde.

«Hab ich's dir nicht gesagt!», lachte Henrietta. «Ein falsches Wort und die drehen komplett durch!»

«Mir geht es auch so!» Karoline wirkte schüchtern und kleinmütig. Dann erzählte sie von sich – wie sie schon bei der kleinsten Kleinigkeit ausflippen würde und danach immer sehr traurig wäre. Henrietta hörte aufmerksam zu.

«Und du wirst nie wütend?» Karoline schaute die Schildkröte an.

«Stimmt, ich werde nicht mehr wütend!»

«Und wie machst du das?» Karoline war neugierig.

«Ich verstecke alles unter meinem Panzer. Ich sehe nichts, ich höre nichts, ich spüre nichts. Das prallt alles von mir ab!»

«Und wenn du doch etwas hörst?», wollte Karoline wissen.

«Dann denke ich mir, das ist fröhliches Vogelgezwitscher!»

«Und wenn du doch etwas siehst?», hakte Karoline nach.

«Dann schließe ich die Augen und stelle mir viele saftige Blätter vor, die ich bald essen werde!»

«Und wenn du etwas spürst?»

«Dann denke ich, dass das Sonnenstrahlen sind, die mich wärmen!»

Karoline nickte.

«Also muss ich mich wie eine Schildkröte hinsetzen, den Rücken nach oben zeigen, und der ist mein Panzer!»

Henrietta nickte.

«Du musst die Füße ganz an deinen Körper heranziehen, und den Kopf legst du auf deine Hände, und die rechte Hand umfasst den Mittelfinger der linken Hand ...»

«Warum?» Karoline blickte neugierig zur Schildkröte.

«Weil das beruhigt!»

«Und jetzt macht Karoline wütend!», forderte Henrietta Coco, Prato und Kuno auf. «Das ist doch das Einzige, was ihr könnt!»

Karoline legte sich wie eine Schildkröte hin und hielt sich ihren Wutfinger. Sosehr sich ihre Begleiter auch bemühten, alles schien an Karoline abzuprallen – bis sie erschöpft aufgaben. Karoline stand auf und bedankte sich bei Henrietta und natürlich auch bei ihren Begleitern, die völlig verwundert dastanden. Dann machte sie sich auf den langen Weg zurück – weder das Waldungeheuer noch die Baumspinne, weder der Wolf noch die Riesenschlange ließen sich sehen. Aus der Ferne schauten sie einem seltsamen Zug zu: vorne der krähende Hahn, dahinter der puterrote Prato, danach das schnaufende Wildschwein Kuno, das Karoline auf seinem Rücken trug, die wie eine Schildkröte schlief.

«Viel Glück», sagte Kuno zum Abschied, «aber ich bleibe doch lieber eine Wildsau.»

«Mach's gut», rief Prato, «aber ich will puterrot werden, sonst erkennt mich keiner mehr!»

«Ciao», lachte Coco, der Hahn, «ich krähe und mir wird weiter der Kamm schwellen, was sollen sonst die Hennen von mir denken?!»

Den letzten Rest des Weges ging Karoline allein. Als Johnny sie sah, lief er ihr entgegen, und Karoline erzählte ihm alles.

«Solche Geschichten helfen?», fragte Paulas Mutter, als ich aufgehört hatte.

«Nicht immer, aber häufig!», lachte ich.

Die Geschichte über Karoline enthält Elemente, auf die sich Kinder gerne einlassen: Da ist eine Heldin mit all ihren Stärken und Schwächen, da existieren Probleme, die die Heldin verzweifeln lassen und die sie überwinden möchte. Da sind Helfer, die ihr beistehen, sie nicht allein lassen, da gibt es Widerstände, die es zu überwinden gilt, da kommt es zu einem Happy End, verbunden mit dem Gefühl, dass die Heldin es geschafft hat, das Problem eigenständig zu lösen.

Am Abend erzählte Paulas Mutter ihrer Tochter die Geschichte von der Schildkröte Henrietta. Paula hörte aufmerksam zu, wollte die Geschichte noch zweimal hören. Als die Mutter Paula am anderen Morgen weckte, hatte sie den Eindruck, als ob Paula wie eine Schildkröte dalag. Beim Frühstück malte sie ein Gesicht auf den Mittelfinger, das wie ein fröhliches Wutgesicht aussah. Paula richtete sich eine Kuschelecke ein – mit vielen Kissen, all den Puppen, die sie hatte. In diese verschwand sie, wenn sie wütend war. Sich selbst nannte sie, wenn sie dort einer Schildkröte gleich saß: die Kröte Caro!

Ich habe drei verschiedene, drei ganz unterschiedliche Wege aufgezeigt, wie Kinder mit ihrer Wut selbständig umgehen können, die ihnen das Gefühl vermitteln, sich mit überwältigenden großen Gefühlen selbstbewusst auseinander zu setzen, ihnen die Gewissheit vermitteln, den Aggressionen nicht hilflos ausgeliefert zu sein.

Dabei sollte man sich am Temperament des Kindes orientieren, sich leiten lassen von dem, was das Kind ausdrückt oder sich wünscht: Nicht jedes Kind will einen Sandsack in der Wutecke, manche wollen eine Matratze, auf der sie springen und trampeln. Nicht jedes Kind will Gegenstände, mit denen es werfen kann, manche wollen Dinge zerreißen. Nicht jedes Kind hat die Wut im Bauch, manche eben in den Armen und Beinen, bei manchen ist die Wut rot, bei anderen schwarz, bei manchen brennt sie höllisch, bei anderen fühlt sie sich diffus an. Bei manchen sitzt im Bauch ein großer Wüterich, ein Trommler, der unaufhörlich auf die Pauke haut, bei anderen eine Schildkröte, die vor allem eines, nämlich ihre Ruhe haben will.

Allerdings sind die vorgeschlagenen Rituale und Spiele kein Allheilmittel. Wenn Kinder und Jugendliche kein Interesse daran haben, dass die Wut verschwindet, zerstörerische Aggressionen umgelenkt werden, dann helfen Wutecken nicht. Diese Heranwachsenden wollen Wut, Zorn und Brutalität behalten, weil sie nur darüber im Mittelpunkt stehen. Dann muss man andere Wege gehen, um den Heranwachsenden zu zeigen, dass man ihre Hilferufe gehört hat.

### Umbewertungen

Es ist ein ebenso beliebtes wie gewohntes Ritual, die Schuld, den Anlass für aggressives Verhalten, für Wut, für Zorn oder für Ärger bei anderen zu suchen und – mit großer Wahrscheinlichkeit – auch zu finden. Deshalb besteht ein Ansatzpunkt für aggressionsfreieres Handeln darin, jene Momente, Handlungen oder Personen, die aus der eigenen subjektiven Perspektive Wut, Zorn oder Ärger hervorrufen, anders zu bewerten.

Dabei geht es nicht darum, sich mit dem Satz, man brauche sich doch nun wirklich nicht «über so eine Lappalie so zu ärgern», vordergründig zu beschwichtigen. Wer mit der Formulierung tröstet, das sei «doch alles nicht so schlimm» und «man solle sich das doch nicht derart zu Herzen nehmen», nimmt andere nicht ernst, lässt sie mit ihren Gefühlen im Regen stehen. Es geht bei der Umbewertung um eine völlig andere Herangehensweise: nicht darum, danach zu fragen, wer an einer Situation, an einem Konflikt schuld sei, sondern darum, wie das Problem zu lösen ist. Der Blick richtet sich nach vorn, nicht nach hinten.

Sätze wie «Der/Die macht mich wütend!» oder «Das regt mich verdammt nochmal auf!» sind kaum geeignet, Konflikte konstruktiv zu lösen. Die Ursachen für aggressive Gefühle liegen dann außerhalb der eigenen Person, und so ist es nur folgerichtig, dass man eben auch außer sich gerät. Man macht sich abhängig von anderen, empfindet sich als ohnmächtig und hilflos.

Konstruktiver sind paradoxe Sätze wie «**Ich** mache mich wütend!» oder «**Ich** rege mich auf!», weil **ich** dann das Gesetz des Handelns wiedergewinne. So entstehen Selbstvertrauen und Vertrauen in die eigenen Kräfte. Dies gilt für Erwachsene gleichermaßen wie für Heranwachsende. Wer sich in bestimmte Sichtweisen verrennt, hat kaum Chancen, Situationen oder Einschätzungen schöpferisch zu verändern.

So ist es mir in der Beratung von Eltern, Erzieherinnen oder Lehrerinnen wichtig, nicht so sehr nach den Gründen kindlicher (Fehl-)Handlungen zu fragen, sondern von der Tatsache auszugehen: Kinder handeln so, wie sie es tun. Und Erwachsene bewerten diese Handlungen. Dabei fällt auf: Es sind häufig nicht die Handlungsmuster, die Eltern verunsichern. Es sind vielmehr die *Meinungen* über die kindlichen Handlungsmuster, die verunsichern und beunruhigen. Beratung hat demnach die Aufgabe, Eltern und anderen pädagogisch Handelnden zu einer angemesseneren, d.h. wirklichkeitsadäquaten Sicht der Dinge zu verhelfen.

Heiko, Martin, Nico, Paolo und Ronald, alle fast sechs Jahre alt, sind der Schrecken des Kindergartens. Schon am Morgen warten sie vor der Einrichtung aufeinander. Sobald sie komplett versammelt sind, betreten sie die Eingangshalle – «wie eine Gruppe Westernhelden», meint eine Erzieherin. Kaum haben sie den Gruppenraum betreten, fangen sie an zu rangeln, zu toben, zu schreien, «Theater zu machen». Laut und bewegt, nein: *sehr* laut und *äußerst* dynamisch geht es zu, die Nerven und Ohren der Erwachsenen werden strapaziert. Vorsichtige Eingriffe der Erzieherinnen wie «Könnt ihr nicht mal leise sein?» gehen im Getöse unter; Drohungen wie «Ihr fliegt raus, wenn ihr weitermacht» nehmen Heiko und Konsorten nicht mehr ernst, haben sie doch die Erfahrung gemacht, dass solche sprachlichen Attacken ihrer beiden «lieben» Erzieherinnen niemals wirklich durchgehalten werden. Heiko und Paolo haben zudem eine klassische Gegenstrategie entwickelt: Sollte es wirklich mal brenzlig werden, strahlen sie ihre Erzieherinnen mit ihren blauen bzw. braunen Augen an, umschnurren sie wie kuschelige Kater … und schon ist der angekündigte Rausschmiss schnell vergessen. Was sie übrigens nicht daran hindert, hinterher mit dem Toben umso vehementer weiterzumachen. Hatte die «Fünfer-Gang», wie man die Gruppe im Kindergarten auch umschrieb, voneinander genug, mischten die Jungen die anderen Kinder auf, zogen diese in ihr lautstark-impulsives Spiel mit hinein. Besonders die Mädchen verhielten sich zwiespältig zur «Fünfer-Gang»: Einerseits beklagten sie sich über Störungen und Angriffe, andererseits fanden sie es erregend und spannend, in das Spiel der Jungen einbezogen zu werden.

«Die machen mich einfach wütend! Die sind fürchterlich!», erklärt mir die Leiterin des Kindergartens, Pamela Schneider, als sie die Situation in einer Fachberatung vorstellt.

«Was tun Sie, damit die Kinder Sie wütend machen?», frage ich.

Ihre Augen verengen sich, sie runzelt ihre Stirn, ihre Stimme hat einen leicht ungeduldigen Klang: «Ach, jetzt bin ich auch noch schuld!»

«Wenn die Kinder Sie wütend machen, dann schicken Sie mir die Kinder her. Vielleicht finde ich mit ihnen eine Lösung für das Problem. Denn wenn die Kinder die Ursache für Ihre Wut sind, kann ich Ihnen nicht helfen!»

Sie schüttelt heftig den Kopf, meine Idee absolut ablehnend: «Aber, verstehen Sie mich, die sind fürchterlich. Die müssen Sie nur mal sehen, wie die sind!»

«Wie sehen die aus, Ihre Ungeheuer?», frage ich. Und Frau Schneider erzählt mir von «ihren Schlitzohren». Die Augen strahlen, als ob sie von einem Geliebten berichtet.

«Sie mögen die Kinder?»

«Ja. Aber wenn sie doch nur nicht so fürchterlich wären!»

Sie blickt Hilfe suchend nach oben. «Ich weiß da auch nicht mehr weiter», erklärt mir Sonja Ehlers, ihre Kollegin, «sie machen mit uns, was sie wollen.»

Ich sehe die beiden an: «Die Kinder sind Geschenke für Sie. Geschenke, die herausfordern!»

Die beiden Erzieherinnen schütteln den Kopf. «Geschenke?» Frau Schneiders Augen verengen sich zu einem kleinen Spalt: «Auf solche Geschenke kann ich verzichten!»

«Glaub ich nicht. Nehmen Sie die ‹Fünfer-Gang› mal als Geschenk an!»

«Sie meinen, ich kann von diesen Kindern etwas lernen, neue Erfahrungen machen?»

«Das denke ich!»

Die beiden Erzieherinnen beginnen neugierig zu werden. Ihre angespannte Körperhaltung wird lockerer.

«Wie packen Sie Ihre Geschenke zu Hause ein?», frage ich.

Pamela Schneider überlegt. Sie zögert mit der Antwort. «Wichtig ist für mich eine große Schleife!»

«Welche Farbe?»

«Dunkelrot!» Ihre Kollegin Sonja Ehlers lächelt, obgleich ihre Stimme noch einen leicht trotzigen Klang hat: «Meine Schleife ist blau!» Kurze Pause. «Aber jetzt sagen Sie uns endlich, was soll der Quatsch!»

«Sie sollen sich die ‹Fünfer-Gang› zu Geschenken machen. Sie mit Schleifen einpacken.»

Die beiden Erzieherinnen brechen in Lachen aus: «Etwa richtig?» In ihr Lachen mischt sich Skepsis.

«Stellen Sie sich vor», sage ich, «morgen steht die ‹Fünfer-Gang› vorm Kindergarten. Alle haben Schleifen im Haar, blaue und rote Schleifen, so wie Sie sie mögen. Und dann sagen Sie sich: ‹Das sind meine Geschenke.›»

Mit den Worten «Wenn's denn hilft!» erklären sich die beiden bereit, diese Phantasieübung, die zu einem veränderten Blickwinkel führen soll, am nächsten Morgen zu starten. Pamela Schneider und Sonja Ehlers stehen im Eingangsbereich des Kindergartens, sehen durch die Glastür nach draußen. Sie haben – wie sie später berichten – «mit einem Mal richtig Spaß an der Sache gehabt. Wir hatten richtigen Biss.»

«Mal sehen, was passiert», erinnert sich Sonja Ehlers. «Und schlimmer hätt's ja auch nicht werden können.»

Die «Fünfer-Gang» versammelt sich. Nico und Ronald kommen als Letzte. Sonja Ehlers schmunzelt.

«Was hast du?» Pamela Schneider ist irritiert.

«Heiko hat 'ne Schleife … Und Paolo …» Sie hält sich die Hand vor ihren Mund. Ein ungläubiges Kichern ist zu hören: «Stell dir vor, die haben Schleifen im Haar … Die haben wirklich Schleifen im Haar …»

«Meine auch … dunkelblaue … Die passen sogar zu Heikos Haar. Der sieht richtig süß aus.»

Sie brechen in Lachen aus, das befreit klingt, so als purzelten Zentnerlasten an Spannung herunter.

Die «Fünfer-Gang» kommt den Weg zum Kindergarten hoch – in der Vorfreude auf einen actionreichen Vormittag und darauf, mit ihren «lieben» Erzieherinnen das bekannte Spiel in einer weiteren Variante zu erproben. «Unsere Geschenke kommen», Sonja Ehlers lächelt. «Wir sollten sie empfangen.»

«Eigentlich sind sie doch ganz süß ... mit ihren Schleifen im Haar ...» Strahlend, entspannt, ganz locker gehen die beiden auf ihre fünf Kinder zu. Die wiederum sind irritiert.

«Is' was?», fragt Paolo.

«Warum seid ihr so lustig?» Nico wirkt nachdenklich. Auch Heiko will nicht glauben, was er sieht; war er doch bisher genervt-gestresste Gesichter gewöhnt, wenn er den Kindergarten betrat.

Alle fünf bekommen einen freundschaftlichen Klaps auf die Schultern, Annahme signalisierend. Die fünf wirken konsterniert. Sie schauen sich gegenseitig an, die gewohnten Rituale scheinen mit einem Mal hinfällig zu sein. Als die Erzieherinnen Aufgaben an die fünf Kinder verteilen, um sie durch Verantwortung noch stärker einzubinden, machen diese sofort und bereitwillig mit. «Heut ist irgendwas anders!», meint Ronald nachdenklich, wiegt seinen Kopf hin und her und weiß (noch) nicht, ob er darüber lachen oder sauer sein soll.

Der Vormittag verläuft so, wie die Erzieherinnen ihn sich bisher nicht vorzustellen trauten. Selbst als die «Fünfer-Gang» eine Zeit lang Wirbel macht, betrachtet Pamela Schneider die «Störungen» mit anderen Augen: «Ich hab sie mir mit Schleifen vorgestellt. Und da konnte ich ihr Spiel eine bestimmte Zeit aushalten.» Und Sonja Ehlers ergänzt: «Sie haben irgendwann von alleine aufgehört.»

Am Beispiel der «Fünfer-Bande» wird klar, wie man durch das Umdeuten von Situationen eine andere Perspektive einnehmen kann. Dadurch gewinnt man Handlungsfähigkeit, überwindet seine Hilflosigkeit:

- Manchmal sehen Eltern ihre Kinder unter einem ausschließlich negativen Gesichtspunkt: «Du raubst mir die Nerven ...»

– «Du bringst mich ständig auf die Palme ...» Die Ursachen für die Probleme werden in Sündenböcke hineinverlagert, von denen man in der Folge abhängig wird. Erst macht man sich ein Bild von Kindern und deren Handlungen und presst dann die Wirklichkeit in diesen vorgefertigten Rahmen. Aus diesem Raster – z. B. «der Störer», «der Auffällige», «der Aggressive» ... – können die Kinder nur noch schwer ausbrechen. Und zugleich wird alles, was außerhalb des eigenen Rasters und des alltäglich Gewohnten ist, nicht mehr wahrgenommen. Eltern beklagen sich über ihre Kinder, Pädagogen über ihre Schüler in detaillierten Beschreibungen, die freilich eher Abstempelungen und Stigmatisierungen sind, z. B. hyperaktiv, phantasielos, konzentrationsgestört, spielunfähig.

Wenn ich solche Zuschreibungen höre, frage ich Eltern: «Was mögen Sie gerade an Ihrem Kind?», oder den Lehrer: «Wo hat denn der Schüler seine Stärken?» Dann folgt seitens des «Anklägers» nicht selten ein erstaunter Blick, ein längeres Schweigen, die Bitte um eine Denkpause – «Kann ich so schnell nicht sagen!» Manche Erwachsene fühlen sich ertappt, sind sogar erleichtert darüber, aus gewohnten Beobachtungsrastern gerissen zu werden.

- Viele Erwachsene und Eltern bewerten nicht die Handlungen, die sie sehen, sie bewerten die Handlungen auf der Grundlage der Meinungen, die sie von diesen Handlungen haben – z. B.: Man schlägt sich nicht, man sagt keine Schimpfworte, man putzt sich die Zähne etc. Die Erzieherinnen lehnen in der beschriebenen Situation kindliche Störungen und damit einhergehende zerstörerische Aggressionen ab. Für sie sind diese Handlungen das Gegenteil von dem, was sie sich für ihre Arbeit wünschen. Sie wollen – zu Recht – ein ausgeglichenes und auf gegenseitigem Respekt aufbauendes Miteinander. Jede Handlung, die die Harmonie stört, wird sofort negativ gedeutet, abgelehnt, abgeblockt, gemaßregelt. Und: Jedes Kind, das stört, wird auf der Basis eines bestimmten Beobachtungsrasters eingeordnet. Es hat kaum Chancen, dieser Zuordnung zu entfliehen. Dessen positive, konstruktive und soziale Persönlichkeitsanteile werden in der Folge kaum wahrgenommen.

- Es geht bei der Veränderung der Sichtweise nicht darum, Schuld anders zu verteilen – nach dem Motto: Nicht das Kind hat die Probleme, sondern die Erwachsenen, die mit dem Kind zu tun haben. Es kommt mir darauf an, dem pädagogisch Handelnden veränderte Perspektiven für sein Handeln zu geben. Solch eine Veränderung führt *möglicherweise* dazu, die Realität anders, d.h. angemessener zu betrachten, um so zu neuen Lösungen für problematische Konfliktsituationen zu kommen.

Der Ausgangspunkt für ein praxis- und lösungsorientiertes Handeln besteht darin, jene Spielregeln zu erkennen, nach denen Kinder ihre Handlungen vollziehen. Und daraus folgt weiter: Wenn die Ursachen für Auffälligkeiten außerhalb meiner Eingriffsmöglichkeiten liegen, dann kann ich störendes Verhalten von Kindern nur schwer ändern.

An der Situation der «Fünfer-Gang» veranschaulicht: Nachdem die Erzieherinnen mit pädagogischen Maßnahmen keine passenden, d.h. von den Kindern akzeptierten Grenzen setzen konnten, weil die bisherigen Maßnahmen ganz offensichtlich an der Realität der Kinder vorbeigingen, waren neue Spielregeln vonnöten. Die bisherigen machten ausschließlich den Kindern Spaß: Sie wussten, wie sie ihre Erzieherinnen mit einem geringen Maß an Aufwand schnellstmöglich auf die Palme bringen konnten. Die «Erfolge» ihres Tuns waren an Gestik und Mimik von Pamela Schneider und Sonja Ehlers jeden Morgen abzulesen: Die Erzieherinnen wirkten angespannt, sobald sie die «Fünfer-Gang» nur sahen. Daraus entstand eine sich selbst erfüllende Prophezeiung. Dann veränderten die Erzieherinnen ihren Blickwinkel und damit die Spielregeln. Als die «Fünfer-Gang» das Gefühl hatte, mit all ihren Persönlichkeitsanteilen angenommen zu sein – und dazu gehören auch die ungekonnt-aggressiven –, wurde ihr altes Ritual überflüssig. Das Lachen der Erzieherinnen signalisierte ihnen auf eine andere Weise als bisher Zugehörigkeit und Angenommensein.

«Und was hat das alles mit Geschenk zu tun?», fragte Pamela Schneider, als sie mir vom veränderten Verhalten der «Fünfer-Gang» berichtete. «Auf solche Geschenke kann ich nämlich absolut verzichten.»

«Ich denke nicht», meinte ich lachend. «Diese ‹Fünfer-Gang› war ein Geschenk, weil Sie erfahren haben: Manche Problemlösungen liegen nicht außerhalb meiner Reichweite, ich trage die Lösung in mir. Ich kann sie erkennen, wenn ich will. Aber manchmal bin ich blockiert, und dann brauche ich ein Geschenk – mit dunkelroten Schleifen.»

Nicht anders erging es Sarah Bertram. Sie hatte Stress mit ihrem zwölfjährigen Lars. Das Thema waren die Hausaufgaben, die jedes Mittagessen zur Hölle machten.

«Ich frage ganz friedlich nach der Schule, den Hausaufgaben. Dann geht das Theater schon los. Er mault über das Essen, provoziert, wo er nur kann. Es ist, ehrlich gesagt, zum Kotzen.» Lars bestätigt dies: «Ich komme nach Hause. Und schon die erste Frage ist: ‹Was habt ihr auf?› Und wenn ich dann was antworte, stellt sie schon fest: ‹Na, nicht so viel. Dann kannst du ja gleich nach dem Mittagessen die Aufgaben machen.› Und wenn ich dann dieses freundliche Gesicht von meiner Mutter sehe. Aber es ist ja nicht freundlich. Wenn ich nicht mache, was sie will, jault sie rum oder ist beleidigt!»

Ich unterhalte mich allein mit Lars.

«Was, glaubst du, wäre anders», frage ich, «wenn du nach Hause kommst und es ist ein Wunder geschehen. Deine Mutter ist verzaubert. Woran würdest du das merken?»

«Daran, dass sie freundlich lächelt und mich in den Arm nimmt und nicht nach der Schule fragt», meint Lars.

«Und woran würde deine Mutter bemerken, dass sich bei dir etwas verändert hat?», will ich wissen.

«Ich lass mich in den Arm nehmen und meckere nicht über das Essen!»

Als ich der Mutter diese Wunderfrage stelle, die auf den Therapeuten Steve de Shazer zurückgeht, meint sie: «Lars brüllt nicht ‹Mistessen!› oder so etwas, wenn er die Haustür öffnet, oder: ‹Hier riecht es wieder so ekelig!›»

«Und woran bemerkt er die Veränderung?» Sie überlegt. Dann: «Ich frage nicht sofort nach der Schule!»

Ich vereinbare mit beiden, am nächsten Tag so zu tun, als sei ein Wundertag. Als Lars nach der Schule die Haustür öffnet, findet er die Mutter nicht, die ansonsten im Flur steht und wartet, um Fragen loszuwerden. Sie sitzt im Wohnzimmer, liest, blickt von der Zeitung auf und sagt: «Na, schön, dass du da bist!»

Lars sagt: «Scheiß-Hausaufgaben! Was gibt's zu essen?»

«Spaghetti!»

«Deshalb riecht es so gut!»

Es soll nicht der Eindruck erweckt werden, als sei jede krisenhafte Situation schnell und mit wenig Anstrengung zu klären, oder genauer: wegzuzaubern. Wichtig ist mir, dass komplexe Problemkonstellationen, die auf individuell meist nicht veränderbare Rahmenbedingungen zurückzuführen sind, durch die Konzentration auf eine Zielperspektive viel von ihrer Ausweglosigkeit verlieren. Die Suche nach und das Durchspielen von Lösungen stärkt das Selbstwertgefühl, indem es Verantwortung zum Handeln zurückgibt und gleichzeitig das Gefühl von Machtlosigkeit und Minderwertigkeit relativiert.

Die Einführung und das Durchleben eines «Zaubertages» bei Frau Bertram und ihrem Sohn macht die Vorteile eines lösungsorientierten Vorgehens, wie es von Steve de Shazer, Therese Steiner und Insoo Kim Berg entwickelt wurde, deutlich:

- Das Zaubern, das Umbewerten standen am Beginn, nicht am Ende des gemeinsamen Weges. Er wurde durch das Tun der beiden Familienmitglieder konstruiert.
- Bei der Wunderfrage ging es nicht um die Ursache des Stresses, sie setzte an die Stelle von erlebten und beklagten Unzulänglichkeiten vielmehr eine veränderte Perspektive, etwas Neues, nicht Gewohntes.
- Das Zaubern erweist sich als kleine – und das ist entscheidend – lebbare und praktizierbare Perspektive.
- Was für diese Familie beim Zaubern gilt, ist für andere Familien nicht praktikabel. Das Finden von Lösungen gelingt nur individuell auf dem Hintergrund der ganz spezifischen und besonderen Perspektive einer Familie.

Es kommt noch ein weiterer Gedanke hinzu: Es geht bei diesen Lösungen, die auf Pragmatismus, Praktikabilität und Alltagsnähe aufbauen, nicht darum, Aggressionen zum Verschwinden zu bringen, sondern zu lernen, damit konstruktiv umzugehen. Es geht um das Erkennen von Gefühlen, die **ich** selber erzeuge, und um das Umbewerten von Situationen. Es geht vor allem um Selbstkontrolle, darum, Frustrationen auszuhalten und zu ertragen, **meine** Meinung zu unbefriedigenden Abläufen zu verändern, dass aus «Es ist ja alles so schlimm, und es wird immer schlimmer!» ein gelassen-schöpferisches «Es ist unangenehm und problematisch, dass es so ist, wie es ist. Aber ich lebe weiter und kann etwas ändern, wenn ich möchte!» wird.

Wenn man so an frustrierende Alltagssituationen herangeht, konzentriert man sich auf praktikable Lösungen, nicht jedoch auf die beste Lösung, darauf, dass Entscheidungen nur für einen bestimmten Zeitraum, nicht jedoch für die Ewigkeit gelten müssen. Wer ständig nach perfekten, allseits gültigen Lösungen sucht, der engt sich nicht nur ein, der macht sich obendrein handlungsunfähig. Nicht Vollkommenheit, vielmehr Fehlbarkeit, Toleranz gegenüber eigenen Fehlern kann zu einer wichtigen Prämisse im pädagogischen Handeln werden. Dies gilt vor allem dann, wenn es um den Umgang mit Aggressionen geht.

## «Streitet doch nicht immer!» – Nur starke Kinder können streiten

### Selbstbewusstsein und Aggressionshemmung

Streit und Konflikte gehören zum Alltag von Heranwachsenden, sind Teil ihrer Entwicklung. Deshalb ist es auf Dauer schwieriger, nervenaufreibender, frustrierender und entmutigender, Streit und Konflikten aus dem Weg zu gehen, als vielmehr Wege zu beschreiten, um sich Auseinandersetzungen zu stellen. Ein Vermeidungsverhalten erzeugt das Gefühl von Ausgeliefertsein und Minderwertigkeit, es macht handlungsunfähig und hilflos, auf Dauer unselbständig und krank. Oder solch Verhalten kehrt sich ins Gegenteil um: Aus Ohnmacht wird brutale und zerstörerische Ausübung von Macht, die sich in Wort und Tat ihre Schneisen schlägt. Deshalb ist es befriedigender, sich dem Streit und dem Konflikt zu stellen – aber das hört sich leichter an, als es ist. Kinder und Jugendliche fallen nicht als Streitschlichter vom Himmel, kommen nicht als Friedensengel auf die Welt, die mit Schalmeienklängen sich und andere in den Zustand ausgeglichener Harmonie bringen. Aggressionsfreies Handeln zu stärken und aggressionsfreies Handeln zu fördern – das ist ein Weg, der im Kleinkindalter beginnt und bis in das junge Erwachsenenalter zu beschreiten ist, ein Weg, der niemals gradlinig ist und nach vorne weist, der vielmehr von Umwegen, Sackgassen, Stillstand und Regression gekennzeichnet ist. Doch auch hier stellt sich der Weg als das Ziel dar: Der Weg entsteht beim Gehen. Nur indem ich mich auf den Weg mache, mich dabei erfahre, wächst das Vertrauen in die eigenen Kräfte, baut sich Selbstvertrauen und Selbstbewusstsein auf. Und dies ist Voraussetzung dafür, sich überhaupt auf aggressionsfreies Handeln einzulassen.

Wer Aggressionshemmungen fördern, zerstörerischen Aggressionen dauerhaft vorbeugen will, muss die sozialen Kompetenzen von Heranwachsenden fördern. Denn Toleranz, Verantwortung und Mitgefühl ist den Menschen nicht unbedingt angeboren. Toleranz, Verantwortung und Mitgefühl stellen sich als das Ergebnis eines immer währenden Kultivierungs- und Zivilisationsprozesses dar, als das Resultat von Erziehung, die sich als Begleitung der Kinder und Jugendlichen in das Leben begreift. Doch wie gesagt, dies ist ein äußerst widersprüchlicher Prozess: Toleranz kann nicht per Dekret verordnet werden, scheint deshalb – die zerstörerischen Aggressionen im Alltag (nicht nur von Heranwachsenden) beweisen das – nicht dauerhaft gesichert. Erniedrigungen in Wort und Tat, Missachtung, fehlender Respekt können jederzeit durchschlagen und müssen deshalb in Grenzen gehalten werden.

Toleranz, Mitgefühl, die Bereitschaft, aggressionsfrei zu handeln, werden von Heranwachsenden umso eher erlebt, begriffen und umgesetzt, wenn zwei Voraussetzungen gegeben sind:

- Man muss Kindern und Jugendlichen ein positives Modell von Mitgefühl, Gerechtigkeit und Streben nach Wahrhaftigkeit vorleben. Wenn es diesbezüglich zu Widersprüchen in Worten und Handeln kommt, die Erwachsenen Wasser predigen, aber Wein trinken, dann macht man es Heranwachsenden schwer, sich auf ein Tun einzulassen, das gegenseitige Achtung und gegenseitigen Respekt enthält. Erleben Heranwachsende im Alltag, wie man mit Machtausübung, mit lauten und derben Worten, gar körperlicher Gewalt Probleme kurzfristig «löst», lassen sie sich auf komplexere Formen der Streitschlichtung kaum ein.

- Heranwachsende müssen erfahren, dass sich in ihrem Alltag konstruktive Konfliktlösungen lohnen. Deshalb sind die Programme zur Streitschlichtung (wie sie z.B. im Projekt «KONFLIKT-KULTUR» enthalten sind), die an immer mehr Schulen erprobt und mit Erfolg praktiziert werden, so wichtig. Die Schüler lösen selbst Konflikte, übernehmen damit Verantwortung für sich und andere und tragen darüber hinaus zu einer Verbesserung des sozialen Klimas an der Schule bei. Zudem erfahren sie, dass es Konfliktlösungen ohne Sieg und Niederlage, ohne Gewinner und Verlierer gibt. Während entwürdigende Machtkämpfe in Rache- und Vergeltungsphantasien enden («Wir wollen doch mal sehen, wer hier gewinnt!»), versucht der Schlichter zu vermitteln, er strebt Lösungen an, die das Selbstwertgefühl aller am Konflikt Beteiligten nicht schädigen.

Bei der Ausbildung von Selbstbewusstsein haben sich Heranwachsende – wie der Psychologe Jörg Bopp einmal formulierte – zwei Fragen zu stellen:

- Wie kann ich moralisch handeln?
- Wie kann ich kritisch denken?

Wer sich in seinem Handeln ausschließlich an moralischen Leitlinien orientiert, erstarrt schnell in zu eng gezogenen Grenzen, denkt nur an andere, nicht an sich selbst, der geht in grauer Angepasstheit auf. Zu einer selbstbewussten Person, gehört das Aufbegehren, der Protest, die Kritik. Wer aber nur kritisiert, der wird halt- und orientierungslos, bildet einen moralischen Relativismus aus, der gegenseitige Achtung nicht kennt, der Egozentrismus mit aller Deutlichkeit lebt, der kein Gefühl von Gerechtigkeit aufbaut. Skrupellosigkeit, fehlendes Schuldbewusstsein und moralische Gleichgültigkeit sind die Folge. Aber umgekehrt gilt auch: Übermäßige Kontrolle, ständige Anweisungen und Befehle lassen Eigeninitiativen und Selbstverantwortung nicht entstehen.

Der Weg, um Kinder und Jugendliche zu selbstbewussten und selbstverantwortlichen Persönlichkeiten zu machen, geht nur – ich hatte es betont – über das persönliche Modell. Wer seine eigenen Werthaltungen vorlebt, der braucht nicht zu indoktrinieren.

Gerade beim Erfahren von schöpferischen und zerstörerischen Aggressionen brauchen Heranwachsende Geleit, das – wie es der Erziehungswissenschaftler Otto Speck ausgedrückt hat – «Erleben normativer Verlässlichkeit».

Diese fehlt zerstörerisch handelnden Kindern und Jugendlichen, die sich durch viele problematische Persönlichkeitsanteile auszeichnen:

- Sie weisen eine geringe Frustrationstoleranz auf, vermögen Bedürfnisse nicht aufzuschieben, wollen alles «immer gleich und jetzt».
- Sie vermindern ihre Schuld, indem sie Schuld auf andere («Der hat angefangen!», «Der hat mir etwas weggenommen!», «Der hat so blöd geschaut!») verlagern und sich frei von jeglicher Verantwortung sehen.
- Sie interpretieren Friedfertigkeit als Schwäche und Feigheit, deuten Aggressivität dagegen als absolute Überlegenheit, mit der man Macht bekommt und Respekt erheischt. Selbstbewusstsein definiert sich über unrealistische Größenphantasien.
- Sie sind deshalb nicht fähig, Konflikte frei von verletzenden Worten und Taten zu lösen. Maß- und Grenzenlosigkeit verdeckt die Minderwertigkeitsgefühle, die solche Heranwachsende haben und sie ständig aufs Neue zuschlagen lassen.

Betrachtet man solche Kinder und Jugendlichen einmal genauer und vergleicht sie mit selbstbewussten Kindern, fallen einige Merkmale auf:

Niedriges Selbstbewusstsein ist gekennzeichnet durch fehlendes Vertrauen in eigene Fähigkeiten, das Gefühl von Machtlosigkeit, dadurch, ständig in der Defensive zu sein, durch häufige emotionale Frustrationen. Hinzu kommt: Man gibt anderen Schuld am eigenen Versagen, zeigt keine Bereitschaft, Verantwortung zu übernehmen, erlebt zwischenmenschliche Beziehungen als Abhängigkeit.

Selbstbewusste Kinder haben demgegenüber das Gefühl von Zugehörigkeit (zu den Eltern, zu Freunden, zu anderen Menschen, zu einer Gruppe etc.), von Unvergleichlichkeit, von einzigartiger Stärke (sich Ziele zu setzen, Verantwortung zu übernehmen, sich zu Entscheidungen zu bekennen) und von Orientierung (z. B. moralische und ethische Maßstäbe zu leben, Vorbilder zu haben).

Selbstbewusste, starke Kinder werden nicht geboren, sie sind das Ergebnis

- einer Beziehung zwischen dem Kind und Bezugspersonen (seien es nun die Eltern oder Großeltern, Verwandte, Erzieher oder Lehrer, Nachbarn oder Trainer im Sportverein), die den Heranwachsenden einen festen Rahmen anbieten, der Geborgenheit und Sicherheit vermittelt;
- einer aktiven Erziehung, die Erziehung als Beziehung, als wechselseitigen Prozess definiert: Die Erwachsenen begleiten das Kind, das Kind begleitet die Erwachsenen. Erwachsene lassen nicht das Gefühl von Haltlosigkeit aufkommen, wenn das Kind Nähe wünscht, das Kind bekommt Antworten auf seine Fragen, darf seine eigenen Fähigkeiten erfahren und erkunden;
- einer kindgerechten Gestaltung des Lebensraumes, der dem Heranwachsenden Entwicklungsanreize ebenso anbie-

tet wie Orientierungshilfen (zum Beispiel klare und gerechte Regeln);
- von Hilfestellung und Unterstützung, von elterlicher Gelassenheit und dem Vertrauen in die Stärken der Kinder und Jugendlichen, von Menschen außerhalb der Familie, die den Erziehungsprozess ergänzen, von stabilen Freundschaften zu Gleichaltrigen.

Um nicht missverstanden zu werden: Selbstbewusste, starke (resiliente) Kinder und Jugendliche sind keine (gegen sich und andere) harten Heranwachsenden: Sie sind vielmehr sensibel, mitfühlend, handeln selbstverantwortlich und besitzen Konfliktfähigkeit.

Doch müssen diese Kompetenzen erworben werden, dies umso mehr, als sie aggressionsfreies Handeln stärken und fördern, auf die Kraft des Wortes vertrauen, Streitlösungen bereithalten, die gegenseitige Achtung und Respekt, die Partnerschaft und Gleichwertigkeit zulassen.

### Mit Kindern reden – mit Kindern streiten

«Meine Eltern sind so anstrengend», erzählt der neunjährige Markus, «auf die kannst du dich nicht verlassen. Mal drohen sie, ich darf nicht fernsehen, wenn ich jetzt nicht aufräume, aber dann darf ich doch. Und mal bestrafen sie mich, ohne dass sie vorher etwas gesagt haben.»

Maria, etwas älter als Markus, nickt, als sie das hört: «Also, ich mag ja meine Mutter. Aber mit ihr reden, das ist verdammt schwer. Entweder sie hört nicht richtig zu oder ist mit den Gedanken noch völlig woanders. Dann fällt ihr etwas ein, und alles muss sofort gemacht werden. Und wenn es dann nicht sofort passiert, dann ist sie schwer beleidigt. Und wenn ich sie mal konkret etwas frage, dann redet sie um den heißen Brei. Du kriegst keine richtige Antwort. Die kann man so wenig festnageln wie Rührei.»

«Mein Vater», ergänzt der zwölfjährige Matthias, «der ist absolut langweilig. Der gibt immer nach. Mit dem kann man sich überhaupt nicht streiten! Bei dem weiß ich nie, woran ich bin! Nur wenn er rumschreit, aber dann ist der so laut, dass du ihn auch nicht verstehst!»

«Mein Vater», so Michael, fünfzehn Jahre, «hört gar nicht richtig zu, wenn ich mit ihm rede. Der ist mit seinen Gedanken ganz woanders. Neulich habe ich ihn ausgetestet. Ich habe gesagt, ich hätte Hasch geraucht. Der hat nur gesagt: ‹Ach so!› Hat nämlich in seiner Zeitung gelesen. Eine Stunde später ist er in mein Zimmer gestürmt und hat gefragt: ‹Nimmst du Hasch?› ‹Klar!›, habe ich geantwortet. Da hat er einen Tobsuchtsanfall bekommen!»

«Wenn ich meinen Eltern gegenübersitze», so die gleichaltrige Mona, «dann komme ich mir vor wie im Gericht. Die wissen alles besser. Absolut! Und dann die Vorträge von meinem Vater! Ganz der Staatsanwalt. Meine Mutter ist etwas sanfter. Doch ihr Urteil ist knallhart, aber sie spricht wie ein Engel!»

«Meine Mutter ist ähnlich», so Nadine, «die hat einen Kursus über Gesprächsführung mitgemacht. Die versucht, mich auszutricksen. Aber das gelingt ihr nicht. Und dann fängt sie an zu säuseln, fährt die Gefühlsschiene. Wenn's dann immer noch nicht so klappt, wie sie will, ist sie beleidigt und schreit dann doch!»

Kommunikationslosigkeit, Gesprächsarmut, der beleidigt-wortlose Rückzug nach einem Streit, das Nicht-zuhören-Können kennzeichnet viele Beziehungen zwischen Eltern und Kindern. Dabei haben Heranwachsende durchaus den Wunsch, mit ihren Eltern in Kontakt zu bleiben, auch wenn gleichaltrige Freunde und Bekannte in diesem Lebensabschnitt immer wichtiger werden. Viele Eltern deuten den Rückzug und die Abkapselung ihrer Kinder als Abbruch der familiären Beziehungen. Sie glauben, das sei das Ende von Erziehung. Welch Irrtum! Es ist für die Entwicklung des Heranwachsenden wichtig, mit den Eltern im Gespräch, in Kontakt und in Beziehung zu bleiben.

Befragt man Heranwachsende, was sie sich von ihren Eltern wünschen, dann fallen einige Aspekte auf:

- Gespräche brauchen Ruhe und Zeit. In Hektik und Trubel lässt sich nichts besprechen, lassen sich keine Konflikte lösen.
- Heranwachsende wollen sich angenommen fühlen. Dieses Gefühl entsteht, wenn man Zeit füreinander hat und Kontakt aufnimmt. Der entsteht eben nicht nur durch Sprache, sondern über Augenkontakt, persönliche Zuwendung oder eine vertrauensvolle Atmosphäre.
- Heranwachsende wünschen sich eine klare und deutliche Sprache. Sie möchten wissen, woran sie sind. Wenn sich Eltern Sorgen machen, wenn sie ärgerlich oder sauer sind, dann ist es unverzichtbar, diese Gefühle auszudrücken, ohne sie hinter Anschuldigungen, Ermahnungen oder Moralpredigten zu verstecken.
- Wichtige Grundvoraussetzung für Achtung und Respekt im Gespräch ist das Zuhören, ohne vorschnell zu unterbrechen oder loszupoltern. Zum Zuhören gehören Nachfragen – aber kein penetrantes Ausfragen. Wenn Heranwachsende aus der Schule kommen und gefragt werden: «Wie war's heute in der Schule?», können Eltern nur schwerlich eine wirkliche und genaue Antwort erwarten. Der elterliche Wunsch nach Kontaktaufnahme kann anders formuliert werden, z. B. indem man über den eigenen Vormittag berichtet oder eine Zeit ausmacht, wann die Schule Thema ist.
- Manche Gespräche enden in lautstarken Auseinandersetzungen. Die Gefühle gehen allen Beteiligten durch. Nur lassen sich im Zorn keine Konflikte lösen. Dann ist es sinn-

voller, sich für eine Zeit zurückzuziehen (z.B. den Raum zu verlassen), um dann – nervengestärkt – gemeinsam mit dem Heranwachsenden nach Wegen der Verständigung zu suchen. Sollten im Streit unbedachte Äußerungen gefallen sein, dann zeugt es von Souveränität, sich zu entschuldigen oder vorschnell angesetzte Strafen zurückzunehmen. Und bedenken Sie: Auch Pubertierende brauchen Zeit, ehe sie sich für unbedachte Äußerungen entschuldigen können. Gleichwertigkeit im Gespräch gelingt nur auf der Grundlage gegenseitigen Respekts und gegenseitiger Achtung.

### In Kontakt treten

Es ist eine paradoxe Situation: Oft bemühen sich Eltern, mit den Kindern in eine partnerschaftliche Beziehung zu treten, versuchen, ihre Bedürfnisse und Wünsche zu respektieren. Gleichzeitig nehmen Kommunikationsstörungen zwischen Eltern und ihren heranwachsenden Kindern zu. Manchmal beobachte ich, dass Eltern es schlicht und einfach verlernt haben, mit ihren Töchtern und Söhnen zu reden. Sie labern und schütten sie mit Wortkaskaden zu. Eltern nehmen nicht zur Kenntnis, was Pubertierende ausdrücken wollen, übersehen oder überhören die deutlichen Signale, die ihre Kinder setzen.

Wer mit Heranwachsenden zu tun hat, sollte drei Grundsätze berücksichtigen:

1. Überschätzen Sie nicht die Wirksamkeit Ihrer Worte! Wer mit Kindern und Jugendlichen redet, muss in Kontakt mit ihnen sein, muss körperlich und geistig präsent sein.
2. Gespräche haben mit In-Beziehung-Treten zu tun. Wenn Gespräche häufig misslingen, dann überprüfen Sie, ob Mimik, Gestik und der Klang der Stimme vielleicht widersprüchliche Botschaften vermitteln.
3. Labern Sie nicht! Wortschwallduschen machen nur die Eltern nass – nicht aber Heranwachsende. Lernen Sie von Ihren Kindern, die nicht reden, sondern handeln.

«Aber was heißt denn das?», will Viktor Meins, Vater eines vierzehnjährigen Sohnes, wissen. «Vor nicht allzu langer Zeit hieß es: Reden Sie! Seien Sie nicht autoritär! Erklären Sie alles! Und nun das: Handeln Sie!»

Es geht nicht darum, das Kind mit dem Bade auszuschütten oder von einem Extrem in das andere zu rutschen. In bestimmten Konfliktsituationen – wenn es darum geht, Anweisungen zu erteilen, Absprachen umzusetzen – hilft eine ruhige, vor allem kurze Ansprache. Sollten Ihre Kinder mit Ihrer Position nicht einverstanden sein, werden diese nachfragen, genauere Informationen einfordern, die Sie dann auch unverzüglich geben sollten. Sehr häufig haben Heranwachsende zu Recht das Gefühl, dass Eltern nur deshalb umständlich ihre Beweggründe erklären, um ja nicht als autoritär zu erscheinen. Sie deuten das als schlechtes Gewissen ihrer Eltern.

Heranwachsende wissen zu unterscheiden, ob man sie manipulieren will oder ob man ihnen Zeit lässt, sich mit den Überzeugungen ihrer Eltern auseinander zu setzen. Hin und wieder sind sie auch für klare Anweisungen dankbar, wenn ihnen nicht der Wille gebrochen oder Befehle aufgezwungen werden.

Besonders empfindlich reagieren Heranwachsende freilich darauf, wenn Fragen bereits klare Festlegungen enthalten. Dann ist ein Machtkampf die logische Folge. Viele Eltern konfrontieren ihre Kinder mit rhetorischen Fragen, wenn sie die entsprechenden Entscheidungen längst gefällt haben.

«Seien Sie», erzähle ich auf einem Seminar, das ich für Eltern und Kinder durchführe, «seien Sie klar und deutlich, wenn Sie zu Ihren Kindern reden. Machen Sie klar, was Sie von Ihrem Kind wünschen. Seien Sie aufrichtig! Wenn Sie das nicht tun, werden Sie Ihr blaues Wunder erleben.»

Als Johannes, dreizehn Jahre, der neben mir sitzt, das hört, springt er auf: «Richtig!»

Ich blicke ihn an: «Was ist richtig?»

«Das, was Sie gesagt haben ...» Er sucht nach Worten.

«... Aufrichtig», helfe ich.

«Ja! Genau!» Er nickt heftig mit seinem Kopf: «Ehrlich!» Dann, mit einem wütenden Blick in Richtung seiner Mutter: «Die lügt ..., die lügt ...!»

«Johannes!», unterbreche ich ihn. «Ich kenne deine Mutter. Ich denke, die lügt nicht!»

«Doch!», beharrt Johannes.

«Dann gib mir ein Beispiel!»

«Ich kann Ihnen tausend Beispiele geben!», antwortet er einigermaßen aufgebracht.

«Eines reicht mir», lache ich ihn an.

«Gut! Von gestern!», ruft er laut aus. Er überlegt kurz.

«Ich sitze am Schreibtisch, lese, hab's gemütlich. Da kommt sie und fragt scheinheilig: ‹Wollen wir heut zu Oma?› Ich sehe sie an», er schmunzelt in sich hinein, «ich weiß, sie will zu Oma! Sie hat sich längst entschieden!» Er macht eine Pause.

«Und was machst du dann?», will ich wissen.

«Ich sag: ‹Nein!›»

«Und?», bin ich neugierig.

«Dann textet sie mich zu!»

«Was ist zutexten?», will ich wissen. «Ich kenn eure Sprache nicht mehr!»

«Ach, voll labern, Ohr abkauen ... Was weiß ich!» Er macht eine wegwerfende Handbewegung.

«Wie geht das mit dem Zutexten?» Ich sehe ihn an.

«Dann schleimt Mami rum: ‹Hannes, du warst schon so lange nicht mehr bei Oma!›» Er imitiert seine Mutter: «Du magst Oma doch auch, oder? Oma fragt schon immer nach dir! Und Geschenke willst du zum Geburtstag auch haben!» Er atmet tief aus. «Und so weiter. Und so weiter!»

«Und wie lange geht das?», unterbreche ich ihn.

«Zehn Minuten!» Er hält mir seine beiden Hände hin: «Zehn Minuten!» Er schüttelt den Kopf. «Zehn Minuten!»

«Und was passiert dann?», will ich wissen.

«Ich sag dann, o.k., ich komme mit!» Johannes zuckt gleichgültig mit den Schultern. Ich schmunzele ihn an.

«Die Kritik ist gebongt! Du bist sauer, weil sie nicht aufrichtig war. Das verstehe ich!» Ich mache eine Pause.

«Aber was kann sie denn anders machen?»

«Ich hab mir was überlegt.» Er nickt.

«Na, nun sag schon», ruft Johannes' Mutter dazwischen. «Mach's nicht so spannend.»

«Ist doch klar», lacht er mich an. «Die könnte doch mal zu mir kommen und sagen: ‹Johannes! Ich möchte heut zu Oma! Und ich möchte, dass du heute mitkommst!›»

«Was hätte deine Mutter davon?»

«Die wäre zehn Minuten früher bei Oma!», antwortet er triumphierend, sieht seine Mutter an, die in einer Mischung aus Lachen und Kopfschütteln dasitzt.

Man kann es kaum glauben, aber man kann zu Kindern und Jugendlichen durchaus «Ich will!» sagen. Das kann man im Übrigen von Heranwachsenden lernen. Wenn die etwas wollen, dann sagen sie das klipp und klar. Wünschen sie sich beispielsweise eine Playstation, dann sagen sie nicht: «Wir wünschen uns eine Playstation!», sondern: «Ich will eine Playstation!»

Aber Erwachsene – so meine Beobachtung – verstecken sich häufig hinter dem «Wir wollen!» und verursachen Unklarheit bei Kindern und Jugendlichen gerade im Trotzalter oder in der Pubertät. In diesen Entwicklungsabschnitten ist den Heranwachsenden das «Ich» besonders wichtig, konkretisiert sich in diesem Wort doch die eigene Persönlichkeit, die einzigartige Identität, die Abgrenzung von anderen, das individuelle Wollen und Wünschen. Kinder und Jugendliche möchten Eltern, Lehrer und Erzieher, die zu ihrem «Ich» stehen, die klar, deutlich und unverwechselbar sind, ohne sich hinter einem schwammigen «Wir» zu verstecken. Viele Heranwachsende wissen: Eltern, die anfangs nicht klar sind, die sich hinter einem Wortschwall von Unverbindlichkeiten verstecken, verwechseln am Ende doch Klarheit mit Strenge und Deutlichkeit mit Brüllen, und aus dem unpräzisen «Wir wollen jetzt aber!» wird ein heftiges «Nun ist aber Schluss! Jetzt wird gemacht, was ich sage!».

Anton, knapp drei Jahre, saß im Flur der Wohnung vor seinen Stiefeln – vor dem roten, dem braunen und dem blauen Paar. Es war kurz vor sieben. Und Anton, von seiner Mutter noch Toni genannt, schaute von einem Paar zum anderen. Man sah es seinem verzweifelten Blick an: «Welches Paar soll ich heute nehmen?» Gestern hatte Toni die roten Stiefel angezogen, und als die Mutter das sah, meinte sie mitleidig: «Aber, Tonichen, die passen doch nicht zu den roten Jeans!» Tonichen, dieses Wort mochte Anton sowieso nicht. Er war schließlich kein Baby mehr! Und rote Stiefel und Jeans passten sehr wohl, auch wenn Mama das nicht passte. Sie hatte ihm die roten Stiefel wieder ausgezogen und ihm recht unsanft die braunen übergestülpt. Aber er hatte es schließlich mit sich machen lassen.

Anton wusste mit seiner knapp dreijährigen Lebenserfahrung: Wenn Mama etwas unbedingt wollte, setzte sie das auch durch. Also saß er immer noch vor seinen Stiefeln, unfähig, sich zu entscheiden. Da platzte Annette Schröder, Antons Mutter, in den Flur: «Toni, bist du denn immer noch nicht angezogen!» Ihre Stimme klang ärgerlich: «Und außerdem müssen wir los, verdammt!» Anton schaute zu ihr hoch, als wolle er sagen: «Du willst los, aber ich hab erst noch das Theater mit den Schuhen, damit ich's dir recht mache!»

Mit den Worten «In fünf Minuten bist du fertig, klar!» verschwand sie. «Wir müssen los, verstehst du!»

Anton verstand nicht: Was sind schon fünf Minuten? So hing er seinen Gedanken nach, blickte von einem Paar zum anderen, nahm das rote Paar, legte es weg, nahm das blaue, schüttelte den Kopf. Fünf Minuten, welch' Ewigkeit.

Da stürmte die Mutter heran: «Du bist ja immer noch nicht fertig! Wir müssen los», zischte sie gefährlich leise. «Was heißt wir?», schien Anton zu denken.

Annette Schröder hielt es nicht mehr aus, sie legte das rote und blaue Paar beiseite. «So, jetzt ziehst du die braunen Stiefel an!», sagte sie mit mühsam unterdrückter Wut. «Ich hab's gesagt, wir müssen los!» Sie ging, wandte sich kurz um: «Ich bin gleich wieder da, dann gehen wir!» Gott sei Dank, dachte Anton, eine Entscheidung weniger. Doch nun hatte Anton schon wieder die Qual der Wahl: Soll ich heute den rechten oder den linken Schuh zuerst anziehen? Und während er noch so nachdachte, war die Mutter zur Stelle, schnappte sich Anton, steckte seinen Fuß in den einen Stiefel, dann den rechten Fuß in den anderen. Doch der hakte.

«Nun stell dich nicht so blöde an!», fluchte sie. «Muss ich denn jeden Morgen erst böse werden, bevor das klappt!» Sie sah ihn unwirsch an: «Du weißt, wir müssen in den Kindergarten, und du machst hier dieses Theater!» Sie schüttelte den Kopf, sagte mehr zu sich gewandt: «Warum muss ich jeden Morgen erst schreien, bevor das klappt?»

Kinder mögen keine laut brüllenden Eltern, sie haben Probleme mit Doppelbotschaften, die auf der inhaltlichen Ebene etwas anderes ausdrücken als in der Mimik oder der Gestik. Kinder wollen authentische Eltern, die den Kindern nichts vormachen. Kinder spüren, wenn Vater und Mutter schlechtes Theater spielen: Da stehen diese schon längst unter Druck, kehren noch den halbwegs Geduldigen heraus. Da *wollen* sie etwas, argumentieren aber auf der unverbindlichen «Wir-Ebene», anstatt einmal deutlich «Ich» zu sagen. Da fragen Eltern scheinheilig «Kannst du vielleicht bitte ...», obgleich sie etwas vom Kind wollen und ein «Ich möchte jetzt ...» klarer und für das Kind nachvollziehbarer wäre. Viele Kinder und Jugendliche wissen deshalb manchmal nicht, woran sie bei ihren Eltern sind.

«Wenn ich meine Mutter frage: ‹Hast du etwas?›», erklärt mir die elfjährige Marina, «weil ich weiß, sie ist nicht gut drauf, ich seh's ihr an, und sie dann sagt: ‹Ach, nichts!›, dann mach ich weiter, bis sie platzt!»

Mit einem schelmischen Lächeln fügt sie hinzu: «Ich kann sie eben nicht leiden sehen!»

Marina formuliert hier intuitiv, was die Kommunikationspsychologie durch zahlreiche Untersuchungen belegt hat: 55 Prozent der Kommunikation laufen über Körpersprache, über Gestik und Mimik, 38 Prozent laufen über den Klang der Stimme und die Art des Sprechens, lediglich 7 Prozent vermitteln sich über den Inhalt und den Sinn der Worte. Missverständnisse in der Eltern-Kind-Kommunikation haben ihre Ursache häufig in der Unklarheit, mit der viele Eltern Absichten formulieren.

Hinzu kommt ein anderer, manchmal wenig beachteter Aspekt: Eltern überschätzen nicht nur die Wirksamkeit ihrer Worte und Anweisungen, sondern sie übersehen auch, wie wichtig es ist, sich dem Kind zuzuwenden, Kontakt zu ihm aufzunehmen, wenn sie ihm etwas mitteilen wollen. Heranwachsende – und Erwachsene natürlich auch! – wollen sich angesprochen *fühlen*. Wenn Eltern Kindern und Jugendlichen Grenzen setzen, sollten diese beachten: zuerst Kontaktaufnahme mit den Augen, dann sich dem Kind körperlich zuwenden und ihm Nähe geben, danach die klare Ansprache.

Wilma Meister erzählt über ihre Tochter Isabell, die dreizehn ist. Es gab Absprachen über die Mithilfe im Haushalt: «Aber meine Tochter tat nichts. Ich musste reden und reden. Aber sie hat sich immer noch nicht gerührt. Das Ende vom Lied ist: Ich musste nach wie vor alles selber machen! Doch dann habe ich die Taktik geändert.»

«Wie haben Sie denn reagiert, wenn Isabell sich nicht an die getroffenen Absprachen gehalten hat?»

«Früher hab ich sie ständig ermahnt: ‹Bring endlich den Mülleimer hinaus!› Jetzt gehe ich zu ihr ins Zimmer, klopfe vorher an, baue mich richtig vor ihr auf, Auge in Auge, auf gleicher Höhe: ‹Isabell, ich möchte, dass du den Mülleimer sofort hinausbringst!› Meistens klappt das, manchmal fragt sie: ‹Gleich?› Dann antworte ich: ‹O.k., in zehn Minuten ist alles erledigt!› Isabell findet mich anstrengend. Aber das geht an mir vorüber. Das Labern hat aufgehört.»

Wilma Meister hat ihre Priorität auf ein klares, für die Tochter verständliches Handeln gelegt. Und Isabell fühlt, die Mutter redet nicht mehr «um den heißen Brei», sie sagt, was sie will.

Klarheit in der Sprache und Festigkeit im Gefühl lassen gegenseitigen Respekt entstehen. Partnerschaftlichkeit und Gleichwertigkeit in Beziehungen können gewiss nicht in allen Situationen gleichermaßen gelebt werden – sie sind vielmehr das Ergebnis andauernder Bemühungen.

### Ich-Botschaften

Nicht nur Heranwachsende, auch Erwachsene können mit pauschalen Vorwürfen schlecht umgehen. Sätze wie «Du räumst nie auf!», «Du bummelst nur!», «Du kommst immer zu spät!», «Du wirst nur noch frech!» entmutigen Heranwachsende nicht nur, sie bringen Erwachsene dazu, Heranwachsende nur noch unter bestimmten negativen Gesichtspunkten zu betrachten. Kinder entwickeln umgekehrt Minderwertigkeitsgefühle, Wünsche nach Rache und Vergeltung. Sie treten mit den anklagenden Eltern in einen Machtkampf ein, machen das familiäre und häusliche Zusammenleben zur Hölle.

Vorwürfe, die mit «nie», «immer», «nur» daherkommen, sind unzulässige Verallgemeinerungen, sie enthalten nicht selten direkte oder indirekte Beschuldigungen. Solche Formulierungen sind ein Ausdruck dafür, dass Kindern bestimmte Verhaltensweisen zugeschrieben werden.

Nun brauchen Eltern nicht jede Verhaltensweise des Heranwachsenden hinzunehmen, vor allem dann nicht, wenn gegen Absprachen verstoßen oder die persönliche Integrität der Eltern verletzt wird. Entscheidend ist mithin, *wie* Eltern Störungen thematisieren. Vorwürfe, verallgemeinernde Anklagen helfen Heranwachsenden nicht.

«Das ist unmöglich, dass du ständig unpünktlich bist», schimpft Verena Heinz mit ihrer Tochter Rebecca, vierzehn Jahre. Sie verspätet sich tatsächlich häufig.

«Hab's vergessen», versucht Rebecca zu beschwichtigen.

«Du vergisst fast alles. Es ist einfach unmöglich.»

«Immer, wenn du nicht gut drauf bist, meckerst du gleich», kontert Rebecca.

«Bis eben hatte ich gute Laune.»

«Stimmt doch gar nicht, alles war schon beleidigt an dir, als ich zur Tür hereinkam.»

«Kein Wort mehr!» Die Stimme der Mutter klingt scharf.

«Morgen komme ich noch später, dann muss ich dich nicht so lange aushalten!»

Mit diesen Worten verlässt Rebecca den Raum.

Nicht der Sachkonflikt – das Unpünktlichsein – steht im Mittelpunkt dieser Auseinandersetzung, sondern eine «Beziehungskiste». Die Mutter greift ihre Tochter direkt an. Diese empfindet den Satz «Das ist unmöglich!» als «Du bist unmöglich!». Rebeccas Mutter ist verzweifelt: «Aber wie kann ich vermeiden, dass es ständig zu diesen Auseinandersetzungen kommt?»

Die Zauberformel lautet: Formulieren Sie Ich-Botschaften. Lernen Sie, sich so auszudrücken: «Ich finde es nicht in Ordnung, wenn du länger als abgesprochen wegbleibst. Ich mache mir dann wirkliche Sorgen.» Sind vorher Absprachen getroffen worden, dann könnte so fortgesetzt werden: «Ich hatte mit dir abgesprochen, dass du anrufst, wenn etwas dazwischengekommen ist. Und ich hatte gesagt, dass du morgen deine Freundin nicht besuchen kannst, wenn du das nicht machst. Und du warst damit einverstanden.»

Ich-Botschaften haben folgende Eigenheiten:

- Eine Person artikuliert ihren Standpunkt. Sie beschreibt die Situation, wie sie sie sieht, spricht ihre Gefühle an.
- Sie beschuldigt die andere Person weder direkt noch indirekt, trennt somit die Sache von der Beziehung.
- Gestik, Mimik, Stimme und Sinn der Worte stimmen überein.

Mir fällt allerdings auf, dass viele Eltern Ich-Botschaften missbrauchen und darin versteckte Anklagen unterbringen oder dass sie mit ihren Kindern in einen «therapeutischen Dialog» verfallen.

Wenn jemand dem Heranwachsenden mit sanfter Stimme und freundlichem Blick ein «Ich bin wütend, weil du zu spät kommst» hinsäuselt, dann sendet man eine doppelte Botschaft. «Ich bin ganz traurig, wenn du das machst», klagt eine Mutter mit Tremolo in der Stimme ihre Tochter an, die zum wiederholten Male ihre Freundin besucht und nicht ihre Hausaufgaben macht, obwohl sie schlechte schulische Leistungen aufweist. Hier stimmen Ton, Körperhaltung und Mimik nicht überein. Die Traurigkeit, die Betroffenheit wirkt aufgesetzt, eine versteckte Anklage ist eingebaut, mit Liebesentzug wird gedroht.

Spüren Heranwachsende, dass ihre Eltern unklar bleiben, fühlen sie, wie man sie unter Druck setzt, dann revoltieren sie und lassen ihre Eltern auflaufen. Bedenken Sie: Ein gutes Gespräch gelingt nicht immer. Vieles hängt von der Tagesform ab. Manchmal ist man schlecht drauf, ein anderes Mal verpasst man den richtigen Zeitpunkt zum Gespräch, oder man rutscht wieder in altgewohnte Formen der Schuldzuweisung und Besserwisserei. So etwas kann passieren!

Deshalb: Legen Sie nicht Ihre ganze persönliche Energie in die Vermeidung von Fehlern. Es ist ebenso produktiv wie spannend, sich so zu akzeptieren, wie man ist. Wer sich und seine Fehler annimmt, der kann auch Heranwachsende mit ihren Fehlern annehmen. Und für Kinder und Jugendliche ist es ermutigend, mit Menschen aus Fleisch und Blut zusammenzuleben und nicht mit pädagogischen Obergurus, die alles wissen und können und die die Schuld, sollte das Erziehungsprogramm nicht funktionieren, niemals bei sich, sondern grundsätzlich beim Heranwachsenden suchen. Nach dem Motto: Wenn du nicht so böse wärst, dann könnte ich auch gut sein!

## Wie man Konfliktgespräche führt

Für Krisen- und Konfliktgespräche gibt es keine Patentrezepte. Deren Verlauf hängt nicht allein vom guten Willen aller Beteiligten, sondern häufiger und ganz banal von der Tagesform ab: Ist man gut drauf, geht alles wie von selbst. Ist einem eine Laus über die Leber gelaufen, fällt ein Reizwort, kann es schnell zur Eskalation kommen. Aber es gibt einige Grundsätze, die dazu beitragen können, um Konflikt- und Krisengespräche nicht ins Gefühlschaos oder in den Beziehungsclinch abgleiten zu lassen.

Solche Gespräche brauchen Zeit. Meist will man in einer Krisensituation ein Problem lösen, sich augenblicklich über etwas auseinander setzen. Unter Anspannung und Stress kommt kein Ergebnis heraus. Aus-einander-setzen – dies wird von den Beteiligten häufig nicht praktiziert, sondern die Beteiligten bleiben in der Hitze des Wortgefechts zusammen. Solche Nähe ist kontraproduktiv und lässt Chancen für Lösungen nicht zu, weil man sich verhakt oder verklebt hat. Lösung – dieses Wort

– ist zunächst wörtlich zu nehmen: Wenn man nicht weiterkommt, besteht die Gefahr, vom Hundertsten ins Tausendste zu springen. Es ist dann nicht mehr möglich, konstruktiv zu sein. Dann heißt es, sich erst mal räumlich zu trennen. Sie sollten sich Distanz zumuten und möglichst am gleichen Tag einen neuen Anlauf unternehmen – beruhigt, bereit, den anderen anzuhören, sich in ihn hineinzuversetzen. (Siehe hierzu auch meine Anmerkungen zur Auszeit.)

Konfliktgespräche scheitern oft, weil sie rückwärts gewandt sind. Das heißt, man hält nach Ursachen und Schuldigen Ausschau, anstatt sich intensiver um die Lösungen zu bemühen. Lösungen liegen manchmal näher, als viele meinen, denn in fast allen Familien gibt es Zaubertage. Das sind Ausnahmen, an denen alles optimal läuft. Hier können Sie nach den Gründen suchen. Eltern sollten freilich bedenken: Verlangen Sie nicht die sofortige Einsicht Ihres Kindes. Jugendliche, die in einem Konfliktgespräch sofort Verstehen signalisieren und auf jede Absprache eingehen, reagieren allzu beflissen und angepasst. In der Folgezeit setzen sie jedoch die Vereinbarungen nicht oder nur selten um. Heranwachsende benötigen Zeit, um das Gehörte zu verarbeiten, und sie müssen ihr Gesicht wahren. Wenn Jugendliche eine Vereinbarung sofort akzeptieren, können sie das auch als Niederlage, als Bevormundung empfinden, was Rache- oder Vergeltungsphantasien gegenüber Eltern auslösen kann.

Heranwachsende kritisieren gern pauschal und grundsätzlich, Eltern verallgemeinern schnell und unterstellen viel. Und tatsächlich: Viele Konfliktgespräche verlaufen deshalb so unproduktiv, weil alle Beteiligten – insbesondere die Eltern – sich nicht an zwei wichtige Grundregeln halten:

1. Es geht in *einem* Gespräch nur um die Klärung *eines* Problems. Das Aufarbeiten mehrerer Probleme führt schnell dazu, sich zu verzetteln. Wer die nicht gemachten Hausauf-

gaben zum Anlass nimmt, mit seinem pubertierenden Sohn zu reden und schnell über ausufernde Discobesuche oder die «schlimmen» Freunde spricht, darf sich nicht wundern, wenn sich das Gespräch aufheizt.

2. Viele Eltern beschreiben nicht den Sachverhalt, sondern sie unterstellen ihrem pubertierenden Kind eine Unart. Sätze wie «Du bist faul!», «Du ziehst dich immer mehr zurück!» oder «Du bist depressiv!» rufen bei Heranwachsenden häufig Gegenreaktionen hervor. Formulierungen wie «Ich finde, du nimmst das mit der Schule zu leicht!», «Ich finde, du bist sehr nachdenklich in der letzten Zeit!» oder «Du bist sehr still!» orientieren sich mehr an den Befindlichkeiten des Heranwachsenden.

Konfliktgespräche sollten mit konkreten Absprachen enden, die man – falls notwendig – schriftlich fixiert. Man sollte diesen Zettel so aufhängen, dass alle Beteiligten ihn sehen, man an die Vereinbarung erinnert wird.

«Schon eine falsche Formulierung», so eine Mutter, «und meine Tochter, die Annabel, geht hoch.»

«Wenn du aber auch so einen Mist redest und mich nicht für voll nimmst», kontert die vierzehnjährige Annabel. Der Konflikt zwischen Mutter und Tochter endet ständig in «heißen» Auseinandersetzungen. Auslöser ist meist die Zeit, wann die Tochter zu Hause zu sein hat. Wenn die Mutter sagt: «Du bist heute um sieben zum Abendessen zu Hause», dann platzt die Tochter vor Wut und empört sich: «Ich komme, wann ich will. Ich bin groß genug!»

«Aber ich möchte doch nur», sagt die Mutter zu mir, «mit ihr zu Abend essen und sie daran erinnern!»

Hier liegt ein typisches Missverständnis in der Kommunikation vor. Während die Mutter eine Formulierung gebraucht, in der sie völlig verklausuliert ihre Bedürfnisse artikuliert, empfindet die Tochter diesen Satz als Angriff auf ihr selbstbestimmtes Handeln. Ein Satz wie «Du bist um sieben zum Abendessen zu Hause!» kann viele Botschaften transportieren:

- Der Sachaspekt: «Ich möchte, dass du um sieben zu Hause bist!»
- Der Appellcharakter: «Und verspäte dich nicht, so wie du dich häufig verspätest!»
- Der Beziehungszusammenhang: «Ich bestimme, wann du zu Hause bist!»
- Der Ausdruck eines Gefühls: «Ich sorge mich, wenn du nicht um sieben da bist!»

Entscheidend für den weiteren Verlauf des Gesprächs ist, mit welchem Ohr die Tochter hört, soll heißen, auf welche Botschaft sie antwortet: Nimmt sie den Sachaspekt («Ich muss um sieben zu Hause sein!»), den Appellcharakter («Mist, ich muss immer so früh zu Hause sein. Gerade wenn wir mitten im Gespräch sind, muss ich gehen»), die Beziehungsdimension («Dauernd werde ich kontrolliert!») oder den emotionalen Ausdruck («Ich pass auf mich auf! Ich kann schon allein!») wahr?

Zu Missverständnissen – wie im vorliegenden Fall – kommt es immer dann, wenn sich die Beteiligten auf verschiedenen Ebenen unterhalten. Der Konflikt zwischen Annabel und ihrer Mutter beweist das: Während die Mutter in diesem Fall den Sachaspekt in den Vordergrund rückt, glaubt sich Annabel auf der Beziehungsebene angesprochen. Sie fühlt sich von ihrer Mutter bevormundet, daher können sie sich nicht verständigen. Drücken Sie sich klar aus, und artikulieren Sie Ihre Gefühle! So helfen Sie sich und Ihrem Kind, angemessen und verständlich miteinander ins Gespräch zu kommen.

## «Manchmal könnte ich nur noch schreien!» – Umrisse einer Aggressionspädagogik

«Mit der Wut meiner Kinder», so Elisabeth Berthold, «da kann ich ja umgehen. Es ist mein Zorn, der mir Angst macht! Was tue ich, wenn ich das Kind am liebsten schütteln, an die Wand klatschen möchte? Das sind so Momente, da bin ich total hilflos. Darf ich meine Gefühle zeigen? Wie geht mein Kind damit um, wenn ich vor ihm ausflippe?»

«Das ist es!», überlegt Franz Schröder, «wenn ich meine Aggressionen rauslasse, dann fühle ich mich völlig lächerlich, schwächlich! Dann frage ich mich natürlich, legt mein Sohn das nicht als Hilflosigkeit aus und macht dann erst recht weiter, weil er ja weiß, wie er mich provozieren kann. Ich habe das bei meinem Vater so erlebt; wenn der rumschrie und durchdrehte, wusste ich, jetzt habe ich ihn. Dann hab ich gegrinst. Und wenn er mir dann eine Ohrfeige verpasst hat, habe ich ganz ruhig gesagt: ‹Mehr fällt dir wohl nicht ein!› Dann ist er fluchend mit den Worten ‹Das wird noch ein Nachspiel haben!› rausgerannt. Meistens gab's danach Stubenarrest. Aber ich merke, wenn ich meinen Zorn nicht rauslasse, dann geht's mir schlecht, bekomme ich Herzrasen, Kopfschmerzen oder Magendruck!»

«Das ist wirklich ein Teufelskreis», merkt Ingrid Rieper an. «Die Kinder merken, dass man wütend ist, aber man traut sich nicht, das zu zeigen. Dann bin ich auch unehrlich. Wenn die Kinder dann fragen, ob ich was habe, verneine ich das. Aber das ist natürlich die Unwahrheit. Die Kinder machen weiter, so lange, bis ich platze. Irgendwie scheinen die Kinder dann fast zufrieden, weil die Luft durch das Gewitter rein ist. Dominik, der ist acht, hat mir neulich gesagt, ich solle nicht so viel Theater spielen, ich sei eine schlechte Schauspielerin. Er wisse genau, wann ich zornig bin. Meine Augen wären dann ganz schmal und meine Stimme täte in seinen Ohren weh. Aber ich weiß», sie schüttelt ihren Kopf, «wenn ich dann schreie und in die erschrockenen Gesichter meiner Kinder sehe ... Ich will doch nicht, dass sie sich vor mir fürchten.»

«Das ist wie bei mir», lächelt Eva Zeiler. «Ich warte lange, zu lange, bis das Fass eben voll ist. Dann gibt's die übertrieben starke Explosion, über die ich häufig selbst erschrecke. Neulich habe ich meinen Kindern gesagt, dass ich langsam wütend werde und gleich platze. Da hat Mark, unserer Ältester, zu seinem Bruder gesagt: ‹Komm wir gehen, Mama ist heut nicht gut drauf.› Tja, ich weiß nicht, ob wir Kinder nicht manchmal unterschätzen, sie nicht ernst nehmen, weil wir ihnen ständig etwas vormachen.» Sie macht eine Pause. «Aber man kann doch nicht immer gleich ungehalten reagieren, seine Wut rauslassen. Ein bisschen Beherrschung gehört doch dazu, oder?» Sie sieht in die Runde. «Aber wie reagiert man richtig?»

Das scheint genau das zentrale Problem in der Erziehung zu sein: Man will es richtig, absolut richtig machen. Man will sich nichts nachsagen lassen, falsch oder fehlgehandelt zu haben. Man will das Beste für das Kind, tut alles und jedes, fügt sich ein in die allumfassende Fürsorge für das Kind.

Grenzenlose Liebe, grenzenlose Zuneigung, grenzenloses Aufgehen in der Erziehung oder im pädagogischen Beruf haben zu tun mit einer Aufgabe der eigenen Person, des eigenen Selbst. Konturen des Körpers und des eigenen Ichs verschwimmen. Man mutet sich viel und zu viel zu, ist ständig für andere, kaum für sich selbst da, stellt sich als jemand dar, mit dem man alles machen kann. Dahinter steckt das Gefühl, immer und ständig gebraucht zu werden, unentbehrlich zu sein. Man gibt sich auf, vernachlässigt sich. Man nimmt sich selbst nicht mehr wahr.

Selbstlose Aufopferung im pädagogischen Handeln – auch eine verdeckte, häufig übersehene Auto-Aggression – ist keine Seltenheit. Körperliche und seelische Belastungen werden hingenommen. Man schluckt hinunter, halst sich weitere Probleme auf, erträgt vieles. Erziehung wird zum psychischen Stress, zur körperlichen Belastung.

Psychosomatische Symptome sind aber nicht der Ausdruck falschen Denkens oder falschen Handelns. Sie geben vielmehr Hinweise darauf, wie Wirklichkeit wahrgenommen wird. Wer diese Symptome begreift, erfährt manches über die Befindlichkeiten anderer Menschen.

«Ich lasse mich immer von den Kindern einwickeln», klagt eine Mutter, die unter Atembeschwerden leidet. Dabei drückt sie sich mit beiden Händen auf die Brust, sodass ihr die Luft fast wegbleibt. Nun kommt es dabei nicht darauf an, den *Ursachen* für das körperlich empfundene «Einwickeln» auf den Grund zu gehen. Wichtiger ist, gemeinsam nach Wegen zu suchen, wie die Mutter freier atmen kann, um damit dem Einwickeln zu entgehen.

Liebe zu sich selber und Sich-annehmen-Können mit allen Stärken und Schwächen sind Voraussetzung dafür, die eigenen Grenzen zu erkennen, eigene Grenzen zu ziehen.

Die Erkenntnis «Ich bin mir wichtig» bedeutet, das Handeln an den eigenen Kompetenzen, den eigenen Wahrheiten und Überzeugungen auszurichten, bedeutet «Mut zur Unvollkommenheit» und andere nicht zu Sündenböcken bei Niederlagen und Schwächen zu machen. Je mehr man zu eigenen Möglichkeiten und Unmöglichkeiten steht, umso mehr entwickelt man Mut und Spontaneität, umso mehr stellt man sich auf neue Herausforderungen und Wagnisse ein. Selbstliebe hat nichts mit überzogenen Allmachtsphantasien, mit Egozentrismus oder Selbstsucht zu tun. Selbstliebe ist die Grundlage für eine gefühlsmäßig volle Erziehungsbeziehung.

Erziehungsschwierigkeiten im Elternhaus, im Kindergarten und in der Schule, Frustrationen bei Eltern und pädagogischem Fachpersonal haben auch zu tun damit, dass diese sich allzu schnell und bereitwillig den Ansprüchen der Kinder unterordnen. Sie haben zu tun mit pädagogischen und psychologischen Ratschlägen, die die Bedürfnisse von Eltern missachten. Solch Ratschläge sind Schläge, weil sie aus einem Miteinander in der Erziehung Abhängigkeit und Sklaverei werden lassen. Wer Kindern immer und ständig gefällig sein will, der fällt, fällt auf, stellt sich als Untertan dar, der zieht sich kleine oder größere Herrscher heran, die nur schwer die Fähigkeit zur Kooperation erlernen, die nur lernen, wie man den eigenen Willen durchsetzt.

Wer Kinder achten und respektieren, sie für Achtung und Respekt sensibilisieren will, muss lernen, sich selber ernst zu nehmen, sich zu achten. Nur wer sich selber liebt, zu sich selber steht, sich in seiner ganzen Person akzeptieren kann, nimmt andere an, steht zu anderen, vermag sie zu lieben. Nur wer sich selber Grenzen setzt, sie vorlebt, vermag anderen Grenzen zu setzen, der kann ihnen die Möglichkeiten und Risiken des Grenzensetzens anschaulich und überzeugend vermitteln.

Ja zu sich zu sagen schließt allerdings ein, das Ja des Kindes zu sich anzunehmen. Nicht immer und ständig gefällig zu sein zieht nach sich, dass Kinder Ähnliches vorleben. Auch Kinder haben ein Anrecht darauf, nicht immer und ständig zu gefallen. Wer für sich Grenzen setzt, der muss bereit sein, die Grenzen, die die Kinder setzen, anzunehmen.

## Mitgefühl statt Mitleid

«Ich merke», so Roswitha Schneider, eine Lehrerin, «wie ich mich schon manchmal innerlich zurückziehe von den Problemen meiner Schüler. Aber damit geht es mir auch schlecht. Die haben dann niemanden mehr, denke ich. Die kannst du doch nicht auch noch allein lassen. Da kommt dann dieses unendliche Mitleid in mir hoch!»

«Obgleich das ja auch nichts bringt», so die Realschullehrerin Marga Meister, «die müssen ja später auch mit dem Leben fertig werden. Ich glaube, mehr als ihnen zuzuhören, mehr ist da nicht drin. Und ist das wirklich genug, alle schlimmen Erfahrungen, die sie machen, auszugleichen? Ich denke, irgendwie ist das zu wenig!»

«Diese Gedanken mache ich mir auch», fährt Sandra Schröder, eine Grundschullehrerin, fort. «Die wenige Zeit ist doch nichts im Vergleich zu den Erfahrungen, die die Kinder zu Hause machen. Das ist doch nur ein Tropfen auf den heißen Stein. Und dann merke ich, dass ich diesen Schülern, von denen ich weiß, was sie durchmachen, doch mehr erlaube als den anderen, besser gestellten Schülern. Ich bin da schon nachlässiger, erlaube ihnen mehr, selbst da, wo ich meine, eingreifen zu müssen. Aber das Mitleid wird dann übermächtig und macht mich blind!»

«Ich war», so Beate März, «eine Erzieherin, die nicht zwischen Mitleid und Mitgefühl unterscheiden konnte! Aber es ist ja auch schwer einzusehen, warum Mitleid eine für Kinder so problematische Haltung ist. Das muss man erst einmal verinnerlichen!»

Konstantin war knapp fünf Jahre, als seine Mutter plötzlich starb. Er wollte ihren Tod nicht wahrhaben, zog sich dann im Kindergarten von anderen Kindern zurück, saß, wie die Erzieherinnen beobachteten, «nur so da, traurig, verlassen». Konstantin schien unansprechbar, isoliert, kam gleichwohl gerne am Morgen in die Einrichtung. Die anderen Kinder versuchten, ihn auf ihre Art zu trösten: Sie gingen zu ihm, wollten mit ihm reden, sie boten ihm Spiele an. Konstantin lehnte den Zuspruch meist ab. Ein «armes Kind, das schon viel mitgemacht hat», dieses Bild nistete sich in den Köpfen der Erzieherinnen, aber auch der anderen Eltern ein. Und je mehr sich die Erwachsenen um Konstantin bemühten, umso intensiver entwickelte sich seine stille Blockade. Konstantin zog sich mehr und mehr zurück, die Puppenecke oder die Kuschelmatratze waren seine Lieblingsplätze.

Nach vielen Wochen löste sich Konstantin aus seiner Einkapselung, ging wieder auf die Kinder, aber mehr noch auf seine Erzieherinnen zu – allerdings in einer Art und Weise, die diese nicht erwartet hatten. Mal trat er kräftig und schmerzhaft zu, mal biss er Kinder, mal kniff er sie, mal ließ er eine Kanonade übelster Schimpfworte los.

Das Kindergartenteam ignorierte zunächst – durchaus angemessen – sein Verhalten. Doch als das Ignorieren nicht half, Kinder fragten, was Konstantin denn wohl habe, versuchte man Grenzen zu setzen etwa mit folgenden Formulierungen: «Wir sind so nett zu dir und du bist so!», «Das musst du nicht machen! Was soll das?», «Das macht man nicht!». Auch dies nützte nichts, vor allem deshalb, weil Mimik, Gestik und Stimmklang der Erzieherinnen Halbherzigkeit ausdrückten: «Der Junge hat so schlimme Erfahrungen gemacht», berichtet eine Erzieherin, «da konnte ich nicht laut werden, konsequent sein.» «Und», so ergänzt ihre Kollegin, «an Konsequenzen habe ich niemals gedacht. Die wären mir nicht in den Sinn gekommen. Sie hätten dieses traurige Kind mal sehen sollen, wenn ich nur ganz leise geschimpft habe!»

Konstantins zerstörerisches Verhalten steigerte sich. Er verletzte andere Kinder, zerriss ihre Zeichnungen, zerstörte Basteleien, trat Eltern vors Schienbein, wenn diese ihre Kinder abholen wollten.

Man brachte Konstantin eine schier unvorstellbare Geduld entgegen, weil man ihn als Opfer betrachtete und jede seiner Handlungen mit dem Tod der Mutter entschuldigte. «Da kann man nichts machen. Das gibt sich schon!»

Über Monate zogen sich Konstantins Versuche hin, angemessene (!), eben nicht verständnisvoll-tolerierende Aufmerksamkeit zu bekommen – aus seiner Sicht vergeblich. Zwar reagierten die anderen Kinder, die Erzieherinnen und die Eltern zunehmend ungeduldig und gereizt, aber letztlich blieb Konstantin ein Opfer, das es zu bemitleiden galt. Bis er die Notbremse zog: Als er knapp sechs Jahre war, ließ er sich mittags im Kindergarten einschließen, setzte diesen durch eine geschickte Manipulation der Dusche unter Wasser, beschmierte Tapeten und Tische mit Farbe, hinterließ an drei Stellen kleine Häufchen mit Kot, seine Duftmarken sozusagen, kurz: Er inszenierte im Kindergarten ein totales Chaos. Zur Rede gestellt, stritt Konstantin nichts ab. Auf den Vorwurf seiner Erzieherin «Wir waren so lieb zu dir, haben alles für dich gemacht. Warum tust du so etwas?» streckte er allerdings die Zunge heraus, trat ihr kräftig auf die Füße und meinte: «Blöde Kuh!»

Wer Kinder respektiert, darf sie nicht bemitleiden, sonst werden sie unselbständig und abhängig von selbst ernannten Helfern. Mitleid stellt eine verdeckte pädagogische Aggression dar, die Kinder vom (guten) Willen der Erwachsenen abhängig macht. Mitleid schwächt, macht unselbständig und unsicher. Mitleidige Täter schaffen hilflose Opfer und reagieren dann entsetzt, wenn sich das Opfer befreit, Autonomie und Eigenständigkeit beweisen will. So ist es bei Konstantin: Er wird bemitleidet. Man betrachtet ihn als armes Opfer, unfähig, selbstbewusst zu handeln. Die Erwachsenen wollen *seine* Probleme *für ihn* lösen. Sie halten es nicht aus, dass er manchmal traurig und verzweifelt ist. Durch übertriebene Nähe und Zuwendung will man ihn fröhlich stimmen, damit er «auf andere Gedanken kommt». Als er dann durch seine Störungen – unbewusst – darauf hinweisen will, wie unangemessen er dieses Verhalten findet, er Zuwendung, aber kein Mitleid bräuchte, als er durch weitere Regelverletzungen wie verzweifelt um Hilfe schreit, werden die Zeichen immer noch nicht erkannt. Die wohlmeinenden Erwachsenen entwickeln Verständnis für jede seiner Störungen, anstatt diese durch klare Grenzziehung zu unterbinden.

Konstantin wollte in seiner Trauer, in seinem Zorn, in seiner Wut, die der schmerzliche Verlust seiner Mutter ausgelöst hatte, nicht blindes Verständnis. Er sehnte das Gefühl herbei, angenommen zu werden – wie jedes andere Kind auch. Mitleid nimmt Kinder nicht ernst, es macht ihr Leiden nur intensiver, lässt Hilfeschreie schriller werden. Wird dies verkannt, bleibt dem Kind nichts weiter übrig, die Umwelt so lange zu provozieren, bis die Erwachsenen zum Handeln verpflichtet sind.

Krisensituationen, Konflikte und Probleme lassen sich im Alltag von Kindern nicht vermeiden. Und dies selbst dann nicht, «wenn man es noch so gut meint». Kinder leben in einer Welt voller Konflikte, voller Krisen und Widersprüche. Und auch die kindliche Entwicklung ist voll von Krisen, Umbrüchen, Reibungen und Mehrdeutigkeiten. Wenn dies schon nicht zu verhindern ist, haben Kinder zumindest ein Anrecht darauf, als Subjekt respektiert und beachtet zu werden. Was das Kind mehr denn je braucht, ist Hilfestellung und Unter-Halt, das Mitgefühl einschließt. Kinder brauchen in Krisensituationen das Vertrauen und die Sicherheit, sich mit all ihren Sorgen, Traurigkeiten und Schmerzen angenommen zu *fühlen.* Mit der Gewissheit um Halt hält ein Kind Enttäuschungen und Frustrationen aus. Mitleid dagegen schwächt. Es hilft dem Kind nicht, selbstbewusst und eigentätig ein Problem anzugehen. Mitleid unterschätzt das Kind in seinen schöpferischen Fähigkeiten, Krisen zu bewältigen.

Bei Problemen, die sich aus gesellschaftlichen Rahmenbedingungen ebenso ergeben können wie aus individuellen Entwicklungsprozessen, hilft Mitgefühl. Mitgefühl stärkt. Mitgefühl bietet Hilfe an, weil es zur Selbsthilfe führt.

Mitgefühl meint, sich in Betroffene einzufühlen, Mitgefühl ermutigt, Probleme anzugehen, sich ihnen zu stellen, nicht vor Problemen davonzulaufen oder sich ihnen zu entziehen. Das Mitgefühl gibt Verantwortung zurück, es vermittelt ein: «Du kannst es schaffen! Ich gebe dir Halt, wenn du ihn brauchst!»

### Erziehungsgewalt und Erzieherpersönlichkeit

Ich hospitierte einige Zeit in einer dritten Schulklasse, weil mich die Lehrerin darum gebeten hatte: «Ich habe da ein paar nervöse, richtig aggressive Kinder. Ich weiß nicht, was ich machen soll.» Während meiner Besuche bemerkte ich eine durchaus angenehme Unterrichtsatmosphäre, die Lehrerin war sichtlich bemüht, ihre Schüler und Schülerinnen auch dann noch anzunehmen, wenn diese störten. Dabei fielen mir im Laufe der Besuche einige immer wiederkehrende Abläufe auf:

- Die Klassenlehrerin wies erst spät und dann mit Formulierungen wie «Ihr stört die anderen. Seid bitte ruhiger!» auf Störungen hin. Zuvor versuchte sie, diese durch Nichtbeachtung in den Griff zu bekommen.
- Bei ermahnenden Hinweisen versteckte sie ihre persönliche Meinung, indem sie sich zum Sprecher der anderen, vor allem der Schülerinnen machte. Ein Satz wie «Ich fühle mich gestört» fiel nicht.
- Bei Fortdauer der Störung blieben Stimme und Ton moderat. Ärger und Ungeduld waren ihnen nicht zu entnehmen, allenfalls in Mimik und Gestik drückte sich Anspannung und Säuernis aus.
- Je moderater der Stimmklang, je häufiger die stereotypen, aber folgenlosen Ermahnungen, umso penetranter entwickelten sich die Störungen seitens der Schülerinnen und Schüler. Es war ganz offensichtlich ein von den Kindern inszenierter Machtkampf im Gange, aus dem sich die Lehrerin nicht klar und offen zurückzog. Durch ihre ständigen, letztlich inkonsequenten Hinweise – «Nun hab ich es euch schon ein paar Mal gesagt, könnt ihr denn nicht mal ruhig sein!» – ermutigte sie ihre Schülerinnen und Schüler, in der Auseinandersetzung, besser: im Machtkampf, fortzufahren.

Als ich die Lehrerin auf meine Beobachtungen ansprach, entgegnete sie sofort: «Ich will nicht schreien, ich kann nicht laut werden. So waren meine Lehrer früher, und heute muss es eben anders sein.» Und: «Ich will so korrekt wie möglich sein. Wenn's geht, eben ohne Fehler. Ein Vorbild, an dem sich Kinder orientieren können.» Ein Gespräch mit den Schülern über deren Störungen ergab: «Die ist richtig in Ordnung, immer nett. Aber die kann doch nicht allein nett sein. Das kann kein Mensch.» – «Die ist dann noch so ruhig, wenn meine Mutter schon tausendmal ausgeflippt ist.» – «Ich weiß nicht, wann die sauer ist. Weiß ich wirklich nicht.» Und auf meine Frage: «Ihr wollt, dass sie mal so richtig platzt, so richtig wütend ist», entfuhr es einem «Störer»: «Ich will, dass sie mal so ein richtiges Ungeheuer ist, das wäre total geil!»

An dieser Situation sind zwei Gesichtspunkte erwähnenswert:

- Wer Kindern ein vollkommenes, perfektes Bild des Erwachsenen vorführt, der erschwert ihnen nicht nur die allmähliche Ausbildung von Selbstwert, der verwandelt den Erziehungsprozess in einen Hochleistungssport – «Ich will doch nur dein Bestes!» –, an dessen Ende Ungeduld, Stress, gegenseitige Überforderung stehen. Kinder brauchen nicht den grandios-omnipotenten, allseits souveränen Erwachsenen. Kinder brauchen eine Erziehungsperson, die Fehler macht und eingesteht. Denn Fehler ermutigen, es anders zu machen. Die Angst davor, Fehler zu begehen oder zu vermeiden, lässt Erziehung häufig steril, korrekt und gefühllos werden. Sie ermuntert Kinder geradewegs dazu, an der Fassade zu kratzen, um die omnipotente Erzieherpersönlichkeit schmerzhaft auf den Boden der Realität zurückzuholen. Kinder bringen Erwachsene in Konflikte, sie provozieren, wenn diese keine Gefühle zeigen, nur beherrscht sind.
- Dies gilt insbesondere für den Umgang mit Aggressionen oder Gefühlen wie Wut, Zorn und Hass. Auch diesen müssen Kinder erst allmählich erlernen. Wie an einigen Situationen in vorausgegangenen Kapiteln aufgezeigt, erleben die

Heranwachsenden an ihren Eltern häufig einen wenig gekonnten Umgang mit Aggressionen: Eltern verdrängen bzw. rationalisieren ihre Aggressionen oder leben diese offen als Erniedrigung, Destruktion und Misshandlung aus. Wichtiger denn je sind für Kinder und Jugendliche jedoch erwachsene Bezugspersonen, die die eigenen aggressiven Persönlichkeitsanteile akzeptieren können, ohne dass diese in eine verbale und physische Schädigung anderer umschlagen. Nur so kann Kindern und Jugendlichen ein Modell vorgelebt werden, an dem sie sich orientieren und abarbeiten können. Denn die Faszination überlebensgroßer Medienhelden liegt ja letztlich auch darin begründet, dass Persönlichkeiten mit Ecken und Kanten im realen Leben der Heranwachsenden immer weniger vorkommen.

Um nochmals auf die angerissene Situation der Grundschullehrerin zurückzukommen: Als ich ihr – wie die Schülerinnen und Schüler auch – Mut machte, ihre verschiedenen Gefühle zu zeigen, sich über Sprache, Mimik und Gestik klar, unmissverständlich und situationsspezifisch auszudrücken, entfuhr ihr spontan die Frage: «Darf ich denn das? Darf ich denn auch mal böse sein?»

Meine Antwort: «Sie dürfen und können, wenn Ihre Schüler das Gefühl haben, dass Ihr Zorn, Ihre Wut sich an der Sache entzündet und keine Ablehnung der Schülerpersönlichkeit darstellt!»

Sie war verblüfft: «Aber das ist so schwer und verdammt anstrengend.» Gemeinsam wurde eine Perspektive entworfen, wie sie offener mit ihren Gefühlen im Unterricht umgehen könnte. Das Resultat nach einigen Wochen: Die Atmosphäre in der Klasse war klarer, offener, lebendiger, nicht mehr von einem Gefühlskleister durchsetzt, die Störungen und Provokationen ließen erheblich nach. Ein Schüler drückte das so aus: «Ich weiß jetzt genau, woran ich bei ihr bin.»

Um hier nicht missverstanden zu werden: Dies ist kein Plädoyer für den Einsatz von unreflektierter erzieherischer Aggression – vielmehr ein notwendiger Beitrag, den Begriff «Erziehungs*gewalt*» differenzierter zu betrachten und zu überdenken. Anders ausgedrückt: Schulische Erziehung als Teil des Sozialisations- und Kultivierungsprozesses von Heranwachsenden hat mit Aggressionen im weitesten Sinne zu tun – eben mit Aggressionen im ursprünglichen Sinn des Wortes: sich fortbewegen, weg vom Erreichten und hin zu neuen Möglichkeiten und Fertigkeiten. Die Entfaltung von Persönlichkeit ist ohne Aggression nicht denkbar. Aber genauso gilt: Selbständigkeit und Kreativität von Schülerinnen und Schülern kann durch erzieherische Aggression gehemmt und behindert werden. Deshalb ist es wichtig – wie es der Erziehungswissenschaftler Hartwig Röhm einmal getan hat –, zwischen einer gekonnten und einer ungekonnten erzieherischen Aggression zu unterscheiden.

In der ungekonnten erzieherischen Aggression wird das Kind zum Objekt von Macht- und Beherrschungsimpulsen des Pädagogen – nach dem Motto: *«Dich mach ich fertig!»* Da solche Impulse gesellschaftlich und sozial sanktioniert sind, wendet man sie auf zwei Weisen an:

- Durch *Verdrängung* und *Verleugnung* der eigenen aggressiven Impulse und ihre Abspaltung und Projektion auf Sündenböcke – «*Die* unruhigen Kinder zwingen mich ja dazu!» – «*Die* aggressiven Schüler machen mich wütend!» – «*Die* Medien/ *Die* Ausländer sind an allem schuld!» Andere werden verantwortlich gemacht, schuldig gesprochen, dass «man» selber so «böse» sein muss, obgleich «man eigentlich» anders ist.
- Durch *Rationalisierungen*, weil Kinder/Schülerinnen und Schüler nicht den vorgegebenen Erwartungen – «Du sollst es einmal besser haben!» – der Eltern oder der Pädagogen entsprechen, kommt es zu Sanktionen, zu Bestrafungen und Erniedrigungen.

Verdrängung, Verleugnung und Rationalisierung haben mit der Lebensgeschichte des erzieherisch Handelnden zu tun. Nicht nur bei der Bearbeitung kindlicher Aggressionen gilt: Man hat es – bildlich gesprochen – mit zwei Kindern zu tun: dem Kind vor dem Pädagogen und dem Kind im Pädagogen. Und je näher, reflektierter, vielfältiger, ganzheitlicher der Pädagoge sein eigenes Kind-Ich annimmt, umso eher kann er die Kinder vor sich annehmen, ihnen Grenzen setzen, sie anspornen und fordern.

Bevor ich auf die gekonnten erzieherischen Aggressionen eingehe, will ich die ungekonnten an Beispielen aus meinem Beratungsalltag veranschaulichen. Die ungekonnte erzieherische Aggression nimmt Kinder *in ihrem Hier und Jetzt* nicht an. Kinder werden auf eine imaginäre Zukunft hingetrimmt, damit in ihren aktuellen Befindlichkeiten nicht ernst genommen. So wird in Kindergärten und Grundschulen die Bandenbildung beispielsweise häufig mit dem Hinweis auf die «Streetgangs» – «Ich will nicht, dass mein Sohn später einmal da landet!» – ebenso untersagt wie kindliches Rangeln und Ringkämpfe – «Ich möchte, dass mein Kind Konflikte verbal austrägt!» Für das Kind – zwischen vier und neun Jahren – haben Bandenbildung und Ringkämpfe symbolische Funktionen – z. B. Sich-Abgrenzen, Solidarität finden –, dienen dazu, Körperlichkeit selbstbestimmt und -bewusst auszuleben. Die gekonnte erzieherische Aggression erkennt diese Hintergründe, nimmt sie an und ernst und setzt dem «Bandenspiel» zeitliche und räumliche Regeln – z. B. Freiwilligkeit der Bandenbildung und der Teilnahme daran, keine Verletzungen oder Nötigungen anderer Kinder, Respektierung von Privatsphären, die Bildung von «banden- und ringkampffreien» Zonen, die zeitliche Begrenzung solcher Spiele – und führt Konsequenzen bei Regelverstößen ein.

Die ungekonnte erzieherische Aggression nimmt Kinder mit ihren aggressiven Persönlichkeitsanteilen nicht an, sondern erzieht zu deren Verleugnung und Verdrängung.

Eine Szene in einer Kindertagesstätte. Pit, Erik, Jannis und Lukas, alle etwas mehr als 6 Jahre, spielen «Wildwest»: Zwei sind Cowboys, die «Bösen»; zwei geben die Sheriffs ab, sie stellen die «Guten» dar. Häufig wechseln sie ihre Rollen. Alle haben Gewehre bzw. Pistolen in der Hand, die sie sich aus Zweigen gebastelt haben. Sie jagen sich, rennen hintereinander her, stören dabei aber keineswegs andere Kinder, die keine Lust auf ihr Spiel haben. Als Monika, die Erzieherin, das Spiel der Jungen sieht, holt sie sie zu sich, die schnaufend, nach Luft japsend vor ihr stehen. Sie schaut sie streng an: «Wir wollen doch hier nicht schießen. Das wisst ihr!»

Pit: «Wir schießen doch nicht richtig. Wir spielen nur!»

«So etwas spielt man nicht», erwidert Monika unerbittlich.

«Warum nicht?», will Jannis wissen.

«Weil überall auf der Welt wirklich geschossen wird und Kinder wie ihr dabei sterben», beharrt Monika.

«Aber Pit und Jannis und Lukas sterben doch nicht. Wir fallen hin und stehen wieder auf!» Erik lässt sich einfach nicht überzeugen.

Monika schüttelt unnachgiebig ihre blonde Mähne: «Wenn ich das noch einmal sehe, dann geht ihr rein. Dann spielt ihr hier draußen nicht mehr. Wir haben so viel schönes Spielzeug, und ihr macht dummes Zeug. Ich verstehe euch nicht!»

Die vier rennen mit ihren Stockpistolen und -gewehren fort. Als sie aus Monikas Blickfeld sind, tuscheln sie miteinander. Sie sprechen sich ganz offensichtlich ab, nur noch leise zu schießen, sodass Monika nichts hören kann. Aber schon nach kurzer Zeit haben sie ihr Vorhaben im Eifer des Gefechts vergessen. «Bum!», «Halt oder ich schieße!», «Getroffen!» – solche markigen Ausrufe hallen über das Freigelände des Hortes. Als Monika dies wahrnimmt, rennt sie wutentbrannt zu den vier Jungen: «Her mit den Waffen! Sofort! Und nach drinnen! Erst die Hausaufgaben, und dann könnt ihr meinetwegen noch spielen!» Alle vier lassen sich widerspruchslos entwaffnen. Sie gehen in den Gruppenraum, setzen sich an den Tisch, holen ihre Hefte heraus.

«So, und dann noch die Schreibübungen. Ihr habt mir vorhin versprochen, die noch zu machen!», erinnert Monika die Kinder. Sie lässt sie allein, und sie fangen ohne zu murren und bereitwillig an, Monikas Auftrag auszuführen. Nach einigen Minuten nimmt Erik seinen Stift, hält ihn auf Pit gerichtet: «Bum!», und dann lauter: «Bum! Bum! Bum!», schallt es zurück, und in kürzester Zeit ist eine lautstarke Schießerei mit Bleistiften und Kugelschreibern im Gange.

Als Monika fuchsteufelswild in den Raum stürzt, stocken die Kinder, beugen sich über die Hefte, um mit den Übungen fortzufahren.

«Waffen her!», ruft Monika laut aus.

«Monika, das sind keine Waffen, das sind Bleistifte!», entgegnet Jannis mit entwaffnendem Lächeln.

«Spinn jetzt nicht rum!»

Monika ist hochgradig erregt: «Los, die Waffen her!»

«Monika, wenn du die Stifte nimmst, können wir die Hausaufgaben nicht machen. Was willst du nun?»

Sie stampft mit dem Fuß auf, und mit den Worten «Das hat noch ein Nachspiel!» verlässt sie den Raum. Die Jungen stehen auf, klatschen sich mit den Händen ab, lachen. Dann setzen sie sich und gehen ernsthaft an ihre Aufgaben.

Verbote sind Ausdruck von Hilflosigkeit. Hinter der Faszination, die Gewaltsymbole – vor allem auf Jungen – ausüben, steckt auch der Wunsch nach Loslösung und Abgrenzung. In der Erziehung kann es nicht um die Verdrängung aggressiver Kräfte gehen, sondern darum, sie zu kontrollieren. Tabuisierung schafft Aggressionen ebenso wenig aus der Welt wie eine pädagogische Aggression, die zu Friedfertigkeit zwingen will.

Die gekonnte erzieherische Aggression nimmt dagegen das Schießen und die Pistolen der Kinder in ihrer symbolischen Funktion an, setzt aber zugleich Grenzen: z. B. für den Zeitpunkt des Spiels, die Abgrenzung schießfreier «Zonen»; ja, es ist auch denkbar, dass solche Symbole aus Kindergarten und Schule gänzlich ausgegrenzt bleiben, die Kinder sich gleichwohl in ihrem Bedürfnis, Gewaltsymbole zu haben, angenommen fühlen: «Ich mag es momentan nicht, dass ihr dieses Spiel macht, aber ich verstehe, dass es euch Spaß macht!»

Die gekonnte erzieherische Aggression orientiert sich am Kind, setzt jedoch dem ungezügelten und dem unbegrenzten Ausleben aggressiver Impulse klare und offene Grenzen. Wer Grenzen setzt, der sollte bereit sein, die Hassimpulse seiner Schüler anzunehmen, sich auf Konflikt, Streit und Zoff vorzubereiten. Wer Grenzen setzt, der riskiert, dass sich Kinder und Jugendliche an diesen Grenzen reiben und erhitzen.

Die gekonnte erzieherische Aggression baut auf dem vielschichtigen Bild einer Erzieherpersönlichkeit auf, die von Kindern geliebt, manchmal abgewiesen, sogar gehasst wird; eine Erzieherpersönlichkeit, die Orientierung bietet und Modelle vorlebt, die nicht Kumpel, sondern Partner ist.

Die Beziehungen zwischen Eltern und Kindern, zwischen Lehrern und Schülern werden umso klarer, näher und fester, je weniger sie von Projektionen ausgehen. Eine dieser Projektionen ist die vermeintliche «Engelhaftigkeit» der am Erziehungsprozess Beteiligten. Lehrer und Schüler, Eltern und Kinder sind Teufel und Engel – um es bildlich auszudrücken – in einer Person. Die Thematisierung von Hass und Liebe, von Wut und Mut, von Nähe und Distanz, von Annahme und Loslassen ist Voraussetzung für einen ehrlichen Umgang, für ein offenes Miteinander, für eine Kultivierung aggressiver Impulse.

Mehr denn je kommt es darauf an, den Kindern und Jugendlichen einen Unterschied von konstruktiven und zerstörerischen Aggressionen lebens- und alltagspraktisch zu vermitteln, konstruktive Aggressionen – in Form von Sport, körperlicher Bewegung, von Kunst, Musik, aber auch von einem stillen

Zu-sich-Kommen zu fördern, Zerstörerisches dagegen durch Rituale und konstruktive Konfliktlösungen zu bannen, um so destruktive Energien zu neutralisieren.

Tabuisieren ist dabei keine Lösung, wer das Thema «Aggression» im pädagogischen Prozess ausblendet, der lässt Kinder und Jugendliche allein, wer nicht ihre aggressiven Persönlichkeitsanteile ernst und annimmt, trägt mit dazu bei, dass Heranwachsende sich nicht bewusst werden, zu welchen unsozialen und zerstörerischen Handlungen sie fähig sein können. Immer haben dann andere die Schuld, sind es die anderen gewesen, die angefangen haben. Nur die anderen sind böse! Wer auf dieser moralischen Stufe verharrt, der schlägt zurück, wenn er geschlagen wird. Aufgabe von Erziehung muss es sein, mit dem Zurückschlagen aufzuhören, weil ansonsten die zerstörerischen Beziehungsmuster niemals aufhören.

# Literatur


## Zu Kapitel 1

Bach, George R./Goldberg, Herb: Keine Angst vor Aggression. Frankfurt 1981

Damasio, Antonio R.: Ich fühle, also bin ich. München 2003

Haug-Schnabel, Gabriele: Aggressionen im Kindergarten. Freiburg 1999

Krowatschek, Dieter: Wut im Bauch. Düsseldorf 2004

Lehmkuhl, Ulrike/Lehmkuhl H. L. (Hrsg.): Aggressives Verhalten bei Kindern und Jugendlichen. Göttingen 2003

Nolting, Hans-Peter: Lernfall Aggression. Reinbek 1997

Parens, Henri: Kindliche Aggressionen. München 1995

Penthin, Rüdiger: Warum ist mein Kind so aggressiv? Berlin 2001

Raue, Roswitha: Im Labyrinth der Gewalt. Dortmund 1995

Röhm, Hartwig: Kindliche Aggressivität. Frankfurt 1976

Schulte-Markwort, Michael: Gewalt ist geil. Stuttgart 1994

Seiffge-Krenke, Inge (Hrsg.): Aggressionsentwicklung zwischen Normalität und Pathologie. Göttingen 2005

Selg, Herbert/Mees, Ulrich/Berg, Detlef: Psychologie der Aggressivität. Göttingen 1997

Stein, Arnd: Wenn Kinder aggressiv sind. München 1984

Subkowski, Peter (Hrsg.): Aggression und Autoaggression bei Kindern und Jugendlichen. Göttingen 2002

Winnicott, Donald W.: Aggression. Stuttgart 1988

## Zu Kapitel 2

Bründel, Heidrun: Suizidgefährdete Jugendliche. München 1993

Bründel, Heidrun/Hurrelmann, Klaus: Gewalt macht Schule. München 1994

Bürgin, Dieter: Psychosomatik im Kindes- und Jugendalter. Stuttgart 1993

Büttner, Christian/Schwichtenberg, Elke (Hrsg.): Brutal und unkontrolliert. Weinheim 2000

Büttner, Christian: Mit aggressiven Kindern leben. Weinheim 1988

Chodorow, Nancy: Das Erbe der Mütter. München 1985

Damasio, Antonio R.: Der Spinoza-Effekt. München 2003
Degener, Günter: Aggression und Gewalt von Kindern und Jugendlichen. Göttingen 2002
Guggenbühl, Alan: Die unheimliche Faszination der Gewalt. München 1995
Hassenstein, Bernhard: Verhaltensbiologie des Kindes. Heidelberg 2001
Heitmeyer, Wilhelm u. a.: Gewalt. Weinheim 1998
Hurrelmann, Klaus u. a. (Hrsg.): Jugendgesundheitssurvey. Weinheim 2003
Kiesling, Ulla: Sensorische Integration im Dialog. Dortmund 1999
Largo, Remo H.: Kinderjahr. München 1999
Mansel, Jürgen/Hurrelmann, Klaus: Alltagsstress bei Jugendlichen. Weinheim 1994
Mitscherlich, Margarete: Die friedfertige Frau. Frankfurt 1987
Rauchfleisch, Udo: Allgegenwart von Gewalt. Göttingen 1992
Scheithauer, Herbert: Aggressives Verhalten von Jungen und Mädchen. Göttingen 2003
Schiffer, Eckhard: Warum Hyronimus B. keine Hexe verbrannte. Berlin 1994
Schmälzle, Udo (Hrsg.): Mit Gewalt leben. Frankfurt 1995
Strauch, Barbara: Warum sie so seltsam sind. Berlin 2003
Zimmer, Renate: Toben macht schlau. Freiburg 2004

## Zu Kapitel 3

Aktion Jugendschutz Baden-Württemberg (Hrsg.): Gewalt in den Medien. Stuttgart 2002
Alexander, Jenny: «Das ist gemein!» Wenn Kinder mobben. Freiburg 1999
Ammann, Daniel/Doelker, Christian (Hrsg.): Tatort Brutalo. Zürich 1995
Benz, Ute: Warum sehen Kinder Gewaltfilme. München 1998
Browne, Kevin/Hamilton, Catherine/ Chritsis, Gia: The Influence of violent media and children and andolescence. In: Lancet 2005, S. 702–710
Endres, Wolfgang: Geschwister … haben sich zum Streiten gern. Weinheim 1997

Grob, Alexander/Jaschinski, Uta: Erwachsen werden. Weinheim 2003
Hartwig, Helmut: Die Grausamkeit der Bilder. Wien 1986
Kasten, Hartmut: Geschwister. München 1998
Korte, Jochen: Faustrecht auf dem Schulhof. Weinheim 1993
Kunczek, Michael: Gewalt und Medien. Köln 1997
Olweus, Dan: Gewalt in der Schule. München 1996
Pikler, Emmi: Lasst mir Zeit. München 1988
Scheithauer, Herbert/Hayer, Tobias/Petermann, Franz: Bullying unter Schülern. Göttingen 2003
Tillmann, Klaus u. a.: Schülergewalt als Schülerproblem. Weinheim 1995
Walden, Rotraut/Borrelbach, Simone: Schulen der Zukunft. Heidelberg 2002
Warschburger, Petra/Petermann, Franz/Fromme, Carmen/Wojtalla, Nancy: Adipositastraining mit Kindern und Jugendlichen. Weinheim 1999
Zeitschrift für Medienpsychologie. Themenheft: Computerspiele und Aggression. Heft 4, 2003

## Zu Kapitel 4

Bettelheim, Bruno: Kinder brauchen Märchen. Stuttgart 1977
Büttner, Christian/Meyer, Bernhard (Hrsg.): Lernprogramm Demokratie. Weinheim 2000
Cierpka, Manfred (Hrsg.): Möglichkeiten der Gewaltprävention. Göttingen 2005
Dreikurs, Rudolf/Soltz, Vicki: Kinder fordern uns heraus. Stuttgart 1988
Durach, Bärbel u. a.: Das mach ich wieder gut. Lichtenau 2002
Dutschmann, Andreas: Aggressivität bei Kindern. Dortmund 1982
Ellis, Albert: Die rational-emotive Therapie. München 1989
Grüner, Thomas/Hilt, Franz: Bei Stopp ist Schluss! Lichtenau 2004
Haug-Schnabel, Gabriele: Wie man Kinder von Anfang an stark macht. Ratingen 2002
Heinemann, Evelyn/Rauchfleisch, Udo/Grüttner, Tilo: Gewalttätige Kinder. Frankfurt 1992
Kaiser, Thomas: Das Wut weg Buch. Freiburg 2002

Krowatschek, Dieter: Wenn Kinder rot sehen. Lichtenau 2002

Nack, Cornelia: Wenn Eltern aus der Haut fahren. Reinbek 2001

Petermann, Franz/Petermann, Ulrike: Training mit aggressiven Kindern. Weinheim 1991

Petermann, Franz u. a.: Sozialtraining in der Schule. Weinheim 1999

Petri, Horst: Erziehungsgewalt. Frankfurt 1991

Portmann, Rosemarie: Spiele zum Umgang mit Aggressionen. München 2002

Redl, Fritz/Wineman, David: Steuerung des aggressiven Verhaltens beim Kind. München 1976

Reinbold, Klaus Jürgen/Jans, Bernhard (Hrsg.): Handbuch zur Gewaltprävention. Freiburg 1997

Reinbold, Klaus Jürgen (Hrsg.): Konflikt-Kultur. Soziale Kompetenz und Gewaltprävention. Freiburg 2002

Shazer, Steve de: Wege der erfolgreichen Kurzzeittherapie. Stuttgart 1989

Sommerfeld, Verena: Umgang mit Aggressionen. Berlin 1996

Speck, Otto: Chaos und Autonomie in der Erziehung. München 1991

Steiner, Therese/Berg, Insoo Kim: Handbuch lösungsorientiertes Arbeiten mit Kindern. Heidelberg 2005

Veith, Peter: Ohne Fäuste geht es auch. Freiburg 2001

Weidner, Jens: Anti-Aggressivitäts-Training für Gewalttäter. Bonn 1990

Dr. Jan-Uwe Rogge, Jahrgang 1947, Familien- und Kommunikationsberater. Veranstaltet seit Anfang der achtziger Jahre Vortragsabende, Elternseminare und Fortbildungsveranstaltungen, die sich im gesamten deutschsprachigen Raum großer Beliebtheit erfreuen. Er ist verheiratet, hat einen Sohn und lebt in der Nähe von Hamburg. Jan-Uwe Rogge schrieb unter anderem «Kinder brauchen Grenzen», «Eltern setzen Grenzen», «Pubertät – Loslassen und Haltgeben», «Ängste machen Kinder stark», «Der große Erziehungsberater», «Wenn Kinder trotzen» sowie «Von wegen aufgeklärt – Sexualität bei Kindern und Jugendlichen», «Der Erziehungstest».